莎莉・康恩——著
戴至中——譯

THE OPPOSITE OF HATE

A FIELD GUIDE TO REPAIRING OUR HUMANITY

逆轉恨意

洞察仇恨的源頭，讓善意與惡念開始對話

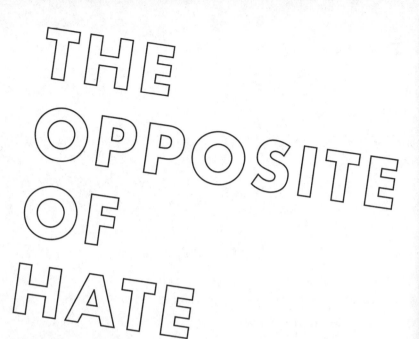

獻給莎拉和薇拉

她們使我的一切都有了意義

沒有人生來就會因為膚色、背景或宗教而恨別人。人的恨必然是學習而來。——尼爾森・曼德拉

推薦序

懂得恨，才能處理恨

朱家安——哲學雞蛋糕腦闆

他人即地獄，尤其是他們在網路另一頭的時候。很多人有在網路上爭辯的經驗，但是就連尚可接受的結局，也很少人經歷過。大多網路爭論以謾罵做結，而不是共識、妥協或者有人被說服。

我們在網路上的溝通表現很差，這滿可惜的。在現代民主社會，人類第一次有如此急迫的需求，要和立場不同者充分討論複雜議題，而在現代網路社會，人類也是第一次掌握如此強大的溝通管道，讓數千萬人規模的討論至少在物理上成為可能。

不過，以現在來說，網路的存在似乎只讓我們撕破更多臉。我們需要跟不同立場的人一起做決定，但我們沒能力這樣做。當然，我們有能力跟相同立場的人一起做決定，但這幾乎只是錦上添花。然而，在民主體制底下，我們最好相信這是人類尚未習慣這些新的溝通情境和頻率，而不是人類註定無法和千萬同胞在民主體制底下搞定政治決策。

網路上的恨意只是人們可能經歷的其中一種。翻開莎莉．康恩這本《逆轉恨意》的目錄，你應該會覺得自己過得還不錯，因為在網路酸民的章節之後，緊接著是恐怖份子、白人至上主義者，以及集體屠殺。

恐怖攻擊和集體屠殺，對一般台灣人來說或許難以想像，然而《逆轉恨意》的重要觀察之一恰好就是，這些可怕事情的執行者平時不見得不正常。他們或許就是跟你我一樣的人，跟同溫層伙伴們相處融洽，出事之後鄰居接受媒體訪問會說「這小孩平常很乖很孝順，看不出來會做那種事情」。恐怖攻擊和屠殺行為的一些參與者，跟網路酸民的共通點就是：平常他們就是你我這樣的正常普通好人。

人會做出什麼事情，很多時候是背景和氛圍決定的。我們體驗過的是，光是讓人藏在鍵盤後面，就可以讓他們釋出平常不會講的難聽訊息。我們很幸運，沒體驗過怎樣的情況會讓人變成恐怖份子和屠殺者，然而這就是為什麼《逆轉恨意》這本書重要。莎莉．康恩整理各種資訊，說明人會如何成為仇恨的載體，做出可怕的事情。書裡隨著案例探討引進相關的心理學研究，讓人了解恨意，也了解恨意和你我的距離有時候沒那麼遠。

理解恨意的誕生和運作，對於在現代好好過活有雙重意義。一方面這讓你理解來自他人的恨意，更知道如何應對、避免和保護自己。一方面這讓你理解自己的恨意，面對自己，並且避免自己因為恨意而被別人操弄。

有句話說「懂得笑，就不會恨了」，《逆轉恨意》的方向更積極：懂得恨，才能處理恨。

推薦序

擁抱異己，看見恨意底層的風景

蘇益賢——臨床心理師、作家

在情緒心理學中，恨是比較難被系統性研究的議題。就算是在心理學發展比較成熟的西方，完整探討恨意的書籍，其數量也遠低於憂鬱、焦慮、憤怒等常見的負面情緒。

儘管難以研究，此議題卻廣泛而隱微地遍布我們的生活中。從歧視到霸凌，從偏見到刻板印象，又或者是引發許多對立的網軍、酸民……諸多社會現象底下，都藏著恨。

恨意可以只是存在於兩人之間的恩怨，也可以是深遠影響到多人群體／族群的對立。無論規模大小，相關研究都告訴我們，這種情緒會對人們的心理健康造成負面影響。

以台灣為例，財團法人精神健康基金會自二〇〇三年起，每一到二年就進行一次國人「精神健康」分數調查。近幾年的調查分數頗值得玩味：

📖二〇一〇年：八三分

📖二〇一二年：八一．六分

📖二〇一四年：八三分

📖二〇一六年：八一．五分

📖二〇一八年：八二．九分

在排除經濟相關波動的影響後，調查者認為讓二〇一二、二〇一六年國人精神健康分數變低的共通因素，很可能正是因為這兩年都是「大選年」。選舉雖然是民主與自由的展現，但也可能不小心促成了生活在同一塊土地上的人們，彼此之間的撕裂與對立。

因為各種議題的表態，人與人之間的差異被放大了。在缺乏理性對話的習慣與素養下，為了捍衛自己的信念，人們很容易在情緒加溫之後，做出各種不理性的行為。

這種狀況在歷史上並非特例。畢竟，生物演化的趨勢就是「多樣性」。在造物者的眼中，「不一樣」是好的。但在恨意作用的時刻，人類會認為「不一樣」是危險的、不好的。為了自保，我們必須有所作為，不管此作為是以正義，還是尊嚴為名。

到底，人為何而恨？這是種理智的自我保護，還是野性的生存本能？恨的底下到底是什麼？為了回答這個問題，作者做了一個極度勇敢的決定——擁抱恨意，擁抱所恨之人。

透過大量與「異己」接觸互動的過程，作者發現，恨像是一座冰山，我們只能看見冰上不美麗的一角，是謾罵、仇視、敵意等恨意的各種展現。

但來到恨的底層，其實我們都一樣。此處的風景，是陌生引發的恐懼、不理解造成的害怕、資訊不對等引起的擔憂。在恨之底層的對立面，這裡也有著人們希望有所歸屬的渴望、被擁抱與接納的安全感，以及維護自我價值的基本需求。

因為差異，我們不自覺地產生了恨意。

但也因為恨意，我們又看見了彼此一樣的地方。

逆轉恨意，有可能嗎？在此之前，另一個更關鍵的問題則是，如果不恨了，之後的日子會變得怎樣？或許正是因為不知道「不恨之後」的狀況，甚至對此感到茫然、害怕，我們才緊緊抓著恨意。

若把恨意的眼鏡放在一旁，我會看到什麼？我可以放下預設立場，看見對方真正的樣子嗎？我有勇氣，願意意識到我們彼此沒有不同嗎？本書各種碰撞過程的探究，其實就是在試著回應這些問題。

在動盪與撕裂的時刻，願本書的出版與帶來的啟發，能讓一起生活在這塊土地上的人們，都能找到勇氣，溫柔地擁抱每一位和我們看似不同，實則相同的你我。

推薦序
羔羊的重量

陳曉唯——作家

在經典電影《沉默的羔羊》裡，女主角克莉絲被指派去與冷血殺人魔漢尼拔醫生對談，警方企圖透過漢尼拔的精神醫學專業，對另一位正被通緝中的連續殺人魔水牛比爾進行分析，藉此找出水牛比爾的下落。故事中有一段經典的對話情節：

「妳要緝拿他的線索都已經在檔案裡了。」漢尼拔說。

「告訴我該怎麼做？」克莉絲問著。

「首要的原則，顯而易見地，妳讀過馬克．奧理略的《沉思錄》嗎？他凡事都會問一個問題：『它是什麼？它有什麼本質？』（What is it in itself? What is its nature?）妳要尋找的這個人，他做了什麼？」

「他殺害女人。」

「不，那是次要的。他所作所為是為了什麼？他殺人是為了滿足什麼？」

「憤怒？社會認同？或者是性困惑？」

「不，他貪圖（covets），那是他的本性。我們為何會開始貪圖？我們是否去尋找貪圖的東西？妳可曾嘗試著回答？」

「不，我只是……」

「不，我們看見日常的東西就開始貪圖，妳是否曾感到一些眼睛在盯著妳？妳的雙眼又可有尋找妳所渴望的事物？」

犯罪者與行兇者的本質是什麼？而他們選擇犯下罪行的動機又是什麼？是漢尼拔口中談論的「貪圖」？或者有其更複雜且原始的可能性？

這些年有許多聳人聽聞的命案接連地發生，謀殺、情殺、分屍案、霸凌復仇、隨機殺人事件等等，而這些命案連結的除了「殺意」之外，許多犯罪學者想研究且系統化分析的，是什麼樣的「恨意」，甚至「惡意」，促使人在某個瞬間選擇犯下這樣的罪行？這些恨意與惡意是積累而來的嗎？或者它們是在人性的根柢之中早已存在，而人們不過是在某個瞬間讓它們顯像出來？如果恨意與惡意是積累而來的，為何霸凌與歧視無所不在？如果它們是存在於人性的根柢之中，那麼看似與之對立的「善意」又該從何解釋？

本書所用的「恨意」(Hate)其實介於幾種不同層次的概念之中，例如「敵意」(hostility)、「怨恨」(malice)、「惡毒」(malevolence)、「妒忌」(grudge)與「邪惡」(viciousness)等等，有時更近乎於「惡意」(animus)一詞。

「惡意」是什麼？

我們對「惡意」的定義從不陌生，打開辭典便能輕易地讀到：它意味著不良的居心。然而，這一段短短的釋義卻包含了對立與根源，是由「良」走到「不良」而生成「惡意」，還是「心」的本質即是「惡」的，而「不良」不過是它的體現？

這本書嘗試由「心」為起點，由微觀至巨觀，從作者自身的經驗出發，從作者年幼時對同學的霸凌開始，到自己成為被網路霸凌的對象，更深入地探討恐怖份子、種族歧視、政治意識形態與集體大屠殺等社會與歷史的層面。作者逐步探究剖析，試圖拆解與釐清「惡意」的本質，甚至渴望覓尋其來源為何，而人們又是如何掉進這樣的淵藪之中？

書中反覆討論著「惡意」是什麼，由最初的「惡意」與「善意」的對立論辯開始，從二者的涇清渭濁，如同人們經常爭論的「本善」與「本惡」，以此逐步地擴散放射，二者看似出現交疊與模糊的部分，然而，更深入細究，始知「惡意」與「善意」從不是對立的，更無法輕易地二分，它們甚至可能是異脈同源，源自於同一種存在，這種存在名為「意念」。

「意念」會否是中性的？在這本書中逐步挖掘出「惡意」與「善意」的起點或許源於「意念」，更甚者，作者又從「意念」反覆自我論辯「善」與「惡」是如何從「意念」之中生成的。

是什麼原因使二者有了拉扯？為何人會在某個時刻呈現出某種特定的面相？作者最終試著解釋「惡意」與「善意」在人的身上也許是共存共生，相互依靠，彼此互利，人於自身內在有個難以言說的複雜宇宙，於這個宇宙之中，「惡」與「善」不斷地相互拉扯，也不斷地袒護彼此，它們自說自話亦自療自癒，它們多數時候是人的「自我保護機制」。

當痛到很痛很痛的時候，人會暈厥。「惡」與「善」在某些情境之下，存在類似「暈厥」式的保護機制，而這是人們從未曾真正意識到的，「意念」的偏向有時是人為了生存而做出的選擇。「選擇」成了「意念」有對錯之分的主因。當一個人意識到自己做錯了選擇後，他便會不斷地自問：**我該怎麼彌補與改變過去所做的決定？我該如何逆轉一切？**或者人永遠無法意識到自己曾犯下錯誤，而過往的意念於無意識的傾斜之中，於自身以外的世界逐日形成一個偽平衡。然而，無論意識到錯誤或者無意識到錯誤，其後都必須歷經一個「轉變」的程序。

本書真正欲意的並非將「惡意」逆轉為「善意」，而是嘗試著將「惡意」回歸到更原始的原點，回到人的「意念」裡，試圖探討更接近真實的部分，這不僅僅只是談論「善惡」的選擇，而是「善」到「惡」或者「惡」到「善」之間的光譜，探索決定這一道光譜最終落點之處的起源。

當拿掉善惡的二分，凝視意念的本身，人們才有可能剝掉一層層心裡的皮膜，看見並理解，意念的生成，最終將帶領人走到哪一個關鍵，關鍵的一秒，決定了指針將落在光譜的哪一格之上，那一格不僅僅是看待人的自身，也是人們該如何看待他者的指針落點的關鍵。

二〇一四年，台北捷運發生了重大的隨機殺人事件，犯下罪行的鄭捷於被捕後曾說過一段話：「我從小就立下個志願，要轟轟烈烈殺一群人，然後被判死刑也沒關係，這個志願我國中跟高中都有跟朋友透露過，我也不管他們相不相信，其中有一個同學知道我的立志時，有關心我勸我不要這樣做，為了達成這個夢想，所以我才選擇要念軍校鍛鍊身體，為什麼不念體育學校，是因為念軍校能有零用金又不花爸媽的錢，還能夠拿錢報答父母的養育之恩，讓爸媽高興。為了完成這個理想，我從小到大都沒交過女朋友，因為我自認是個沒有未來的人。」

曾讀到某位學者談到此事時說：「鄭捷的狀態其實是善惡共存的狀態，只是他最後選擇了其中一邊。他一方面想透過殺人來達到自殺的目的，一方面又想著要省錢報答父母的養育之恩，這如同多數的犯罪者一般，犯罪者的內心狀態其實是一道光譜，從最左邊的『心理不健康』，到最右邊的『心理健康』，這當中有許多精神狀態的疾病與思想狀態上的不穩定，而這樣的狀態其實每個人或多或少都擁有，那種迷失的感受每個人都有過，我們每個人都是『迷途的羔羊』。」

「羔羊」是如何走入迷途之中的？

《沉默的羔羊》裡，殺人魔漢尼拔醫生在談論人們選擇犯下罪行的關鍵是「貪圖」後，他隨即跳開了話題，轉而問起克莉絲年幼時，經歷父母雙亡後，曾短暫居住在親戚經營的牧場時所發生的故事，當時克莉絲只住了兩個月便匆匆逃離了。

「妳為何選擇離開那個牧場？父親被殺害後，妳十歲就成為孤兒，妳去了蒙大拿與表親同住，然後呢？」漢尼拔問。

「我在一個早上逃跑了。」

「不止如此，是什麼原因驅使妳逃離的？妳在何時離開的？」

「很早，天還沒亮的時候。」

「有東西吵醒妳？是一個夢或是什麼？」

「我聽到奇怪的聲音。」

「是什麼？」

「是尖叫聲，像孩子一樣的尖叫聲。」

「妳當時做了什麼？」

「我走下樓，走出屋外，我偷偷靠近了穀倉，我很害怕看進去，但我又必須看進去。」

「妳看見了什麼？克莉絲。」

「羔羊們，牠們在尖叫。」

「他們在宰殺那些羔羊嗎？」

「而牠們在尖叫。」

「於是妳逃走了？」

「不，最初我想釋放牠們，我打開牠們的閘門，而牠們只是站在那裡，滿面困惑，不願離開。」

「但妳可以離開，而妳也離開了，不是嗎？」

「是的，我抱起一隻羊後拔腿逃跑。」

「妳去了哪裡？」

「我忘了，我只記得我沒有食物與水，而當時很冷，非常冷，我以為，我以為我至少可以救到一隻羊，但牠真的好重，真的好重。」

「妳的羊最後怎麼了？」

「他們將牠給殺了。」

或否因「意念」而生的罪行，且受這些「罪行」所束縛的人皆是「迷途的羔羊」？那些源自於沒有未來的迷失感，源自於想要活下去又無法活下去的失落，源自於「善意」與「惡意」不斷於內心纏鬥廝殺的疲倦無助，即使有人打開閘門嘗試著釋放它們，它們仍只能滿面困惑地佇立於原地，當有外人想拯救它們時卻又無法真正做些什麼，因為它們於人們而言實在太重太重了，於是最後的最後，有的人無可奈何地選擇成為「迷途的羔羊」，有的人則無意識地選擇將「羔羊」一一屠殺，在迷途與屠殺之間，後來者又將其強行撕裂為兩半，一半為惡，一半為善，欺騙自己，那些我們所聞所見的善惡必然是對立分明的——我們必須讓它們是分明的。

人們製造了一個深淵試圖將惡意棄置進去，於是逐漸遺忘，惡意從來不曾在深淵死亡逝去，人們從不知道惡意始終是「活生生」的，它於深淵中日益膨脹茁長，逐漸擴張延伸，緩慢侵蝕到整個社會的骨血裡。

整個社會皆是製造「迷途羔羊」的起源，同時也是「屠殺者」，「惡意」從來都是由此二者繼承且蔓生而來。

推薦序

改變要靠我們所有的人

桑妮・侯斯汀（Sunny Hostin）——ＡＢＣ（美國廣播公司）新聞的資深法律特派員暨分析師，以及ＡＢＣ晨間談話節目《觀點》（*The View*）的共同主持人

《逆轉恨意》在二〇一八年春季初版時，可喜地促進了政治對話。如今在我們所處的分裂時代中，它是無比重要。隨著美國和世界似乎淪入更深度的恨、他者化、不平等與不正義，莎莉・康恩的著作給了我們日益罕見與珍貴的東西：論述、理解與文明的路線圖。

跟以前有多糟比起來，現今的情況是多糟，未來又可能更糟到什麼程度，假如各位想要證據，在本書裡會找到不少來佐證這些情況。但接著各位就會受到激發去捲起袖子，並拿出辦法。各位會找到具體的步驟來幫忙改變局面，激勵人心的故事則會向各位證明它有可能發生。本書並不是寫給想要自以為是地指責對方，並為了本身在社群媒體上發表最新貼文而讚揚自己的人。本書是寫給想要奮力去釐清道德價值並正視恨意的人，而且對象不僅是別人，還有自己。假如各位

厭倦了訐譙與不人道，而且不只這樣，還厭倦了無助感，想要拿出辦法來扭轉局勢，那在以下的篇幅裡就會找到很多十分有用的內容。

《逆轉恨意》令人耳目一新，因為莎莉強調改變的過程，而不是目的地；不斷在過程中覺醒，並以非常人性的條件來試著成為更好版本的自己。打開眼界，以新的方式來看待世界與自己。學習去體認恨意、不正義與不平等，並體認到自己在其中的角色。體認到自己是問題的一部分，使自己能成為解方的一部分。不凡之處就在於此，不只是莎莉的著作，還有她的使命——不放棄任何人，無論是以所能想見最懷恨的方式來行事的人，我們所愛的人卻把票投給了錯的候選人，或者甚至是我們自己。在正視恨意時，不要用更多的恨，而要用慈愛和理解。以能在各方面為所有人帶來建設性改變的方式，來引發改變及互相交流。當身邊的每個人都取法乎下時，要取法乎上。

我無意為後續的內容包上糖衣，這並不是好下嚥的書。以談恨的書來說，它固然寫得精彩，並出奇風趣，卻是很難下嚥的書，因為這個論題很難。因為改變很難。還不如寫書來談右派的那些人、左派的那些人、他們的政治領袖，或是隨你指名，寫寫他們有多嚇人、可恨與禽獸，會比較容易。但那樣做不會帶來改變。改變要花工夫。改變要花力氣。改變要靠胸懷大局的複雜思考，以及有耐心的理解。最重要的是，改變要靠我們所有的人。假如各位在納悶要怎麼在鋪天蓋地的恨意中改變局面，想要停止對電視飆罵或與社群媒體上的酸民對槓，那這就是你的起點。恨意並非無可避免，改變確實可能發生，就讓這本書成為各位的法寶與工具吧。

推薦語

來自左派、右派及中間派的讚譽

在歷史上的此刻，這是所有人的必讀之作。感謝莎莉．康恩以清楚的語調和眼光為我們指出前進之路。

——伊莉莎白．吉兒伯特（Elizabeth Gilbert）｜暢銷書《享受吧！一個人的旅行》作者

莎莉．康恩這次真的做到了，了不起。——莎拉．席佛曼（Sarah Silverman）｜演員、作家

真材實料的作者令人驚豔的初登場，自由派和保守派讀了都會大開眼界，而且問世的時機再好不過了。

——亞當，格蘭特（Adam Grant）｜暢銷書《反叛，改變世界的力量》（*Originals*）作者

作者了不起地闡明了改變路線的力量，當人們邁向文明與互相尊重，而非分裂，就會帶來巨大的力量，讓人自動解除武裝。——《仕女》（*Ms.*）雜誌

這本書印證了深刻了解他人的威力。

——德雷．麥克森（DeRay McKesson）｜社運人士暨播客節目「拯救人們」（Save the People）主播

面對恨意，以令人振奮與鼓舞的懇求來倡導和平、良善與人道主義。——《科克斯書評》（*Kirkus Reviews*）

莎莉和我在政治上鮮少意見一致，儘管如此，我們照樣築起了超越其他一切的友誼。

——西恩・漢尼提（Sean Hannity）——《漢尼提》（Hannity）主持人暨暢銷書《讓自由響起》（*Let Freedom Ring*）作者

我從這本書裡感受到了奇特的幸福感。作者是奇才，寫法是直接對你訴說並挑戰你的本能，以便在主題指向你已經知道自己不認同的觀念時，仍保持客觀的距離。——《聯邦黨人》（*The Federalist*）

莎莉・康恩完全沒有說教，而是謙遜地帶出各個故事。這本書為我們身處在情緒低迷的時期提供了獨特、聰明和剴切的指引。——葛妮絲・派特洛創立的網站Goop.com

莎莉・康恩風趣又溫馨地分享了扭轉恨意的最佳方式，為那些看法分歧的人消弭障礙。——《君子》（*Esquire*）

當代的重要著作。——派翠克・史都華爵士（*Sir Patrick Stewart*）

莎莉・康恩的大作令人振奮、風趣，並充滿了令人鼓舞的解方。

——范・瓊斯（Van Jones）——《范瓊斯秀》（The Van Jones Show）主持人暨暢銷書《超越混亂真相》（*Beyond the Messy Truth*）作者

前言

恨是什麼：霸凌者

沒有人生來就會因為膚色、背景或宗教而恨別人。人的恨必然是學習而來。

——尼爾森．曼德拉（Nelson Mandela）｜南非前總統、人權鬥士

我猜我對薇琪．拉許（Vicky Rarsch）所做的事其實沒那麼惡劣，但我還是耿耿於懷。大家似乎認為我是好人。事實上，有很多人「所認識的我」就是公共生活中的好人，因為連跟我極不認同的人都能和睦相處。我在福斯新聞待過兩年，現在則是在CNN工作。身為自由派評論員，我博得了鐵桿進步派的名號，能帶著尊重與保守派對談，包括極端份子在內。我甚至在TED演講中談過，意見南轅北轍的人如何練習我所謂的「情緒正確」（emotional correctness）——責成自己要帶著尊重彼此對談，並互相展現同理心，無論我們有多強烈地不認同。

情緒正確是要把同理心和互相尊重給傳達出來，而且不只是在用字遣詞上，在意圖和語氣上也是。我依然是鐵粉，但我發現它練習起來日益困難了，並猛然驚覺自己陷入憤怒，沉溺在恨意

裡，尤其是在過去這幾年。

我的恨算是訓練而來。在擔任電視評論員之前，我當了十五年的社區組織人員，為了政策改革而奮鬥，議題像是女同志、男同志、雙性戀者和跨性別者（統稱LGBT）的權利，以及醫療照護、刑事司法、移民等等。右翼份子是我的敵人，我恨他們。

社區組織之父索爾・阿林斯基（Saul Alinsky）把政敵稱為「魔鬼」，並把組織的目標定義為攻擊自己的敵人——不僅是體制，還有人身，因為人身攻擊更有殺傷力。阿林斯基說，優秀的組織人員必須「直搗不滿的痛處」。何謂「優秀的組織人員」，我所受的教導就是如此，我也自認是優秀的組織人員。而且實情是，不管是左派、右派，我還是有朋友認為，在公民參與的工具腰帶裡，恨是最有用的工具之一。可是等我當了評論員，我才意會到，假如別人真的願意聽我說，我就能發揮更大的影響力。而實際上來說，假如他們認為我恨他們，他們就不會聽了。另外，我原來還是寧可受人喜歡，而假如你想要有人緣，喜歡別人就會有幫助。

可是唐納・川普（Donald Trump）當選美利堅合眾國的總統卻使我怒不可抑。他如此輕易又傲慢地針對穆斯林、女性、移民和非裔美國人所噴發的懷恨度，更是令我不敢置信。

還記得小布希在二〇〇四年連任時，我驚呆了；有份地圖將美國劃分成藍區和紅區，並把紅區標示為「死蠢蛋斯坦」（Dumbfuckistan），我和朋友全都曾以電子郵件來分享。我不見得是有意識地把小布希的選民歸類為不算是人，但我肯定認為他們不算是美國人，而且肯定比不上我——比較不聰明，比較不明理，以及十足諷刺的是，比較沒同情心。我認為這其中沒有絲毫特殊恨意。我只是認為自己才正確。

但更糟的在後頭。我真的不能理解，為何近乎過半的美國同胞把票投給了川普。我盡量試著假裝有雅量和團結，但我就是為此恨他們。突然之間，我當名嘴時試著要壓制甚或解決的政黨惡鬥，一下子全都回到了我身上，而且報復感更強。我覺得自己像是正在甄選政黨仇恨的看板人物，而不是批判不文明的名人。而且我雖然知道這不是美國史上首見的仇恨時刻，或者甚至更糟，但它感覺起來就像是，湧現在我身上的危機也正湧現在全美與全球各地、政治與流行文化中、運動賽事和大型槍擊案中。

隨著我對懷恨式偽善的這些小小片刻有所驚覺，無論我只是比較常留意到，還是它正在變糟，我便愈常想到薇琪。我不停地自問：假如我這麼輕易便淪落到極度憤怒中，那我真的就是懷恨的人嗎？「人好」和「情緒正確」這些東西全都是企圖要掩飾我真正的天性嗎？恨意的危機擴散無可避免會吞沒掉不只是我，還有我們所有的人嗎？

我八成該告訴各位，我對薇琪做了什麼。我在十歲的上學日時，獨自一人在五年級教室外的走廊上。教室的門全部關著，門後則是同學的聲響。鐘聲就快響起，穿堂馬上就會被小朋友吵翻天。但此時只有我站在安靜的走道上等待，一手拿著筆，另一手拿著文件夾。醜醜的牆壁上貼著軍綠色磁磚，運動鞋只要在那些地板上一磨，就會發出刺耳的聲音。

我不記得我是怎麼設法從課堂上溜出來，也許是要求去上洗手間。我一定是看到了薇琪去，便跟在她後面。因為我想好了計畫。

我在家裡利用我媽的蘋果IIe電腦，靠單指敲出了洗髮乳偏好度的「調查表」，並搜尋到相關資料。它在開頭問道：「您用的是哪種洗髮乳？」然後附上可能回答的名單，每項旁邊則有空間來讓人勾選註記。我把它印出來，仔細摺好，撕掉列印紙的邊邊，好讓我去找薇琪時，它看起來會盡可能正式。

大家都叫她黏答答薇琪。回頭來看，我知道她的生活一定很苦。她顯然沒有經常洗澡。也許她在家沒有人關愛，或是能幹到足以確保她把自己給照顧好。當時我並沒有想到這點。我只知道，黏答答薇琪有臭味。這只是黏答答薇琪的其中一個不同之處。她也老是把自己搞到流鼻血，而且有時候老師點到她時，她就會像鵝那樣發出叫聲，爬到桌子底下。她沒有任何朋友，除了有一位老師是出於憐憫，才派了小朋友來跟她當朋友。這一切現在都使我替薇琪感到心碎不已——無論她當時的生活是什麼樣子，無論她在家裡或心靈上經歷了什麼。

但當時我還是帶著筆和文件夾來到了走廊上，拿筆的樣子就像個一絲不苟與外表正式的人，彷彿我正在為自然課做某種研究。黏答答薇琪從洗手間出來時，我便問她用的是什麼洗髮乳。

白雨牌（White Rain）。她說是白雨牌洗髮乳。我記不得任何一位五年級老師的名字，我在那年或小學的任何一年讀過哪本書，我那時候喜歡吃什麼，我看過什麼電影，或者我最要好的朋友是住在什麼街。但我卻記得薇琪．拉許告訴我，她用的是白雨牌洗髮乳，宛如她是在十秒前才說過。

我得到了薇琪的回答時，鐘聲響了，走廊上滿是同學。我跑過穿堂，大喊：「黏答答薇琪是用白雨牌洗髮乳！黏答答薇琪是用白雨牌洗髮乳！不要用白雨牌洗髮乳了，不然你會跟黏答答薇琪一樣臭！」所有的小朋友都笑了出來，有些人則指著她。幸好我的回憶就到此為止。

我把這段回憶埋藏起來，有幾十年沒想到薇琪了。可是當我開始打響「人好」這個名號時，卻不停發現那一幕正回頭觸動我的心靈，彷彿是我的良知在嘲笑我。我意會到，我需要找到薇琪。我需要搞清楚她發生了什麼事，搞清楚她的人生變得怎麼樣了。而且我想要賠罪。在整完她之後，那年我就轉去別的學校，但我還是有幾個當時的朋友。我打電話問他們對她的情況知道多少，他們告訴我，薇琪換了學校，就跟我同一年。沒有人知道她去了哪裡。我試著用谷歌搜尋她，但一無所獲。

找了幾個月卻不見任何好運後，我便請了私家偵探。就在要打電話給他時，我不禁心想，自己尋找薇琪的決心豈不是執著到也許變得有點怪嗎？後來我意會到，我不只是想要搞清楚她發生了什麼事，我也想要搞清楚自己發生了什麼事。終究來說，我真的是個好人嗎？因為哪種好人會做出像這樣的事？

我想要了解的不只是自己的恨，還有似乎要把地球給吞沒的恨。於是我便著手這麼做了。

壞消息是：我們全都在恨。我們全都是。其中包括了我——而且恐怕也包括各位。我保證，雖然這是本談恨的書，但最後會以振奮與正面的方式畫下句點。可是，我們必須先面對苦澀的真相。在不同的方面和不同的程度上，我們有時候全都會有意識或無意識地以某種方式對待其他的個體和整個群體的人類，彷彿他們在根本上就是矮我們一截。

我們才談了幾頁，各位可能就已經對這點有所微詞了。我怎麼膽敢指稱各位在恨？而且要聲明的是，我就是在這麼做。但要把話講清楚，我是故意對「恨」採用了廣泛的定義，與許多這個領域的專家所採用的定義一致。所以，我指的雖然不是那種無聊的恨，像是「我恨花椰菜」或「我恨肯尼吉的音樂」，甚或是「我恨我的數學老師」，但其他一切差不多都會包含在內——從政黨不文明、公然性別歧視、隱性種族偏見，到其他任何因為某人在身分上的某個層面或所隸屬的群體，而對他加以歧視、非人化或貶低的傾向。

哈佛大學的心理學家葛登・奧爾波特（Gordon Allport）是人格研究的先驅，寫過《偏見的本質》（*The Nature of Prejudice*）這本影響深遠的著作。以他的理論為基礎，反誹謗聯盟（Anti-Defamation League）主張，種類和嚴重度不同的恨意會互相拉抬。在「恨意金字塔」裡，該組織區分出了五大類。在金字塔底部的有刻板印象、使用排他性的語言，以及相信有的群體本來就高人一等，有的則低人一等。往上一層則包括個別的成見行徑，像是霸凌、謾罵，以及不說出口但有害的社交孤立行徑——像是黏答答薇琪走過時，我和其他的五年級小朋友就閃到走廊的另一頭那樣。接下來是有體制形式的歧視，無論是在就業、住房政策還是政治制度上——那種恨意固著在我們的體制和常規裡，實際受其助長，並一代接一代地傳授下去。更進一步的是偏見所引發的暴力，例如恐怖主義或仇恨犯罪，以及來到頂層的集體屠殺。

我想要探討的是整個金字塔——從反猶太和穆斯林的網路酸言，到民主黨員與共和黨員的超強政黨惡鬥；從公共領域中的粗鄙，到帶有種族偏見的立法；從因為種族而屠殺人民，到霸凌。

而且，假如你在納悶，我對薇琪的霸凌到底跟恨有什麼關係，那就是我這個有錢小孩去欺負貧窮小孩，或者最後說到底，薇琪原來是同性戀，這些都不是偶然。在統計上，貧窮小孩和LGBT小孩都比較容易遭到霸凌。我幼小的十歲心靈裡有很多別的念頭，而且，我並不是說，恨是我去欺負薇琪的唯一原因，甚或我是有意識地懷恨，但我們在整個社會上所歧視的同樣各群人，在學校裡還是最容易遭到欺負的群體。這不單是巧合。這就是恨。

事實上，只把「恨」的說法保留給有意識和極端形式的殘酷，不但不準確，而且危險。我所學到的是，不同形式和程度的恨，全都是源自同樣的社會與心理現象。它會使社群彼此分裂，把「他人」群體非人化，所形成的氣氛則會使恨變得更容易，甚至可能致命。「**我們全都是非人化的潛在份子，就如同我們全都是非人化的潛在對象。**」哲學家大衛．李文斯頓．史密斯（David Livingstone Smith）寫道。我想要了解的，不只是這些不同種類和程度的恨是如何相關，還有我們如何防止小恨日益失控。

美國是在恨意的基礎上建國——美洲印第安人遭到殖民殲滅，以及非洲人長久遭到奴役，都是以恨為藉口。恨在南北戰爭期間分裂了國家，並在一個世紀後引爆了示威運動與反撲運動，使行動人士在正義與人權的議題上較勁。而且在這項傳承上，美國人並不孤單。顯而易見的是，殖民征服與暴行的全球歷史，以及極端暴力與排外的許多現有熱點，都反映了恨的深層流向。要是主張我們是處在歷史上最懷恨的時刻，那就失之天真了。但這個論題的相對性並不值得欣慰。現在所醞釀的恨有害、駭人，且日益激烈。不一定要是史上最糟的時刻，才算是糟到有理由來共同努力，加以反思並改變。

針對共和黨員與民主黨員如何看待對方，皮尤研究中心（Pew Research Center）調查了二十五年。在二〇一六年，雙方的受訪者都是首次有過半回答「非常不順眼」。民調中發現：「民主黨員有超過一半（55%）說共和黨讓他們『害怕』，共和黨員則有49%以同樣的話來說民主黨。」而且兩黨的人都有快一半的成員說，對方使自己感到「憤怒」。

我們都是從侵略、毀滅的角度來談論政治和政治參與。共和黨員正在發動「女性之戰」。民主黨員正在發動「耶誕之戰」。移民正在「入侵」。在二〇一六年大選期間，川普和他的支持者反覆呼喊：「把她關起來！」講的是希拉蕊・柯林頓（Hillary Clinton）。而在我參加的一場造勢大會上，則有川普的支持者大喊：「把她吊死在街頭！」

恨的問題不是只有在言論或情緒上。從二〇一六年大選以來，美國出現了對穆斯林、移民和猶太社群的攻擊升溫。美國的仇恨犯罪在二〇一六年增加了兩成，有部分是受到爭執不下的選舉所助長。光是在二〇一七年的頭三個月，反猶事件就多了86%。二〇一七年一月，佛羅里達州的清水鎮（Clearwater）有三所猶太教堂被畫上了卍字。二〇一七年六月，蓋著頭巾與身著罩袍的穆斯林青少女被人以棒球棍打死，棄置在水塘裡；後來，女孩的追悼會還遭到縱火。二〇一七年二月，有四名黑人青少年被控仇恨犯罪。之前他們綁架了有智能障礙的白人青少年，並在臉書直播過程。他們邊毆打此人邊大叫：「去你媽的白人！」更名為「另類右翼」的白人至上份子變得更顯而不隱，更不用說是有恃無恐了，其中包括高階的另類右翼份子在川普的白宮裡發布貼文。

恨也來自政治光譜的另一頭。二〇一七年六月，我在寫這本書時，共和黨籍的國會議員正為了一年一度的兩黨棒球賽在練習，卻有人對他們開火，那人聲稱自己是自由派，曾在伯尼・桑德斯（Bernie Sanders）的總統大選陣營中當過志工。他號稱這麼做是想要幹掉保守派。二〇一六年十一月，野火摧毀了田納西州蓋林柏格（Gatlinburg）的上千戶住家，十四人喪命及另外兩百人受傷，有一個反川普的人卻推文說：「嘲笑川普在蓋林柏格的所有支持者，他們的房子在今天晚上燒個精光了。太糟的是，並不是整州都燒掉。」另一個人則推文說：「也許是『神』在懲罰他們投票給川普。」

我們目前達到的地步是，恨已經成為可以接受的常規，所以我們不但相信恨無可避免，還試著公然推銷恨的好處，拿恨來牟利。現在有名為「懷恨份子」（Hater）的約會應用程式，把你和潛在的相親對象配對時，看的是你們共同所恨的事或人。真的，假如你恨肯尼吉的薩克斯風曲風，我們可能就很配！同一時間，有很多媒體則把仇視變得不但美味，而且等於是會令人上癮。有愈來愈多的人在獲知新聞時，所透過的電視頻道和網站主要都是在迎合我們的恨（甚至無一例外），並以會增強偏見的方式來呈現資訊。這不但是拿恨來牟利，還會使恨變本加厲。就所有的媒體而言，收視率上升都不是因為觀眾變得更有見地，而是因為他們變得更狂熱。我知道每次在播出時一翻白眼，我就會得到更多的點擊和掌聲，不管我是否出於本意，也不管你是否認為那是世界上最惡毒的事。我並不是要爭辯哪一邊或哪群人做得比較狠。我們全都在恨。而且我們全都做得太過火了。所以，我們現在要怎麼辦？

恨是不是人性中無可避免的一環，根源深到沒有人能真的完全免疫？人怎麼能對完全陌生的人這麼惡毒？哪種人會在推特上把自己根本不認識的人叫做「臭屄」或「變態死玻璃」？他們真的是出於本意嗎？而就像是白人至上的光頭幫和恐怖份子，深懷恨意過日子的人能改變嗎？

就算我們能一次針對一個懷恨份子來打擊恨意，並在本身的生活中各自累積，但我們真能克服整個社會的仇恨嗎？恨是如何變得系統化和體制化，使政府的政策、社群和文化不但為恨提供了掩護，而且更糟的是，還把它給傳布出去？解方又是什麼？

的確，我們可以怪川普一再把公開的恨意帶進政治權力顯而不隱的頂層，但從英國殖民者在北美登岸以來，恨就在社會的血脈裡流動了，並受到當選的領導人、法官、銀行業者、教科書和電視節目慫恿及教唆。我想要了解的是，恨是如何感染整個社會。而且我想要知道，我們可以如何反擊。

一年前，我女兒薇拉七歲時告訴我，她在學校裡捉弄了小朋友。薇拉和三個幼小的朋友講好，隔天全都要穿長褲上學。她告訴我，她們組了個社團叫長褲社，她們是社員，而其他的小朋友全都不是。可是，後來薇拉背著一個女生，說服了另外兩個人來整她。薇拉和那兩個女生隔天反倒穿洋裝現身，故意讓第三個女生覺得遭到背棄。

現在這並不是世界上最惡毒的整人，就好像有小朋友所犯下的過錯比唬人的洗髮乳調查還糟。但類似之處使我大受打擊。薇拉密謀去愚弄和排擠了另一個小孩。我是不是樹立了糟糕的榜樣卻渾然不覺，使我據稱已收伏的恨反正就是滲漏了出來？

後來我則是在我的周遭開始看到了它。在二〇一六年大選前的夏季期間，我們那條街舉辦了一年一度的街區派對，就在紐約布魯克林公園坡（Park Slope）綠意如蔭的自由派鄰里內。一如既往，現場會有皮涅塔[1]。而那一年，街區派對一直以來的籌辦人弄來的皮涅塔是川普的頭。我大為光火。我花了幾個月試著教女兒不要恨川普，儘管在家裡、學校和媒體上，有人失言訐譙時，她全都聽在耳裡。而在此時此地，我的鄰居等於是要把川普的頭吊起來，好讓小孩子能痛扁它。我以少數經過慎選的粗口形式（對，就是諷刺！），向街區派對的籌辦人表達了強烈的失望。幸好其他鄰居也發出了怒火。但沒有人想要把儀式喊停，於是頭就吊了上去。

我告訴女兒，她不可以參加。

「可是媽，就只是皮涅塔嘛。」薇拉抗議，「他的頭又不是真的！」

「對，但還是不行。」我說。

薇拉正在聽，而且我看得出來，我正在讓她思考，但我也看得出來，有怒氣在醞釀。廢話，當然會有。那個皮涅塔裡可是有糖吔！而且只要有機會用棍子打任何東西，我女兒都很愛。她苦苦哀求。為了深深渴望避免全面潰敗，我自私地心軟了。

「好吧。」我哀怨地說，「可是你能不能去想像，自己並不是真的在打川普，而是假裝自己在打擊他所代表的看法？」

薇拉同意了，我便讓她依序上場，其他小孩子則站在四周興高采烈地加油。然後我們全都拿到了挺好的糖果獎賞。

我們太常勉為其難地接受恨意，甚或是為它敲邊鼓。我們太常對身邊的仇恨視而不見。我們太常對它就在自己身上視而不見。在我們的社群中和世界各地，太常有人被我們有意識或無意識散布的恨給打垮。但我們該打垮的是恨才對。這麼做的獎賞則是所有的人都有更甜美的未來。

---

1. 皮涅塔（piñata）：指裝有糖果或禮物的彩罐，會吊起來讓人蒙眼用棒子打碎。

第一章

我們為何而恨：酸民

我不會允許別人……以讓我恨他來窄化和貶低我的靈魂。

——布克・華盛頓（Booker T. Washington）十九世紀末美國非裔教育家

我最常天天親身遇到的恨是來自網路上的惡毒民眾，俗稱為「酸民」。所以當我決定探討助長恨的條件和扭曲時，酸民自然就是我的第一個起點。我總是不禁心想，完全陌生的人到底是怎樣才能天天對我又罵又損，而且老實說，這些人到底是有什麼毛病。另外，我收到的仇恨郵件和仇恨推文愈多，就愈開始擔心它才算正常——惡毒、甚至以此為樂才是人性，尤其要是能躲在匿名的網路分身背後來做的話。而且我是怪咖，認為人人都該是好人。我得坦承，一開始我打電話給酸民，是出於十足乖張的好奇心。可是等到掛上電話，我卻對自己有了更多認識。我從來都沒想過，酸民認為我是惡毒的人。我也從來都沒想過，他們或許是好人。

早期在福斯新聞時，我就經歷過情緒錯亂。一方面，我很訝異、甚至震撼地發現，在我認為就是符合懷恨定義的人，像是保守派脫口秀主持人西恩．漢尼提（Sean Hannity）這樣的人，在現實生活中並沒有尖角獠牙，反倒是人相當好，肯定好到遠遠超出了我的預期。另一方面，我開始收到人生中第一次的仇恨郵件，而且以全然不同的方式震撼了我。我得坦承，走進福斯新聞時，我對保守派的敬意整體來說相當低。即使如此，酸民仍震撼了我。觀眾不斷朝我狂轟濫炸的敵意令我吃驚，電子郵件和推特都有。我試著要自己安心，大部分的人（確切來說是福斯新聞大部分的觀眾）並沒有寄仇恨郵件來。但人數還是很可觀。而且他們惡毒得不得了，有時候甚至威脅要施暴。我既錯愕又鬱悶。

我無意表示這是衝著我個人而來，我知道為大眾發聲難免會遇到這樣的事，而且我還是要感恩，畢竟夠有名才會遭到攻擊。加上我真的自認不是「低能的自由派智障」或「愚蠢的賤貨」。但傳送這些抨擊的人困擾了我，則是事實。誰會做出這種事？哪種病態的社會才會製造出幹這種事的人？我並不是酒鬼，但有幾個月，我喝得比平常要多很多，而且肯定是比我該喝的量要多很多。

在這段時間，我曾跟一位電視網的主管見面。他問我過得如何，想要知道大家是怎麼對待我的。他格外好奇的是，我有沒有因為上了福斯，而遭到左派的任何排擠或攻擊。我告訴他沒有，一次都沒有。事實上，插個話，我從來沒有因為上了福斯而遭到左派的任何攻擊，起碼不是我聽說的那樣。我告訴他，但我收到很多右派的仇恨郵件。非常多。我招認它動搖了我對於人性的信仰。

「噢，你沒有看那些屁話，對吧？」他脫口而出，「不要看！那些人是發瘋的爛咖，而且我清楚得很，因為他們就是我們的觀眾。」他對我露出了大大的笑容，彷彿把自家觀眾稱為「爛咖」是件光榮的事。他說我不該擔心人性，因為寄仇恨郵件給我的人算不上是人。

對於任何包含實質威脅的留言，他建議我要看一下，就像那次有人推文說：「@sallykohn 在我看起來像是射子彈的好地方。」我應該要把這些訊息寄給電視台的保全，好讓他們在必要時加以調查，並通知當地的主管機關（就連現在到了CNN工作，我還是必須不厭其煩地定期這麼做）。他說，其他的就留在收件匣裡，忘了吧。可是我忘不了。而且，把酸民當成瘋子或者不是人，並沒有幫助。我不想讓他們太容易得逞，但就此認定他們是偏激的狂熱份子，或否定他們的基本人性，感覺起來也有錯。

自此之後，我整個人就堅強多了，可是老實說，酸民還是縈繞在我的腦海裡。不只是他們的留言流露的敵意竟可怕到這種程度，像是：「@sallykohn 蠢蛋，你早該被拿掉才對，你這個該死的共產黨！！！！！！！！！！！」「你跟星期六謀害四十九條人命的激進伊斯蘭極端份子沒兩樣，你真的是就我所知這個國家最充滿恨意的人之一。」批判我充滿恨意的人在寫出這些話時，顯然沒看出自己留言的諷刺之處，他怎能沒意識到自己用充滿恨意的話來批判我充滿恨意？另外，是真的嗎？我跟伊斯蘭國（ISIS）一樣壞?!（有別的酸民也對我推過這種文——甚至是在另類右翼懷恨地抹黑「CNN就是ISIS」之前。）

事實就是，我可以貼出全天下最合宜的內容，而且無關政治，卻還是被酸。在二〇一六年大選期間，我貼了張照片，上面是我的狗在公園裡，挺川普的酸民卻用#MAGA（意指「讓美國再次偉大」）灌爆了我的Instagram動態。這是在酸我的狗？為了公平起見，有一個人倒是貼文說：「#MAGA但你的狗很可愛。」對，我的黃金山地貴賓犬莎蒂豬（Sadie Pig）大概就跟聽起來一樣萌。但這並不是我的重點。

我不想吹牛，但曾經有人告訴我，我的推特上有該平台最惡劣的一些酸民。好吧，我在吹牛，而且我知道，拿這件事來吹牛很怪，但在我比較不驚恐的時刻，我可以把它視為某種指標——不認同我的人起碼有在關注，我猜這算是有建設性吧。話雖如此，有人要我千萬不要再轉推，因為我的酸民實在太激情了。酸言真的是帶著仇恨，而且經常傷人。有時候會很重。

酸言也非常明顯傷害了我們的社會。酸言曾經只是討人厭的偏激現象，但二〇一六年美國選出了推特酸民來當總統。突然之間，我們全都有了酸言的問題。後來愈來愈多人對噴發恨意感到有恃無恐，而那股恨意的對象則以自身的恨意開火還擊。彷彿在一夕之間，酸言不但進入了主流社會的詞彙裡，還有我們的血液裡，我們在線上和線下生活的各方面也受到了傳染，並威脅到公民與民主社會的整個前景。

為了看能不能說服我的一些酸民來聊聊，我在聯絡時所聚焦的是推特，因為坦白說，他們大部分就是在那裡。就懷恨的話語而言，推特似乎是最有魅力的現代平台。的確，臉書和Instagram上有不少外溢的恨意，而且有網站基本上就是整個為恨而設，像是4chan和部分的Reddit，但我與酸民的日常互動大部分都是在推特上。而且就我所能分辨，他們不全是機器人，甚至大部分都不是。他們真的是實實在在的人類。所以我想要知道，人類是著了什麼魔，才會去噴發這麼可鄙的攻擊。而且網路酸言會不會外溢到現實生活的恨意裡？酸民相不相信自己所寫的東西？他們有沒有想過後果？或者他們是不是自私地只是想要引起關注？這些躲在主題標籤背後的人是誰？而或許最重要的是，有鑑於網路理應是把人群拉近在一起的中性平台，現在卻充斥著酸民，這件事是不是透露出了深層的現象，不僅是關乎科技，也關乎我們的基本人性？

我的計畫是，要聯絡我推特上最毒舌的酸民。在我的腦海深處，我很樂觀地認為自己將對他們產生一些感化作用，就像是發生在作家琳蒂・魏斯特（Lindy West）身上的事。她在部落格貼文談到自己有多受傷，因為有酸民為了騷擾她，而在推特上冒充她最近過世的父親。看了她的貼文後，酸民以電郵向魏斯特愷切懺悔，坦承自己是嫉妒她的自尊感，才試著要毀掉它。他發誓絕不再酸言了，兩人到最後還通了電話，而成了廣播節目《這種美國生活》（*This American Life*）令人揪心的一集。

我聽了她的陳述便心想，對，等我們全都開始以同理心，而不是更多的恨來正視恨意，改變就會這樣發生。

可是我和酸民的交手不太像是那樣的情況。我想我到最後確實得到了一次邀約，但從和酸民的交談中，我的收穫多半是更深入了解了神智完全清醒的人為什麼能歹毒到這麼怪異。

我的酸民多到使我必須想辦法縮小範圍。於是我便請人來分析在推特上名列前茅的酸民，我找的是名為Spredfast的公司，裡面的人非常幫忙且精通科技。對於我的推特資料，他們檢視了二〇一六年八月十六日之前的五十週。在那段時期當中，我的推特上有來自四萬六千六百九十四個用戶的十五萬八千則回覆。有很多是來自粉絲，但有個顯眼的子集是來自酸民，包括若干「超級酸民」，其中有些平均一天對我推文超過一次。我對他們全都有追蹤，也會對他們推文或是傳送留言請他們回頭追蹤我，這樣我們才能溝通。我試著接洽的酸民共有十幾位，嗆我最厲害的人全都包括在內，而且大概有半數給了我回音。

其中有些人並不想談。「**我向你／替你掌管推特的那個人道歉，女士，因為我針對你推了一些不堪入耳的話。**」@bmenyhert留言給我說。他口中那位會幫我讀取我的社群媒體動態，並擋下所有傷害的神奇實習生在哪？噢，等等，我並沒有請這樣的人！總之，本著躲在分身背後的精神，說自己其實不想跟我談的酸民，大部分卻來回留言得很高興。「**大家都忘了要怎麼坐下來看著別人的眼睛。**」@bmenyhert寫給我說，「**有時候就包括我自己。**」同樣這個人也曾經推我說：「**不確定思考是你的強項，莎莉。專心去舔鮑吧。**」

但幸好有一些酸民願意跟我在電話上聊，而且那些交流要發人深省得多。當他們對我不但文明，人也相當好時，我的訝異可想而知。最後我意會到，自己有多習慣去認定他們要不是機器人，就是禽獸，反正就不是人類。當然，你可能會陷入五里霧中，思量哪個版本才是他們的真我，他們是不是在電話中裝好人，或在推特上裝惡毒，或者兩種表現都是真的，這是不是完全有可能，因為就像美國十九世紀詩人惠特曼（Walt Whitman）所寫，我們是「包羅萬象」。酸民對我好，也有可能是因為我在關注他們，或是因為直接跟我聊的時候，這麼殘忍會使他們渾身不自在。但藉由和他們交談，以及有研究幫忙解釋了酸言，我所得出的結論是，這些矛盾是由更深的力量所形塑，而且這些是我們全都具有的矛盾。

我們就從其中一位比較精彩的酸民@LindaLikesBacon（@琳達喜歡培根）談起。她推文說「**莎莉．康恩是心理侏儒**」，並叫我「**從橋上跳下去**」。她還推文說「**你的狗很可愛。但你是畸形的醜八怪。**」（我的狗顯然非常受酸民歡迎。）原來她是五十四歲退休女性白人的分身，本名叫琳達，住在密西西比州的皮卡尤恩（Picayune）小鎮。我在電話中聽到她的聲音時，立刻就讓我想起了小學時的臨時保母，我想名字是葛蘿莉亞吧。她開的車是大黑貂（Mercury Sable），體味有如香菸的煙霧加威美頓薄荷糖（Velamints），聲音就像她那樣低沉，而且兩人對人生的看法都很沉重。

我沒有馬上就問她為什麼要叫我去自殺，反而問了她的嗜好，不管是因為我是膽小鬼，還是因為我想要設法認識的是她整個人，而不只是酸民的身分。

@LindaLikesBacon超愛車展和所謂的「出巡之夜」，這基本上就使她成了酸民版的我爸。假如你不夠幸運，不知道出巡之夜是什麼，它其實是狂熱的車友把車停在當地的停車場，以我爸來說通常是在漢堡王的外面，然後到處走動（在某些情況下還會拖著哀哀叫的十來歲女兒）去看彼此的車，引擎蓋則要打開，好讓每個人都能看到引擎。

「你喜歡它的什麼地方？」我問@LindaLikesBacon，並試著禮貌地隱匿事實，那就是我寧可用吹管自行灌腸，也絕不再去出巡之夜了。

「就是同袍之情，人。」她回答說。所以噴發恨意的琳達推文說我是「舔鮑的騙子」和「臭屄」，卻超愛同袍之情？真想不到。

她接著告訴我，她甚至會去「車子大會師」——又名「移動式出巡之夜」。「真的很好玩。」她繼續說，「有七十五或一百輛車殺去某個地方，有人則會出來站在院子裡對你揮手。」

這全都讓我跌破了眼鏡。她並不是長著粉刺的青少女，住在地下室，有易怒的問題，而我以為酸民全都是那樣。而且我們聊得愈多，我就愈必須坦承，她還挺討人喜歡。這並不代表她也沒有易怒的問題。

我問到她的用戶名稱。「為什麼是培根？」

「我猜我用這個名稱是為了嗆人。」她告訴我。

「呃，是針對不喜歡培根的人嗎？」我真的是不解其意地問道。

「唔，是不喜歡培根的穆斯林，對。」她說。

「呃，哦。明白。」我試著聽起來壓根就無動於衷地說道，「那不喜歡培根的猶太人呢？」我這麼問有部分是在鬧著玩，但也是因為我很好奇（並且身為猶太人，又愛吃豬肉，就像我不少的穆斯林朋友）。

「他們還好。」她回答說，「我對猶太人沒意見。我只有不喜歡想要把我的頭給砍下來的人。」

「呃，你認為穆斯林全都想要把你的頭給砍下來嗎？」我緩緩問道。

「唔，你知道，我對穆斯林需要搞懂的事在九一一時差不多就全搞懂了。」

當我逼問她是不是真的相信穆斯林全都是暴力極端份子時，她說是，她打從心底這麼認為。當我問她認不認為那是對整個廣大社群的民眾懷恨時，她則說不認為自己懷恨，而是誠實罷了。就算對他們的認定有點惡毒，但她說是情有可原，因為他們衝著她來的恨要大多了。「**我不認為有溫和的穆斯林。**」她補充說。我要聲明的是，她對全世界十八億的穆斯林一概而論，這不但是懷恨，而且是徹頭徹尾地不正確。

琳達提供了教科書上的例子，那就是所謂的「歸因謬誤」。我在大學時之所以轉為主修心理學，有一大部分原因就是對人心的這些曲折離奇深感好奇。基本歸因謬誤是我們傾向於相信，當**別人做了有害的事，那個人就是有害。可是當我們自己做了有害的事，則是因為某種情勢或情境使我們的作為情有可原。**所以舉例來說，當別人在網路上寫了懷恨的內容，我們就會認為他根本上就是懷恨的人，他所寫的東西反映了他的本性。可是當我們寫了懷恨的內容，那則是因為我們遭到了「他們！」挑釁，或者也許是我們無端捲進了網路漩渦裡。是情勢使我們惡毒，而不是我們真的惡毒。所以琳達認為，穆斯林全都是本來就懷恨，而她並不是，她只是在對她耳聞穆斯林所犯下的懷恨行徑合理反應。

我接洽的一個酸民所寫的東西，簡直可以當成「基本歸因謬誤」的定義，收錄到字典裡，當時他正在解釋為什麼不想跟我聊：「**我稱你是種族迫害的仇恨販子，並舉出我會這麼看你的原因。**」

有一個名列前茅的酸民@JeffMcIrish留了言給我：「**對我來說，這話說得直截了當，但句句實言，因此不算是不文明。正派人士對世界的看法跟你不同，你就貼出徹頭徹尾的謊話。對我來說，『這』才是不文明到極點。**」接著他加碼補充談到了自己：「**我只會善待好人。**」換句話說，惡毒是我的本色，他的惡毒則是我一手造成的情勢。

歸因謬誤的概念最早是衍生自一九六七年對政治態度的研究。這是在古巴飛彈危機過後沒多久，美國反卡斯楚的情緒比現今更甚。杜克大學的愛德華．瓊斯（Edward Jones）和維克多．哈里斯（Victor Harris）準備了兩篇文章，都叫做〈卡斯楚的古巴〉，然後要受試者看其中一篇。一版是挺卡斯楚，另一版是反卡斯楚。受試者獲得告知，撰文者要不是自選觀點，就是受到指派，必須寫那個觀點。接著，詢問他們認為文章裡的看法有多誠實地反映出作者的看法。合情合理的是，當受試者得知作者能自選看法時，受試者便相信文章反映了作者的看法。可是令人訝異的是，即便告知受試者，作者是被迫寫出那樣的觀點，受試者還是認為，挺卡斯楚文章的作者真的比反卡斯楚文章的作者，還要真實反映作者本身的看法。受試者明知作者受到情勢所迫，但照樣把文章歸因於作者身為人的本性。

這種效應在後來的許多研究中都獲得了印證。例如在一九七七年時，李．羅斯（Lee Ross）和一些同僚做了一項研究，隨機指派史丹福大學的學生去參加假的益智節目，要不是擔任提問者、參賽者，就是觀眾朋友。提問者奉命要根據本身的知識提出十個問題，參賽者則必須試著去回答這些問題。包括觀眾在內，每個人都知道這是安排好的。換句話說，他們知道在設計上，提出問題的人對答案比應該要回答的人熟知許多。然而在事後，以觀眾朋友的身分來參加的學生卻說，他們認為提問者本來就比參賽者聰明。對於非常明顯是演出來的情境，他們並不採信。更加令人訝異的是，參賽者本身把提問者評為普遍較有知識。這種觀感轉折所牽涉到的頭腦體操令人難以置信。而「基本歸因謬誤」的說法，就是由李．羅斯在記述這場實驗時所發明。

接著在兩年後的一九七九年，心理學家湯瑪斯．佩迪格魯（Thomas Pettigrew）更進一步，導入了他所謂的「終極歸因謬誤」。**假如我們認定，其他個人的負面行為可歸因於他們本來的內在秉性，佩迪格魯推論，在我們對其他群體的成見中，同樣的效應就會放大。**我們全都是內群體和外群體的成員。我們的家庭是內群體，我們的鄰里也是，鎮上另一頭鄰里的家庭則是外群體。但這些群體的成員身分具有相對性。假如你事先得到提醒，認為你們整個鎮與另一個鎮是對手，好比說你們正在運動比賽的期間，你們鎮上的另外那個鄰里就會突然變成屬於你的內群體。

然而，在社會的集體心理中，內群體和外群體的一些分界線已變得牢不可破。舉例來說，在現今的美國，種族、性別、移民身分、經濟階級和性向，構成了我們習慣定義自己所屬的身分認同類別，並認為「本身群體」裡的人跟「他人」有點區別。除此之外，社會就像是巨大的生命體，對於這些群體通常哪些算是內群體、哪些不算是，會有它自己的歷史和集體觀感。「特權」的概念在此就派上了用場。縱使複雜，有時候甚至討人厭，它卻是非常有意義的觀念，指的是在社會較廣泛的常規和制度上，特定的身分認同與進而的特定群體本來就受到偏愛及優待。儘管就事實來說，女性占了美國人口的半數以上和美國選民的半數以上，當選進入眾議院的人卻有八成以上是男性，最終的局勢就是由此而來。我們全都在吸納和仿效社會的內群體和外群體偏見。

所以，佩迪格魯的終極歸因謬誤所講述的就是，**這些集體的內群體／外群體偏見會形塑我們對於他人作為的感知方式**。就拿對警方執法的態度當例子，根據二〇一六年的民調，84％的黑人民眾相信，在與警方打交道時，黑人所受到的待遇不如白人公平。但白人民眾只有50％說了同樣的話。這意謂著另外一半的人認為，警方對待黑人的方式很公平或應當。

現在要試想的事實在於，在二〇一五年的民調中，有20％的黑人民眾表示，他們「在過去三十天與警方打交道時，曾受到不公平的待遇」，並把這種不當對待歸因於本身的種族或人種背景；但白人民眾只有3％表示曾有過同樣的經驗。有數十年的硬性資料顯示，美國的黑人遭到有系統與不公平的警方過度執法，其中包括比白人更常遭到停車盤查和逮捕。儘管就事實來說，黑人在犯罪中的占比普遍比較小。但要白人去想像警方會不公平攔查任何人就是比較難，因為它並非本身生活經驗的一環。除此之外，由於終極歸因謬誤的關係，白人民眾會比較容易認定，黑人民眾遭到較多攔查，是因為本身的行為或基本性格，而不是因為某種情勢或系統性的情境。

為了研究這種偏見，心理學家蕾貝卡・賀堤（Rebecca Hetey）和珍妮佛・艾柏哈特（Jennifer Eberhardt）把紐約市監所的種族分布資料拿給一群白人紐約客看。其中黑人占60.3％，白人則占11.8％，一大部分原因就是警方過度執法，且有種族之別。但半數受試者拿到的是假資料，代表該市的監獄人口沒有實際上那麼「黑」，而是40.3％的黑人和31.8％的白人，比較接近美國整體監獄的人口結構。然後所有受試者都被問到該市的「攔查搜身」政策——警方在街上羈押、盤問和搜查民眾，跟任何實際涉嫌的罪行常常沒什麼關係。這項作業實施已久，主要是針對該市的黑人和印度中東裔居民，並不是因為他們必定做了什麼錯事，而只是因為他們一在場就常被視為可疑人物。而且在二〇一三年時，法官判決攔查搜身是違憲的種族貌相。

賀堤和艾柏哈特要受試者閱讀那項法院判決的新聞報導，然後回答一些問題。受試者全是白人，大部分都說他們認為攔查搜身太過當了。可是看到有機會簽署反對攔查搜身的請願書時，認為監獄人口「比較不黑」的受試者簽署請願書的機率幾乎多了三倍，即使研究人員從未以顯性的方式問到種族。同一時間，看到監獄的人口結構「比較黑」的受試者則表示，他們更擔心終止攔查搜身會使犯罪率增加，儘管他們才剛閱讀過，違憲的種族貌相是如何不公平地形塑了入獄的是誰。

「**我認為這項研究進一步凸顯了『身為黑人』所留下的種族汙名程度，即使我們已遠離了公然反黑人的時代。**」記者賈梅爾．伯恩（Jamelle Bouie）寫道。舉例來說，普遍來看，會公然說出黑人比白人懶的白人共和黨員大約有五分之二，白人民主黨員大約有五分之一。會說出黑人不如白人聰慧的共和黨員有26%，民主黨員則有18%。研究顯示，當白人誤以為黑人在接受公共援助的占比中不成比例時，也認定領取食物券和享受社會福利的人多半很懶。可是當人們正確地認知領取福利的人大部分都是白人時，十之八九會說接受這種援助的人只是遇到了困境。這些例子顯示，白人認定黑人社群面臨的問題，本來就該歸咎於黑人本身，而非歸咎於社會的結構和偏見。這就是終極歸因謬誤起了作用。

事實上，湯瑪斯．佩迪格魯也指出，由於終極歸因謬誤的關係，當特權內群體的成員做好事時，會被認定是反映出他本來的特質。可是當遭到歧視的外群體做好事時，則會被認定是某種由情境所獨創出來的「例外」。就如哲學家大衛．李文斯頓．史密斯所說：「本性會引發與種類有關的刻板印象特性。偏離刻板印象，就代表有東西妨礙了本性表現出來，或是扭曲了它的表現。」社會學家過去常稱之為「考斯比效應」（Cosby effect）——因為愛看《天才老爹》（*The Cosby Show*）的白人並不會把這些正面印象一概而論地套用到所有黑人身上，而是把電視情境喜劇裡在專業與財務上成功的考斯比家庭（Huxtables）當成例外。遺憾的是，現在比爾．考斯比（Bill Cosby）再也不是任何事的正面例子了。

回頭來看@LindaLikesBacon的用戶名稱，我們就會從她對穆斯林的觀感中看到歸因謬誤在作祟。部分是因為媒體和政治論述所圍繞的罪大惡極行徑，其實只出自相對小撮的暴力極端份子，美國有太多人把穆斯林一律抹黑為可疑人物，認定他們對所有的非穆斯林懷抱恨意。由於終極歸因謬誤的關係，世界各地相對少數的極端穆斯林懷恨的暴力行徑，便算到了整個外群體的頭上。這就是為什麼美國及西方普遍都有為數可觀的人跟@LindaLikesBacon一樣相信，由於某些穆斯林想要把美國人的頭給砍下來，就代表穆斯林全都一樣。也許假如她肚量大的話，不會認為全部，但會是大部分。她認定穆斯林本來就是這種人。

附帶一提，現今住在美國的穆斯林據估有三百三十萬人。假如其中甚至只要有5％想要把非穆斯林的頭給砍下來，我們肯定會知道——城市的街道上會有一大票斬首勇士在晃盪。但這並沒有發生，因為大部分的穆斯林都溫和又和平，只想要盡其所能過上最好的日子，就如同美國所有的基督徒、猶太人和無神論者。而且，就如同大部分的基督徒、猶太人和無神論者，絕大多數的穆斯林都反對恐怖主義。

提醒各位，社會上和整個世界固然十之八九會有某些優先或首要的內群體對比外群體，但終**極歸因謬誤是雙向道：真正的恐怖份子也不會認為自己懷恨**。他們很容易就認為，自己的特定敵人本來就是格外懷恨。舉例來說，以色列人和美國人生性就是蠻橫又暴虐。二〇〇四年，相當於ＩＳＩＳ早期翻版的恐怖份子在伊拉克把美國公民斬首時，該團體的聲明中就提到：「聖戰士將讓美國一嘗你們帶給伊拉克人民的屈辱滋味。」

伊拉納．達菲（Elana Duffy）曾在阿富汗擔任美國陸軍的恐怖份子偵訊員，我們曾聊到她跟恐怖份子交手的印象。她告訴我，她發現恐怖份子的動機形形色色。他們的恨有時候是受到意識形態所驅使，但常常是情勢使然——他們很窮，需要領那幾塊錢來幫人挖坑把炸彈扔進去，或者要是不從的話，家人就會受到暴力威脅。

「每個人都認為自身的基本動機良善。」達菲說，「它可能只是：『我家人覺得受到威脅，而我不想要小孩在成長時受到威脅。我要為了子女跟你們對抗。』」事實上，為了誘拐新血，ＩＳＩＳ常用影片來呈現號稱遭到西方炸彈所殺害的兒童。

阿梅特．亞伊拉（Ahmet Yayla）是國際暴力極端主義研究中心（International Center for the Study of Violent Extremism）的副主任，在他所主持的專案中，訪問了ＩＳＩＳ的叛逃者。「當你

跟他們一個個談話、溝通或閒聊時，你會認為他們是世界上最好的人。」亞伊拉告訴我，「**他們是人父、人夫，談到日常生活時，他們就跟你我沒兩樣。**」

所以，甚至就像恐怖份子的極端例子所顯示的，做出真正邪惡之事的人都有驚人的本事來說服自己，他們並非本性邪惡的人；他們相信自己所恨或施以暴力的對象是罪有應得的懷恨者。難怪，酸民也只不過是在網路上散布惡意而已，當然會覺得寬恕自己很容易。那種自欺的本事，我們全都具備。

終極歸因謬誤從另一個根本的仇恨習性，獲得了強而有力的後援：本性論，亦即傾向於對人胡亂一概而論，尤其是我們歸結為外群體的人。本性論相信，群體內的每個人都共有同樣的特徵或特質，而我們尤其容易對外群體一概而論，並認定它是固定不變。「**本性被想像成由自然種類的成員所共有。**」大衛・李文斯頓・史密斯在他的著作《非人》（*Less Than Human*）裡寫道，「**種類是受到發現，而非發明；是實實在在，而非只是想像，並根源於天性。**」但那是個迷思。我們之間的區別多半不是「天生」，而是來自創造。我們會定義和貶低「他人」，有一大部分是因為，社會的偏見全都烙印在對他人負面又硬梆梆的判斷裡，而形塑了我們其餘的觀感。依我所學，這就是偏見與歧視的核心。

所以，例如性別歧視，就常靠訴諸本性論來合理化——有的行為和特質是「女性的本性」，對比之下，有的則是「男性的本性」。從生物差異的角度來看，這有些許為真。但我們也用生物學來替一整串類似的「天生」區別找藉口——從女人過於感情用事的觀念，到男生偏好玩卡車並對科學比較擅長的觀念，這些是社會建構出來的常規。種種歸因謬誤和社會偏見層層堆疊，使那些「男性的本性」特質被解讀為「天生」就比較優越，所以應當獲得不成比例的權力和權威。

只不過，本性論不光是在性別歧視、種族主義和民族主義上插一腳，也在政黨歧見上插一腳。舉例來說，自由派就以本性論來論斷保守派。試想在二〇〇八年的總統競選期間，巴拉克．歐巴馬（Barack Obama）曾譴責「死硬」的共和黨選民「緊抱著槍枝或宗教」。或是在二〇一六年的競選期間，希拉蕊指川普的選民為「一簍可悲的人」，而把他們全部歸結為同樣的類別，更不用說把他們非人化了。（我們可不會把人裝在簍子裡！）

在此同時，當保守派、尤其是白人男性保守派，抱怨自己在現今的社會上遭到排擠甚或壓迫時，卻有件極為諷刺的事在上演。對於主張種族主義和性別歧視導致社會上的全體群眾受到差別待遇，有一群人常這麼反駁，把這樣的看法斥為純粹是「身分認同政治」，現在卻宣稱本身的群體受到了獨有的不當待遇，有部分就是因為他們共有的身分認同？

當有色人種指出警方執法的系統性偏見，或是女性批評強暴文化時，很多保守派都指控他們在打種族牌或無病呻吟。可是，後來同一批保守派卻反過來主張，自己因為是白人而遭到了歧視與排擠。不管他們有沒有意會到，他們正遭到身分認同政治和本性論的概念所反噬。在骨子裡，我們的身分認同和在世上的體驗並不相同，但我們或許全都能好好留意，就如作家阿南德．葛德哈拉德斯（Anand Giridharadas）所說：「我們各自迥異的痛有多如出一轍。」

同一時間，**酸民會對我惡毒**，有一大部分就是因為他們以本性論來論斷我。對於我是誰，他們抱著粗略的簡化看法，因為我所代表的觀念和身分認同有「自由派」、「女同志」、「紐約客」、「偶爾從事資源回收和非碳水化合物飲食」。但在我們腦中線路的某個地方，對於我們歸結為各種外群體的人，我們全都很容易形成概括的結論。心理學家葛登．奧爾波特是仇恨研究的先驅，他把「成見」定義為「**對屬於某個群體的人抱著厭惡或敵意的態度，只因為他屬於該群體，並因此推定他帶有被算到群體頭上的可憎特質**」。而當我們不與有別於我們的人互動，就以本性來論斷他們，也從來不找機會把眾人當成個人來看時，我們的類別可能就會變得「不尋常地抗拒理性的影響力」，心理學家勞夫．羅斯諾（Ralph Rosnow）警告說。而且心理學家告訴我們，這就是可能會固化為成見與恨意的現象。酸民跟我聊為什麼會有幫助，有部分就在於它使我不僅是類別，更是個人。當然，跟酸民聊則有助於我不只是把他們當成類別型酸民，也當成個人來看。**歸因謬誤和本性論有如眼罩，阻擋了我們準確去真正看待他人，並公平地審視自己。**

試想「熟人詐欺」的現象——舉例來說，詐騙高手以此來誘騙阿米許（Amish）[1]和摩門教（Mormon）社群的成員時，社群對他們不加審視，卻反倒信任有加，就是因為他們屬於同一個信仰群體。另一個例子是，在社會制約型恐怖份子對新血採用的五個階段中，有一個是「自我去個

1. 阿米許是北美的基督教分支，以過著拒絕現代設施的簡樸生活而聞名。

人化」，去除自身獨特的身分認同。另一個是「他人去個人化」，去除他人的個人身分認同，使他成為可一概而論、歸結到一起的敵人。這也是恐怖份子的招募人員灌輸仇恨的方式。所以本性論不僅對外群體會造成危險，對內群體也會。

歸屬感是好事，可是當我們容許本身的獨特性和他人的獨特性併入強迫的混合體裡時，我們就會失去為自己思考的能力。但如果要對抗恨意，我們就必須清楚而全面地看待自己與他人。話說回來，當我和其中一位酸民@JacksBack100談話時，我有一度簡直想要摀住耳朵，爬到桌子下躲起來。

我和@JacksBack100的交流開始得有夠純真。二〇一六年八月，我登上CNN的一節新聞後，@JacksBack100便推文談到不曉得「他是同性戀」——這個「他」就是我。

我重貼了他的推文，寫道：「哈哈，我看到你耍了什麼花招，真有兩下子。但假如我是男的，我就會是直男了，不過無所謂啦。」然後我就沒有再去想什麼了。我的動態裡有比這惡劣許多的仇恨推文，更不用說還有其他推特以外的事值得我關注。

接下來發生的事，以前從沒在我身上發生過。@Jacks Back100道歉了，即刻且相當有說服力。@Jacks Back100推文說他很抱歉，那則推文是欠缺敏感度的愚蠢玩笑，他無意冒犯。我則回覆說沒關係。但他為什麼這麼做？令我好奇的是，有人會公開寫出這麼惡毒的話，然後這麼快就把它收回去，使他一開始的酸言顯得這麼隨意，甚至是偶然，有如他剛才不小心踩到我的腳趾。

在電話中，我向@JacksBack100問到這件事。他回答得緩慢、沉重，幾乎是在每個字之前都停頓一下：「好，我可以回答……我可以回答這一點。我……在做這件蠢事前……在這麼做之前，我在CNN上看過你好幾次，而且……我想要慎重說出這句話……我……我非常受到你吸引。」

這是最出乎我預料的話，傻眼的我勉強擠出微弱的「嗯哼」，好讓他說下去。

「我受到你……你的外表所吸引。」@Jacks Back100吞吞吐吐地告訴我，「我受到你的談吐所吸引。我受到你的才智所吸引。我受到你的理性和展現自我的方式所吸引。我就是對你無比敬重，而且此刻依舊如此。直到看了你好多遍，不曉得有多少遍，但算是不少……無數遍，我這才想到，你不是異性戀。」

他的吐氣聲從另一頭傳來。「這樣的說法還可以嗎？」他問道，聽起來像是鬆了口氣，總算一吐胸中的塊壘。

另一方面，我可不覺得鬆了口氣。我簡直快瘋掉了。當你訪問的人在網路上待你惡毒，卻突然表白對你傾心，可沒有手冊教你要怎麼辦。此外，對於應付男人的傾心，我普遍來說並不是格外擅長。我想不出接下來到底要說什麼才好，而我卻是靠說話來謀生的人！

我試了我所找過的每位治療師在要我說下去時都會使出的招數，又說了一次「嗯哼」。

@JacksBack100告訴我：「一說出口，我就說：『天哪，對一個我所敬重而且期待在電視上看到的人，我卻惡言相向。』真是的……我好氣自己，我唯一能做的事就是像那樣道歉。」

提醒各位，我才剛對他打了臉，就發生了這件事。假如我有回過神來，我在交談當中就會指出這一點。

接著@JacksBack100繼續跟我說了個故事，是關於他的女同志友人。順帶一提，異性戀要試著向你證明自己不恐同時，大部分都會這麼做。

掛上電話後，我想到了電影《飛進未來》（*Big*）裡的那幕。湯姆．漢克斯（Tom Hanks）把漫畫書捲起來去打伊莉莎白．柏金斯（Elizabeth Perkins），這是他的內在小孩唯一知道要怎麼表示傾心的方法。@JacksBack100剛剛是不是用相當於把漫畫書捲起來的推文在打我？

「恨不是愛的相反，也不是愛的匱乏。」羅勃．史坦柏格（Robert Sternberg）在他的著作《仇恨心理學》（*The Psychology of Hate*）裡這麼寫道。或者如偽裝者合唱團（Pretenders）的克莉希．海德（Chrissie Hynde）所唱：「它是愛恨一線間。」我真的沒想過酸言會是撩撥的形式，但網路和世界可以是非常奇怪的地方。

我在福斯新聞的時光則是另一種層次的怪。我逐漸意會到自己的看法有多高高在上，不只是對於在福斯新聞工作的人，對在家收看的人也是。而且高高在上只是形式高傲的成見，只有對於我們覺得本來就比自己低下的人，我們才會高高在上。**我愈跳脫出本身的自由派泡泡，就遇到愈多其他的保守派，他們既不愚蠢，也不懷恨，或者起碼是在不故意懷恨上跟我有得拚。**那些經驗大大挑戰了我的偏見與認定。我並不是說西恩．漢尼提是地球上最好的人，他的政治看法與我合理稱之的人好肯定天差地遠。我所說的是，我意會到我以為殘酷到不行、有如諷刺漫畫中可怕右翼禽獸的人，其實有愛心又和善，而且還是好爸爸和講義氣的朋友，包括對我講義氣。這番體會此刻依然對我的整個人生產生漣漪效應。我不禁心想，有沒有哪個酸民對我有過類似的體會。

不管怎樣，去認識和喜歡很多的保守派，在此同時則收到愈來愈多來自保守派的仇恨郵件，這番經驗都給了我選擇。從今爾後，我是要相信大部分保守派都像是我在福斯新聞裡共事的人，還是要認定大部分保守派都像是寄仇恨留言給我的人？哪個是例外，哪個是通則？老實說，不管怎樣，我大概都能提出論證。這個決定考驗了我的核心原則。我可以選擇要恨大部分的保守派，還是不要。後來，我在我姑媽露西的身上找到了答案。

在很多方面，露西姑媽都會讓我想到@LindaLikesBacon。我的意思是，我想露西姑媽從沒寄過仇恨郵件，但她深愛朋友和家人，頗具幽默感，笑起來感覺像是在搔癢。順帶一提，露西姑媽不是她的真名。她住在國內的中部，是保守派的共和黨員。她也很愛我、我的伴侶和我們的女兒，而且在我們設法出席的每次家聚場合上，都張開了雙臂歡迎我們。有少數幾次我們小心翼翼地談到政治時，露西姑媽都是好奇而和善。露西姑媽會看福斯新聞，而且最後我才體悟到，福斯大部分的觀眾大概都是像她那樣——謙和、對新聞好奇、有心獲知資訊並用它來做好事。當我要去福斯，後來要去CNN，甚至是要上推特回應眾人時，我就會開始想像露西姑媽的模樣。這使我比較容易從和善而不是懷恨的角度來思考、談話和行動，不要以本性論來論斷那些在螢幕另一頭隱而不顯的人，而是要想像成那是我所關愛和敬重的人，就像我姑媽露西一樣。

對我來說，把保守派當成一群露西姑媽來對待，而不是當成一票酸民或「一簍可悲的人」，這令人鼓舞到無以復加，更不用說是有效了。假如他們認為我相信他們是住在橋下的地精，或是一堆可打發的雜碎，就沒有人會跟我展開建設性的對話了。而且想到我姑媽露西，便有助於降低本性論的危險。

常有人問我，在像感恩節這樣的家族聚會上，要怎樣才能跟保守派的親戚聊天。我其實有滿好用的工具，教會我的是《自己決定你是誰》（*Compelling People*）的作者麥特．柯哈特（Matt Kohut）和約翰．奈分格（John Neffinger），還有他們的同事賽斯．潘得頓（Seth Pendleton），我曾跟他共事，一起主持媒體訓練和公開演說工作坊。

想像我姑媽露西在話中說到，她是如何無意反移民云云，可是眼前的經濟真的是很糟，對已經住在這裡的人來說，我們的工作就不夠了。此時我的天生本能就會去爭辯：「不，你錯了，我用三個理由來解釋為什麼！」可是我們從神經科學中得知，我們固然全都需要用額葉來從事思辨式的討論，並對說理敞開心胸，但在感知到爭辯浮現時，額葉就會關閉，大腦中非戰即逃的區域則會開啟（我們在下文中會談到，大腦的這區也主掌我們的偏見和刻板印象）。假如想要保有對說理敞開心胸的可能性，我們就必須保持交談。另外，我姑媽露西在陳述自己所了解的事情時，她表達的感受比確鑿事實多。而且，我所找過的每位優秀伴侶諮商師都告訴我，你不能拿感受來爭辯。假如伴侶告訴我，我傷及了她的感受，我不能說：「我才沒有！」那是她的感受，而且它本來就是因為她感受到了才會成立。

所以，此處的祕訣就是不要爭辯，而要用縮寫ABC代表的方法。**A是指「確認」（affirm）。首先，找出能真正確認的感受。**在這段和我姑媽露西的假設交談中，我或可說：「我也真的很擔心眼前的經濟。」或者：「我完全認同，人人都找得到好工作很重要。」重點是，我不是在空口說白話。這並不是某種作秀或表態，我是說真的。對於露西姑媽的話，我確實認同這個部分，所以我就從這裡開始。

接下來是B，意指「搭橋」（bridge）。它不是指「可是」，也不是指「不過」，它等於是哈佛級的「可是」。它是橋梁，是一種說「而且」的方式。你可以真的就說「而且」，或者「那就是為什麼」、「實際上」、「要緊的是」，或者甚至是「好消息是」，就是不要說「可是」。不管前面講了什麼，「可是」一出口，基本上就是在否定它。就像我會對伴侶說：「抱歉，可是……」同樣地，那些伴侶諮商師表示，這代表我一點都不抱歉。我的伴侶顯然也認為這句話就是這個意思。

然後是C——「說服」（convince）。對於全盤的移民改革實際上會如何提高移民與公民勞工的工資和工作標準，不管我一開始有意大談什麼，或是想要提出什麼論點，我都把它擺在這裡。

依照我的經驗，ABC在當下做起來很難，可是一旦做對，就會有效得不得了。在我所謂的「連結言論」（connection-speech）上，它是強而有力的工具，不只是讓人提出論點，還有助於以聽得見的友善、敬重方式來提出。

不過，除了ABC的工具以外，有人問到要怎麼跟自家的露西姑媽聊政治時，我常會問他們是怎麼跟家人聊政治以外的話題。假如姑媽愛看一些他們認為很蠢的電影，他們會對她大吼大叫嗎？當然不會。也許他們會激動起來，並說出像這樣的話：「真的假的？你不認為《熱舞十七》

（*Dirty Dancing*）是史上最棒的愛情故事？」但彼此交談會保持文明，任何激憤都比不上關愛之心，**那大過一切。我並不會因為露西姑媽不喜歡《熱舞十七》就和她斷絕關係。**

顯而易見的是，政治議題重要多了。但我還是對露西姑媽愛到無以復加，多過於我不喜歡川普。記住這點會有幫助。而且坦白說，我有不少好友跟我都並非百分之百理念一致，但普遍來說會認為是「跟我在同一陣線」。萬一我跟他們有共識的議題只有九成呢？或六成呢？或四成呢？對於接受我們就是「求同存異」，以及把他們界定為死敵之間，我要把界線畫在哪裡？要緊的是，對於「跟我在同一陣線」的「自己人」，我就會多一份體諒。我為什麼不對露西姑媽這麼做？或者是以此來對待酸民？當然，酸民並不是我姑媽露西。但他們也不是川普。我們常會這麼認定，並表現出來——某一「陣線」的人彷彿自動代表了所屬陣線中最極端例子的惡形惡狀。這樣的超強政黨歧見，只是另一種形式的歸因偏見和本性論。

事實上，我從酸民身上學到其中一件最令人吃驚的事，就是其中有許多人甚至不認為自己是酸民。對於自己的酸言，原來他們一點都沒多想，他們只是為了打發時間而胡亂抹黑一通。在這點上，我原以為他們是故意、甚至是策略性地懷恨，結果卻多半只是因為無聊。

「你有想過推文的衝擊嗎？」我問@ArlingtonSteve說。他是維吉尼亞的四十一歲律師，以及另一個名列前茅的酸民。除了其他的事，他有一次還告訴我，當警察遭到殺害時，「**你的手上就沾了那些員警的血**」，因為我曾批評系統性的警察暴行。而且補充一句，後來他就稱我是賤貨。

「**唔，老實說，我有點以為沒人會看或在乎。**」@ArlingtonSteve回答說，「**我猜我比較傾向只是**

為了找樂子。」他補充說，「**我坦承我會用它來發洩，或者甚至有時候會對人毒舌，我很後悔。對，差不多就是這樣。**」後來他有點吹噓地說，有一些名人在追蹤他。而我不禁心想，他有沒有稱其中哪位是賤貨。

「**你為什麼會上推特？**」我問其中一位酸民 @bmenyhert 說。他拒絕在電話中跟我聊，但後來透過推特的私訊跟我訊息往返。

「**為了發洩，在上課、臨停、上廁所之間／當中打發時間。**」他回信說，「**假如推特明天就消失了，也不會留意到。**」

我問他另一個問題：「你認為你在現實生活中，還是在推特上，人比較好？」

「希望每個人都是在現實生活中人比較好。」他回覆說。

我們來回了一陣子。他說在推特上，每個人都惡毒，所以 @bmenyhert 也是，並解釋說：「入境隨俗，女士。」

於是我問說：「**你認為你在網路上的行為有懷恨過嗎？**」

「**粗俗無禮？思慮欠周？尖酸刻薄？有時候有。**」他回信說，「**懷恨？沒有。**」

你知道，我無聊的時候，就會去看書、散步或吃碳水化合物，我不會上網去抹黑別人。但與 @bmenyhert 來回私訊，又跟 @ArlingtonSteve 聊過後，我留意到自己的本性論憤慨感上升了，我思量起會幹這種的事都是「哪種人」，或者應該說是「哪幾種人」。然而在我們一起交流時，他們兩人都向我道了歉。每個硬幣都有兩面，原來每個人類也是如此。

我意會到，我把所有酸民一起歸結到了死蠢蛋斯坦呆頭居民的籠統形象上，完全是依照對右翼份子的刻板印象，以本性論來論斷他們，並去除掉他們身為人類的複雜性，換句話說就是把他們非人化。畢竟酸民就是住在橋底的禽獸，根本不是人類。

但我跟酸民聊得愈多，他們複雜又確切的人性就變得愈顯而易見。@LindaLikesBacon有個二十四歲的兒子，在我們通話時正接受安非他命成癮的戒斷治療。「我剛才去探望他。」她告訴我，「他似乎復原得相當好。他才進去了幾個月，可是他下定決心要做個了斷，所以希望這會管用。」

當@LindaLikesBacon說起這件事，我突然替她難過了起來，而不是替自己遭酸感到難過。這位女性因為使我受到一點點磨難而惹惱了我，她自己正在遭受的磨難卻遠甚於此。我猜這很諷刺，但多半更是感到可悲。

當我意會到網路上對我這麼惡毒的禽獸其實只是普通人，這深刻到令人訝異。他們會咯咯笑、結巴、說「嗯」，就跟我沒兩樣。他們會在乎名人在追蹤自己，就跟我沒兩樣。他們不認為有任何人會注意到自己，而我也會擔心這點。他們就是不完美、混亂、複雜的人，跟我大同小異。即使我還是恨出巡之夜，但我再也不恨酸民了。可是我學到愈多，倒是開始愈恨推特了。

網路本身該為酸言負起多少責任？網路發明時，有很多人相信，科技會以根本性的翻轉方式來連結世界——所指的不僅是我們能看到多語言的A片，或從世界上的任何地方購買運動鞋，更是在比較人性與人道的層次上。依此觀念，看到馬利的鄉間農人照料作物的故事和孟加拉兒童在工廠工作的影片，將有助於擴展我們的心智與同情圈，而變得真正了解全球。我們認為，全球連線將使我們更連結全球。而在某個程度上，這是真的。儘管有酸民，我還是會上推特，有一大部分就是因為讓我學到了事，還能在世界各地交到朋友。然而，科技的本質可能本來就會去個人化，因而得以非人化。有超過半數的美國人預期，社會在未來幾年會愈來愈不文明，其中有近十分之七則把文化中現有的惡鬥程度歸咎於網路和社群媒體。他們說得對嗎？

在二〇一六年的研究中，賈斯汀．鄭（Justin Cheng）和史丹福的電腦科學家團隊找了六百六十七人來做測試。其中一半受試者做的是容易的測試，另一半所做的版本則十分困難，令人洩氣。事後他們全都填寫了心情調查表。當然，結果並不意外，做困難測試的人心情很悶。

接著，他們請受試者閱讀刪節版的專欄文章，主張在二〇一六年的民主黨初選中，女性應該投希拉蕊，而不是伯尼．桑德斯。受試者獲得告知，在文章底下的留言區裡，至少要貼出一則內容，而且這些留言並非匿名，會全部公開。受試者能看到已經貼出來的三則留言，只是他們看到的內容不盡相同——在有些情況下，那些留言是中性言論，有些情況下則是酸言。

那些做了容易的測試、然後看了中性回應的受試者中，有35%的時候是貼出酸言。但在做了困難測試或看了尖酸留言的受試者當中，後來貼出酸言的比例有50%。而在既做過困難測試、又看過尖酸留言的人當中，足足有68%變成了酸民。換句話說，他們酸言的機率幾乎是中性組的兩倍。

在另一場實驗中，研究人員發現，在互動式電玩遊戲中輸掉的男性，比較容易對也在打電動的女性投以厭女式的酸言。別的研究則顯示，在社會身分認同上，自尊感低的個人比較容易對外群體抱持輕蔑的看法，而且仇恨犯罪的行凶者真的會體驗到自尊感暫時提升。話雖如此，科技在以獨特的方式來形塑我們對自身和他人的體驗時，是不是以某種東西擴大了這些效應？

心理學家約翰・蘇勒爾（John Suler）的主張正是如此。蘇勒爾是他所謂「網路去抑效應」（online disinhibition effect）的先驅，亦即包括社群媒體在內，現代科技的設計方式似乎會讓人比較容易「比本人要來得頻繁或激烈地自我揭露或演出」。蘇勒爾是紐澤西州萊德大學的教授，最早研究我們在網路上會如何代表和表達自己的學者之一。他提出的「網路去抑效應」是以他在社群網早期的自身經驗為基礎，最終成了對網路行為最有影響力的分析之一。

有些人為什麼在網路上會表現得像個爛人，最早在網路還處於相對萌芽期，大約二十年前，蘇勒爾就迷上了這個問題。一九九〇年代後期，他上網加入「宮殿」（The Palace），那是某種圖像式的聊天室。當時我在念高中，有時候也會上宮殿晃晃。讓我記憶最深刻的是，我找到女同主題室的那一刻。於是在探尋自己的身分認同時，我便得以對一些非常有耐心的笑臉問一長串的天真問題。在那層意義上，對我來說，宮殿就代表了網路所能提供的最佳事物——資訊和連結。

可是蘇勒爾上宮殿時，他留意到人在這個虛擬社群中的表現與在現實生活中不同，而說出或「做出」原本大概絕對不會考慮的事。蘇勒爾也在自己身上留意到了這股效應。「**比起我本人，我在網路上更健談。**」有一天下午，我們在電話中聊天時，蘇勒爾告訴我，「**在擔任臨床心理學家**

時，我對於自己的臨床工作都會非常自省，而且非常愛自我審查和覺察自己在做什麼。」可是他上宮殿時，就不像是這樣了。

事實上，蘇勒爾甚至參與了他所謂的「輕微偏差行為」（slightly deviant behavior），像是對數位社群裡的新手惡作劇。彷彿到了網路上，他就會表現得像是不同的人。「**我迷上了人在網路上的交際，尤其是在這個想像中的世界裡，人人都有分身來代表自己的身分認同。**」蘇勒爾說。

蘇勒爾的網路去抑效應分成好幾個部分。我們在網路上會去抑，是因為我們能隱藏實際的身分認同（他所謂的「分離匿名」〔dissociative anonymity〕）。我們不會真的看到自己正在溝通的人，所以會失去面對面互動時的正常線索（「不可見」〔invisibility〕）。而且我們寫出東西和某人讀到它之間會有所延宕（「不同步」〔asynchronicity〕），這也使我們的網路溝通似乎比較不像是現實生活，因此會比較不容易想到現實生活的後果。此外，網路上據稱是人人平等，這表示人人都是平等的潛在目標（「身分與權威極小化」〔minimization of status and authority〕）。你不會稱同事為傻屄，因為你可能會遭到開除或受到同儕排斥。可是在網路上，你沒有身分要保護，而且沒有人有壓過你的權威。

網路世界與現實世界如此不同，這種相異的程度似乎會使我們有意識或無意識地相信，網路幾乎就像是虛構王國，就好像我們在網路上並非「真正」的自我，其他任何人也不是。這一切解釋了為什麼在像推特這樣的空間裡，酸言和騷擾會比較嚴重。我們與家人、朋友和同仁的連結還有問責常常比較隱而不顯，相較之下，像臉書和Instagram這樣的平台普遍來說則比較個人。

「我猜這玩意兒是從頭匿名到尾。沒有人認識我。」我問她在推文裡怎麼能這麼惡毒時，@LindaLikesBacon說，「假如我不認識你，我就不會對你本人噴話。我並不會這樣。」可是她在推特上就會，「它有點像是躲在匿名的牆後。」她說。

「你認為你只是在對自己說話。」當我告訴蘇勒爾@LindaLikesBacon說了什麼時，他解釋說，「當你是在對自己說話時，你就什麼都願意說了。」

蘇勒爾把傾向於相信我們是在對自己說話稱為「唯我內攝」（solipsistic introjection），顯然也是我在他的理論中最喜愛的部分，亦即使我迷上的心智扭曲。原來當我們看到別人在網路上寫的東西時，我們不會去想像是他在說話，尤其假如對方是我們不認識的人。我們反而會體驗到，他的訊息就是我們自己腦袋裡的聲音，「彷彿是把那個人的心理樣貌與影響力吸納或內攝到了」我們自己的心理中。蘇勒爾表示，那個對方其實是成了我們自己的投射——我們在那樣的情勢中會感覺如何，或者起碼是我們相信自己傳送訊息的對象應該會感覺如何。換句話說，我們並不是在考慮他的感覺，我們實際上是在思索自己。

蘇勒爾如此比喻這個現象，這就像小說家在腦海裡聽到了角色，然後把體驗到的對話寫出來。角色本身並不是真的，他們只存在作家的腦海裡。問題是在社群媒體上，這些是真的人類，我們在溝通時卻感知成了某種版本的自我。因此湊起來就成了問題。

「在現實生活中，我不會只為了惡毒或是只為了娛樂價值就去嗆人。」@LindaLikesBacon告訴我。但她在網路上就會。

當然，我們不能光是去怪科技，但我們必須承認，科技正使問題加劇。

解藥是什麼？蘇勒爾說，人人都需要「在網路上為對方設身處地來想」。可是他補充說：「那總是不容易做到，因為你看不見別人，也聽不見他們。你不見得對他們的背景或身分認同有什麼認識。所以，在網路上的確要有一些經過妥善準備、妥善調整的同理能力，並意會到這些就是在網路連結末端的其他人。」

這有賴於刻意、有意識的做法。律師兼研究員蘇珊·貝尼希（Susan Benesch）就提出了一個這樣的模式。她研究的是「危險言論」，從集體屠殺的宣傳，到推特上的仇恨言論。貝尼希把她的做法稱為「反向言論」（counterspeech），但由於我偏好不要只從問題的角度來界定該解方，所以我把貝尼希的策略當成了「連結言論」。貝尼希表示，憑著這套做法，我們就能找到方法在線上或線下互相談話，促成更深的連結、同理心與共同人性，而不是恨意。

在網路上遇到仇恨言論時，大部分的人要不是加以忽視，就是以更大的恨意來反擊。兩者都是可以理解的衝動，甚或是本能。**但貝尼希主張，此時反而要以同理心的話語來回應。她證明了這不但會打破仇恨言論的循環，還能正面翻轉互動，改變人的真正信念。**梅根·菲爾普斯－羅珀（Megan Phelps-Roper）所發生的事肯定就是如此，她的爺爺弗瑞德·菲爾普斯（Fred Phelps）是美國現代史上最為出名的公開懷恨人士之一。

弗瑞德·菲爾普斯曾創立威斯特布路浸信會（Westboro Baptist Church），也許你曾聽過。它是小型極端右翼的「基督教」仇恨團體，抗議為在作戰中喪生的美軍舉行喪禮，因為威斯特布路的成員相信，戰死是上帝給國內容忍同志人權的報應。威斯特布路最出名的大概就是它的招牌口號「上帝恨男同」（God Hates Fags）。

如亞德里安·陳（Adrian Chen）在《紐約客》的文章裡所述，梅根在二〇〇八年設立了推特帳戶，到二〇〇九年時都會定期推威斯特布路的仇恨訊息，像是在世界愛滋日貼出「感謝上帝給了愛滋」諸如此類的內容。威斯特布路的成員有一點很出名，他們挑中的目標會使大部分的人都同仇敵愾，梅根也不例外。有一天，梅根決定鎖定耶路撒冷在地部落客大衛·亞畢伯（David Abitbol）所屬的推特帳號@Jewlicious。她推文說：「來把這句話接完：唯一的好猶太人就是……悔過的猶太人！」她還標註了@Jewlicious，確保他會看到。他回文說：「謝了，梅根！贖罪日快到了，這還挺好用！」看懂了嗎？因為贖罪日就是贖罪的節日！梅根以特有的辛辣毒舌回覆，大衛則以俏皮話回推，內容是梅根所舉的牌子上寫著「上帝恨軟腳蝦」（God Hates Shrimp）。

梅根是直截了當在酸@Jewlicious，她透過鍵盤來狂吐恨意，直衝著他而來。假如他馬上朝她扔回去，大概沒有人會怪他，但他並沒有。大衛走了正道，而且到最後打動了梅根。

大衛告訴《紐約客》，他的明確目標是要為梅根和她的懷恨集團展現出真猶太人的人性。「**我想要像個真正的好人，這樣他們就很難恨我了。**」大衛說。

至於梅根，她則反思說：「**我知道他很邪惡，可是他很友善。**」在那個「可是」所創造出的空間裡，有某種友誼就在某處綻放了出來。

還有別人幫忙改變了她的心意。葛拉姆·休斯（Graham Hughes）是加拿大的大學生，曾為了論文去訪問梅根，並開始透過推特跟她通信。他們不光是聊政治，還聊音樂。「**我記得心裡就想說：『會欣賞好音樂的人怎麼可能會相信這麼多懷恨的事？』**」葛拉姆說。而且葛拉姆因為腦部感染而住院時，梅根表現得比葛拉姆很多現實生活中的朋友還像是朋友。「**我知道我們之間有真正的連結。**」他告訴《紐約客》。

「**它就像是我成了社群的一份子。**」梅根說起了她在推特上所衍生出的友誼，「**我開始把他們當人來看了。**」

梅根透過推特所認識的人挑戰了她的正統觀念，並為她受到教導要去恨的全體群眾展現出了人性。最後在二〇一二年的秋天，梅根離開了威斯特布路，而且實際上也離開了整個家族裡的大多數人。

事後，她最先去的地方之一就是大衛所主辦的猶太美味節（Jewlicious）。他的和善與幽默為梅根開啟了全新的思考方式，以及最終在恨意另一頭的全新人生。而且想像一下這點：原本反猶的「上帝恨男同」行動人士最先做的事之一，就是去進步派猶太人的盛大派對。全都是因為在通常是散布恨意的推特上有了一些交流！

我們要怎樣才能全都學會去練習「連結言論」？危險言論計畫（Dangerous Speech Project）是由蘇珊・貝尼希所指導，她在為此所寫的內容裡提供了一套很棒的守則。推特交流使梅根・菲爾普斯－羅珀開始重新檢視自己的看法，這就是貝尼希所謂「黃金交談」（golden conversations）的例子。這使我想到了黃金浴[2]。但我很愛貝尼希的論點。貝尼希表示，在網路上，或者想必在現實生活中也是，對於直接發出仇恨言論的人，還有其他每個在旁觀察那些言論的人，網路上成功的「黃金交談」都會扭轉懷恨的論述，或許甚至是信念。它與民權自由派的立場若合符節，仇恨言論的解答並不是遏止或打壓言論，而是鼓勵更多的言論，尤其是以建設性的言論來直接攻破與打倒恨意。

對於這項做法可以發揮多強大的力量，貝尼希提供了動人的例子。在二〇一五年的馬丁．路德．金恩紀念日（Martin Luther King Day），@mrscrotum21在推特上貼出：「今天為了向馬丁．路德．金恩紀念日致敬，我發誓要盡可能多用『老黑』這個詞，而且要在最不恰當的時候。」有位名叫伊玖瑪．歐羅（Ijeoma Oluo）的黑人作家引述了小馬丁．路德．金恩的話回應說：「『別讓人使你墮落到要去恨他。』」

@mrscrotum21在回應時，以越發種族主義式的侮辱攻擊了伊玖瑪，而她每次回應時，則都會引述金恩的另一句話。他們就像這樣來回了一陣子。

最後@mrscrotum21語帶挖苦地推說，「希望我過不了多久就會中槍。」假裝這也是引述金恩博士的話。

伊玖瑪回應說：「願你得到和平與愛，並免受恨意傷害你的心。」

「那是引述誰的話？」@mrscrotum21推文說。

「是我的話。」伊玖瑪回覆說，「把愛與希望傳送給你。」

接著@mrscrotum21貶抑了美國黑人在過去和當前遭到施暴的嚴重性，此時伊玖瑪指控

@mrscrotum21是在拿謀殺當笑話講。

@mrscrotum21回推說：「聽著，親愛的。我十四歲，你需要冷靜一下。」

「我兒子十三歲。」伊玖瑪回覆說，「他絕對不會拿你遭到謀殺來當笑話講。」

「唔，他不錯。他一定有個相當酷的老媽。」@mrscrotum21寫道。

「他是。」伊玖瑪推說，「你老媽知道你花時間在網路上試著要傷人嗎？」

「我懷疑。」@mrscrotum21回覆說，「她到現在死了一年半了。」

「節哀順變。希望你找個更好的方法來榮耀她。」伊玖瑪推說。

他們又交流了一些推文。@mrscrotum21說，有諮商師推薦以推文來表達哀慟和幫助療癒。伊玖瑪則建議改為寫日誌。@mrscrotum21稍微談到了鬱悶。伊玖瑪則提到，在@mrscrotum21推文另一端的人可能也正受到鬱悶所磨難。

「唔，祝你好運。」在交流接近尾聲時，伊玖瑪寫道，「並希望你在試著療癒時，也試著避免去傷害別人。」

「你人真好，我很抱歉。」@mrscrotum21回覆說，「謝謝。」伊玖瑪寫道，「**寬恕就在今天。人在傷痛時就會做鳥事。假如需要聊聊，就發訊息給我。**」

---

2. 讓床伴尿在身上的性愛招式。

我的作家朋友阿米娜托．索烏（Aminatou Sow）曾示警，期待我們之中最受排擠的人去走正道是在加深不公平，甚至是壓迫。「為什麼被要求這麼做的人總是黑人女性？」阿米娜托有一天開罵說。當時我們在計程車裡，我正在跟她聊我的書。「你一受到挑釁，交戰規則就改變。」她補充說，「然後我就能他媽的宰了你，而且我這麼做是情有可原。」——這只是比喻的說法啦。

我並沒有好答案。表示打不還手的擔子應該要這麼常落在挨揍最慘的人身上，這有它本來就不正義的地方。我肯定了解那種抗拒感。但我也了解，假如我們一直等待我們之中最有特權的人踏出第一步，我們或許就要永遠等下去。面對這麼多暴力，印度、美國和其他地方的非暴力衣缽卻是由受到排擠的人來扛。它也許不公平，卻很有效。顯而易見的是，我對暴力、不寬容與恨意帶有強烈的偏見，無論來源為何。而就是為了這個原因，我才希望連在最黑暗的時刻與世界角落，包括網路上的那些在內，我們全都能更像是伊玖瑪．歐羅。為我帶來希望的正是這種療癒式交談的可能性，不只是在推特上，在人性上也是。

我在連結言論上自行做過實驗，並有過小小的勝利。我尤其偏愛蘇珊．貝尼希的幽默戰略，她發現那是連結言論最有效的戰術之一。我拿@JacksBack100的仇恨推文來開玩笑時，它確實奏效了，假如你認為他的撩撥是成功跡象的話。而且每次有人用一些俏皮話來說我長得像小賈斯汀（Justin Bieber），我當然就會拿它來開玩笑，像是：「什麼——被比為鮮肉級的國際流行樂明星是種侮辱？」貝尼希寫道，在抵銷原本可能會「被視為強而有力或令人生畏」的懷恨或危險言論上，幽默的連結言論格外有效果。

如今對於酸民，我比較不會鬱悶或驚恐了，反而是把他們視為或試著把他們視為處在令人難過與令人發噱的參與機會之間。這並不是說酸言令人發噱。事實上，它可以對心理有害，而且網路威脅很快就會變成現實生活中的安全顧慮。令人難過的是，我對酸言已習慣到都快忘了這一點。面對真正危險的酸民，光是人好並不能也不該當成解答。對於線上和線下的威脅與安全議題，我們需要迅速認真地加以回應。但所幸大部分的酸民並不危險，他們只是惡毒。這不表示我們也非惡毒不可，我們可以改為選擇連結言論。就個人來說，由於選擇了連結言論，我現在比較少受酸民打擾了。而且我酒也喝得比較少了。相反地，我對他們都是見招拆招。我會用酸民的幹話來設計髮型。**我把他們當成機會來實踐自己的人性，並希望一字一句擴展他們的人性。**

網路上的訐譙和普遍的訐譙是黑暗的風暴雲，連結言論則在貝尼希的研究佐證下，透出了希望的光芒。因為就事實而言，我們全都說自己不喜歡這些屁話。舉例來說，大部分的美國人都說不喜歡抹黑的政治廣告和負面競選。然而，我們卻一直把票投給抹黑的人。

二〇一六年八月的總統競選中所打出的廣告，比二〇一二年八月的競選廣告還負面。希拉蕊的競選廣告大約有三分之二是負面，川普的廣告則幾乎全是負面，他沒有播出一則正面的廣告。而且看看是誰贏了。我們說想要什麼，是真的想要嗎？假如是的話，我們就必須開始真的去支持，並自任文明的榜樣。為了以更好的方式來互動、甚至是互相不認同，假如我們停止去煽動仇恨，而改為練習連結言論，在線上和線下都是，這道小小的希望光芒就可能會擴散。哇靠，它可能會引爆開來。

但即使在連結言論的希望光芒加持下，我還是不禁心想，是不是有更大、更黑暗的雲籠罩在我們頭上。的確，也許我們能這裡一點、那裡一點地減緩恨意，但核心問題是否無可避免？恨是不是某種逃脫不了的社會或生物宿命，我們只能希望把它抑制住，但就是無法全面阻止？幸好我學到的是，不，仇恨跟悲觀一樣不具強制性。但兩者都是深為強而有力的壞習慣。

第二章
我們是怎麼恨：前恐怖份子

人會這麼固執地緊抱著恨不放，我所想像的一個原因是，因為一旦恨沒了，他們就要被迫去應對痛苦。

——詹姆斯．鮑德溫（James Baldwin）｜美國黑人作家

巴薩姆．阿拉米（Bassam Aramin）的笑容大到逼近了耳垂，而且講話輕柔到讓人不由得想要更靠向他，好清楚聽到每個字。你絕對想不到，他是曾遭到定罪的恐怖份子。

網路酸言固然是相對新的懷恨形式，但在中東，恨似乎幾近於歷史的同義詞。現今名叫以色列的一小片土地，在此之前叫巴勒斯坦，原本可以是全球的和諧象徵，最早是和平的阿拉伯農人所居住的地方，後來則是渴望和平的猶太人。然而時至今日，我稱為以色列／巴勒斯坦的土地，卻是砲火四射的震央。它不僅界定了當地，也緊抓著全球的關注。對很多猶太人和他們的盟友來說，以色列遭到暴力攻擊呼應了悲慘的歷史，那就是大屠殺，以及更廣泛的反猶情結。對很多巴勒斯坦人和他們的盟友來說，以色列的殘暴則代表了西方的原罪——根源於恐伊斯蘭症

（Islamophobia）的移墾殖民主義（settler colonialism）與壓迫。雙方都認為對方罪大惡極，己方則相對無辜，但每個人大多認同，恨意的由來悠久，且深深烙印，已經到了幾乎沒有希望解決的地步了。所幸不是每個人都放棄了希望。

我最早聽到巴薩姆的故事，是有朋友告訴我，前恐怖份子最後如何揚棄了對以色列人施暴，並在二〇〇五年時創立「和平戰士」（Combatants for Peace），組織中包含了曾參與對以色列人施暴的巴勒斯坦人、前以色列軍人，現在全都一起努力促進雙方的了解。如今和平戰士約有六百位成員。該團體會定期發起非暴力集會，讓前戰士分享觀點，也讓暴力的受害者訴說自己的故事，他們還贊助以色列人巡訪約旦河西岸，並在遭到以色列保安部隊蹂躪的區域重建遊樂場。

任何關於前恐怖份子如今為和平努力的故事，大概都會引起我的注意，但在以色列／巴勒斯坦的歷史背景中，巴薩姆的故事格外引人矚目。我認為，假如想要更了解恨是如何根植在人類過去和當前的經驗裡，以色列／巴勒斯坦會是滿好的造訪之處。而假如想了解要如何把這股恨翻轉過來，巴薩姆會是滿好的與談人選。

我最早跟巴薩姆見面時，是在曼哈頓西側凱富飯店（Comfort Inn）的大廳裡喝咖啡，他為了和平戰士的募款活動而來到城裡。我猜我所預期的是，某種悟道的佛教型人物跟我談到在冥想吐納間天地的平衡與主觀性。沒想到，我見到的人反而菸不離手，跛腳很顯眼，並具有冷面的幽默感。巴薩姆分享童年故事時，我聽到入迷了。

一九六八年，他出生在約旦河西岸希伯侖郊外的洞穴裡。在前一年的六日戰爭中，以色列打敗了埃及、敘利亞和約旦的軍隊，開始占領約旦河西岸，這塊土地在此之前都隸屬於約旦。就像當地的許多家庭，巴薩姆一家人住在山區，耕作周圍的區域。他們這一大家子總共有十五個小孩，有些是巴薩姆同父異母的手足，因為父親所娶的第一任妻子過世了。我發現自己想像的洞穴是裡面有某種波希米亞－嬉皮風的極簡式木質家具，上面披著布料，並有串串的耶誕樹白燈在天花板上交錯，就像是《時尚》（*Vogue*）雜誌要為新殖民主義的熱門新風貌拍照時，可能會相中的地方。我猛然驚覺，意會到自己對巴薩姆的童年貶抑、甚至是失之浪漫到了妄自尊大的地步。對於他的青春，或是經過所有這些年後，區域中還是有這麼多小孩受到貧窮與暴力所荼毒，我後來去約旦河西岸拜訪巴薩姆時，便發自內心體驗到其中毫無浪漫之處。

巴薩姆最早的記憶就是以色列軍人進到他家的洞穴。在他五歲左右時，有直升機在附近降落。「對我來說，那是令人難以置信的東西。」巴薩姆幾乎是用耳語說道，「從天而降！」你還是聽得出，他敬畏得像個孩子。軍人從直升機上爬下來，他們來自以色列國防軍（Israeli Defense Forces），以色列人和巴勒斯坦人同樣稱之為ＩＤＦ。

巴薩姆告訴我：「他們進到了洞穴，這些軍人非常恐怖。」他的母親、祖母和堂哥也在洞穴裡。堂哥只有十五歲，巴薩姆說：「但對我來說，他可是個巨漢。」

軍人跟巴薩姆的家人談了幾分鐘，其中一人突然對巴薩姆的堂哥賞了一巴掌，然後他們就離開了。他們突然闖入又莫名其妙地侵犯，使巴薩姆困惑又驚嚇。

他把故事告訴我時，我的腦海裡便浮現小時候學到的敘事。它描繪的常常是懷恨、動輒施暴的巴勒斯坦人必須受到管控，以免爆發另一場大屠殺。我再次猛然驚覺，意會到自己有多受到制約，竟為軍人的行為尋找藉口、合理的解釋。我可以像好的進步派猶太人那樣，以事實來細數以色列是如何占領巴薩姆社區的土地，而且在日常生活中以粗暴的方式展現他們的占領權，藉此有系統地壓制當地人。但就算是這樣，我心想一定發生了什麼事，才讓IDF有藉口去打他的堂哥；在某種程度上，他一定是罪有應得。就有點像是認定，一天到晚遭到警察攔車盤查的人，一定是做了什麼罪有應得的事。那些不容易遭到別人以偏見來不當對待的人，常會把不當對待合理化成情有可原。等我日後造訪約旦河西岸之後，馬上就學會了要去挑戰那樣的認定。

巴薩姆告訴我，他七歲時全家搬去附近的城鎮，以縮短每趟上學來回要一小時之久的路程。此時他開始一直看到以色列軍人，他們不斷出現在村子裡。在他十二歲時，IDF射殺了他村子附近一位年輕的巴勒斯坦女孩。大家的回應之道則是發動抗議遊行，好奇的巴薩姆加入了人群。示威屬於違法的活動，而且從占領開始以來，不論巴勒斯坦人要抗議任何事，實際上都違法。IDF很快就鎮壓了遊行。他描述IDF的軍人不知道從哪裡冒出來，就跟那天在他家的洞穴沒兩樣，我再次聽到巴薩姆的聲音吃驚得像個孩子。「以色列人從天而降。」巴薩姆說，「你搞不懂他們是從哪裡冒出來。」

巴薩姆說，軍人一丟催淚瓦斯彈，村民就開始哀號，往四面八方亂爬。「我發現自己跑到了軍人中間。」他敘述說，「其中一個打了我的背，另一個打了我的眼睛，我就跌倒了。」他還記得倒在地上時，塵土和恐懼繞著他打轉，他心想：「他們會對我開槍，我死定了。」我試著去想像，十二歲就倒在街上，想著自己快被宰了，那會有多驚恐。但老實說，我無從想像。在那個年紀，我是備受庇護又幸運的孩子，而且往後都是如此。

巴薩姆勉強半走半爬到安全之處，在軍人的腿之間緩緩來到人群的另一頭，就在他家附近。他脫身時，手和膝蓋上沾滿了石子和砂礫。當時他看到有個年輕的巴勒斯坦人拿著石頭站在山丘上。巴薩姆猜他也許是十八、九歲，順帶一提，就跟IDF大部分的軍人是同樣的年紀，因為他們到了那個年紀就必須去服兵役。

聽巴薩姆所說，這個年輕人和他的小石頭不可能傷得到武力強大的以色列保安部隊。但巴薩姆從人群裡脫身時，軍人還是射殺了山丘上的年輕人。「我看到他。」巴薩姆說，「他死了。」他的聲音不帶情緒，平鋪直敘，或許是因為一輩子都在受磨難。

巴薩姆學到了要去恨IDF，而我在聽他說時，可以想像自己也會學到要去恨他們。那股恨合情合理。它看似理性，甚至是情有可原。巴薩姆到最後會拒絕去恨，不可思議的地方就在這裡。此時巴薩姆說，除非雙方有夠多人停止投入學者所謂的「受害者競爭」（competitive victimhood）衝突，否則絕對達不到和平。它是指情勢實際上是傷害了每個人，但各自都認為最慘的受害者是自己。「我不是受害者。」巴薩姆告訴我，「沒有人能占據我，因為我的心裡有和平相伴。」

曾試著殺害以色列人而遭定罪為恐怖主義的人，怎麼有辦法走向這麼開明的觀點？也許他不是佛教學者，但巴薩姆顯然有不少事可以教我。我們在凱富飯店的短暫時間到了，而對於他的歷史，我只觸及了皮毛，於是便問能不能去約旦河西岸拜訪他。他對我露出靦腆的笑容，說：「當然好！」所以我就動身了。

長久以來，我都避免前往以色列／巴勒斯坦。我是在賓州的艾倫鎮（Allentown）長大，所處的猶太社區還挺大，代表我們有正統派猶太人、改革派猶太人，以及立場介於兩者之間的人。艾倫鎮有些猶太人每到週六就會走路去猶太教會。到十一歲時，有些人就不上希伯來學校，而且幾乎再也不踏進猶太教會了。但在怎樣才算是猶太人的多元性內，艾倫鎮有一件事則是始終如一：我們全都支持以色列。連到了今天，我知道有猶太人會吃豬肉和擺耶誕樹，卻沒聽過有任何猶太人會反對以色列存在。

但怎樣才算是支持以色列，則在改變，包括在美籍猶太人當中。我年輕時經歷過全面無條件捍衛以色列的時代氛圍，如今已讓位給了較為複雜的觀點與眼界，有很多猶太人和盟友還是支持以色列，但也試著在以色列人的權利和巴勒斯坦人的權利上取得平衡。成為年輕的大人後，不斷有人找上我，說要提供免費的以色列「尋根」（birthright）之旅，贊助方則是在議程上單邊挺以色列的猶太團體。我一向都加以婉拒，心想參訪以色列就是在無形中為該國在衝突中的優越地位背書。但現在我準備好要踏上旅程了。除了拜訪巴薩姆，我也會更廣泛去巡訪占領區，還有花時間待在以色列，對巴勒斯坦人和以色列人都加以訪問，試著獲悉多方的觀點。

在去中東前，我溫習了以巴衝突史，也針對所謂「無解衝突」（intractable conflict）的局勢去念了社會科學。我尤其鑽研了巴薩姆為我打開眼界的受害者競爭概念，並發現了以色列心理學家丹尼爾・巴特爾（Daniel Bar-Tal）的研究。「雙方往往都相信自己是受害者。」在受害者競爭的論文中，巴特爾與同事寫道，「為了唯一受害者的身分而爭鬥，可能會提高侵略性，並導致對敵對的外群體採取更激烈的手段。」它跟成為代罪羔羊有關，一個群體感知到本身的問題是另一個群體造成的結果，即使成為代罪羔羊的群體事實上是受到磨難較多的群體，甚至是因為對方才如此。

美國現今的局勢就是由此所形成。基督教保守派宣稱，自己遭到國內逐步偏向酷兒人權的情勢所壓迫，儘管現實是數十年來，同樣那些基督教保守派都以不成比例的權力和影響力，來阻擋酷兒民眾的基本人權。而且現況實際上還是這樣——儘管同性伴侶結婚屬於合法，但在大部分的州，因為某人是同志或性別不明而把他開除也還是合法。然而，受害者競爭意識會醞釀摩擦，對，包括同志社群抹黑基督教保守派在內。在己方受到了多大的磨難上，各方等於是以讓對方受到更大的磨難來表達憤怒。這很荒謬，但眼下就是如此。

巴特爾的整個學術生涯都一心研究要怎麼終結根深柢固的衝突，並把這種受害者競爭的局勢列為主要的障礙之一。世界各地有許許多多的衝撞都是以此為中心，像是印度人和巴基斯坦人之間的爭議領土喀什米爾，以及土耳其的土耳其人和庫德人之間。在北愛爾蘭數十年的「動亂」中，以及在塞爾維亞人所犯下的波士尼亞恐怖集體屠殺中，它都參了一腳。在美國許多長期醞釀的政治角力中，它也是驅動力——反墮胎和擁護選擇權的行動人士之間，管制槍枝和擁槍權的倡導人士之間，以及反全球化的行動人士和所謂全球化進展無可抵擋的統合主義捍衛人士之間。

我們全都認為自己所受的磨難較重，然後就覺得，面對我們認定沒有受到磨難、甚或是使我們受到磨難的人，加以排擠是情有可原的。舉例來說，研究顯示，霸凌者在自己的缺點上所體驗到的羞恥感比均值要高。而受害者競爭也有助於解釋，為什麼根據民調，過半數的美國白人所感知到的是，自己比美國黑人受害更深。我們把自己分隔成了內群體和外群體，然後認為自己的群體比較慘。

以巴衝突當然是受害者競爭的教科書案例。巴勒斯坦人普遍認為，就是因為以色列人，自己才受到了最大的磨難。以色列人則認為，就是因為巴勒斯坦人，自己才受到了最大的磨難。事實上，我跟衝突雙方的人都聊過，他們認為對方有絲毫受到磨難的想法很可笑。舉例來說，巴勒斯坦人普遍勾勒的歷史版本是，他們是和平人士，直到猶太復國份子入侵，並在殖民征服中訴諸恐怖主義為止，其中包括巴勒斯坦的阿拉伯平民在一九三八年遭到轟炸，耶路撒冷內的猶太復國份子在一九四七年引爆汽車炸彈，以及猶太復國份子在一九四八年屠殺巴勒斯坦代爾亞辛（Deir Yassin）的村民。在此同時，很多以色列人心心念念的歷史版本則是，猶太人是不斷遭到迫害的民族，只是要從世界恐怖主義反覆而久遠的行徑中尋求慰藉，卻受到巴勒斯坦人所害，舉例來說，有一九二〇年代的阿拉伯暴動、一九三〇年代的巴勒斯坦阿拉伯人叛亂，以及一九四七年在耶路撒冷的巴勒斯坦暴動。

對有的人來說，猶太人是把在歷史上所受到的迫害當成藉口來壓迫他人，而且以色列國本身就是以移墾殖民主義為前提的恐怖組織，現在掌握了所有的權力。對有的人來說，巴勒斯坦人批評以色列，則是反映出穆斯林本來就反猶的那部分，就如同自殺炸彈反映出他們本來就無可化解地對他人不人道。

這些偏見甚至形塑了雙方對相同事件的觀感。一九四七年十二月三十日，猶太復國份子在海法煉油廠（Haifa Oil Refinery）朝成群的阿拉伯工人丟了兩顆炸彈，有六個阿拉伯人喪生。當天下午，阿拉伯抗議人士便闖進煉油廠，殺了三十九個猶太人。到了隔天，ＩＤＦ的先遣部隊趁著居民入睡時，對巴拉德謝赫（Balad al-Shaykh）的巴勒斯坦阿拉伯村開火，多達七十個巴勒斯坦人遭到殺害。

哪起攻擊比較慘烈？哪起攻擊比較情有可原？它們是不是全都反映了恨？類似攻擊和反擊不勝枚舉，都可以自成專書了。附帶一提，我並不認為指出現行以色列國的壓迫本質就是反以色列，就好像我並不認為指出自殺炸彈的恐怖就是反巴勒斯坦。我倒是認為，假如把各自的暴力行徑視為情有可原，藉此來報復先前的暴力行徑，而它本身也是在報復先前的一些暴力行徑，那任何客觀的真相都會湮沒在合理化的混戰裡。這些觀感經過數十年，已積累成忍受恨意的基本理由，以及雙方施行驚恐暴力的藉口。巴特爾告訴我，在ＩＤＦ服役時，他就親身體驗過其中一些。

在無解的衝突上，以及一般情況下，受害者競爭之所以會造成這麼惡劣的影響，原因在於，不管你是哪一方，你主張是較慘的受害者並怪罪於對方，似乎都十分理性。當然，恨意並不理性，但感覺起來理性，因此感覺上便情有可原。這就是為什麼我們會一直這麼做。它並不在於我們不理性；恨意是理性反應出我們的觀感，而這種觀點通常是單方面，並帶有深刻的偏見。這就是為什麼巴薩姆企圖殺害以色列軍人時，會覺得此舉再理性與情有可原不過了。

我曾希望巴薩姆會帶我去他家住過的洞穴，但路程凶險，要爬好幾個小時的山。而且巴薩姆跛得很厲害，因為還是嬰兒時，他得過小兒麻痺並活了下來。他在走路時，左腿會突然往內折向腳踝，彷彿整隻腿都開始粉碎，很可能會使他整個垮下來。不過，他倒是帶我巡訪了他年輕時的其他據點，就從他度過剩餘童年的住家開始。它是簡樸的水泥方形屋，位在塵土飛揚的街道和小型的煤渣磚住家亂成一團的中間。有一大堆石頭緊挨著房子，巴薩姆告訴我，那是他父親最早為家人所蓋的房間遺跡。在最初的房間崩塌後，房子的其餘部分便圍著它來逐步建造。石頭裡的鋼筋從四面八方露出來，末端吊了一些汽水罐，宛如開發案變成了現代主義雕塑。他還帶我看了他目睹年輕的巴勒斯坦人遭到射殺時所站的山丘，以及他朋友向IDF丟手榴彈時所在的建物。

「你絕對不會自認是恐怖份子。」巴薩姆告訴我。他現在會用「恐怖份子」這個詞，但那時候絕對不會。

我問說，那他當時會怎麼形容自己？是「自由鬥士」嗎？

「不只是自由鬥士。」巴薩姆挺起他小小的胸膛回答說，「我們是地球上最人道的自由鬥士。為什麼？因為我們所反的好戰份子試圖殺死我們，占領我們的土地和人民，所以我們需要殺死他們，這是為了人道，不是為了自己。」

「**情有可原**。」他補充說。

「情有可原？」我問道。「你明知道它錯了。」

「不，它沒錯。」他說道，並向我表明了他在青少年時一心想殺死以色列人的心態。就跟伊拉納．達菲所偵訊與阿梅特．亞伊拉所訪問的恐怖份子沒兩樣，他們都認為自己做的事很對。

巴薩姆跟四個朋友組成了某種非正式幫派，基本上就是愛惹事的少年處在政治化的景象中。舉例來說，那時候拿巴勒斯坦旗就算違法，遑論是展示，所以巴薩姆和朋友會用零碎的舊布料把混搭版的旗子縫在一起。「我們所展開的恐怖主義任務，是在學校周圍的樹上升起巴勒斯坦旗。」巴薩姆說，「對我們來說，這是戰鬥任務。為什麼？因為軍人來到村裡時，一看到旗子就抓狂了。他們想盡辦法要把它弄下來，還對著它開槍，直到它燒掉為止。」小幫派還亂畫反猶太人的塗鴉，因為它會逼得ＩＤＦ的軍人抓狂。對巴薩姆和朋友來說，猶太人就等於以色列人，而且不管是哪群人，他們唯一交手過的成員就是重裝的ＩＤＦ軍人，用聽不懂的語言對他們大吼。

巴薩姆的反ＩＤＦ活動就是由此而生。後來有一天，他和朋友在山上發現了一箱約旦的未爆手榴彈，決定試著用它來殺死以色列軍人。巴薩姆舉雙手贊成。事實上，他想要自己丟一發手榴彈。但他的跛腳是個問題。由於他會跟不上，朋友便說巴薩姆必須留守，否則假如必須逃跑，他就會拖慢他們的速度。所以當那幫朋友窩在村裡的低矮屋頂上，攻擊以色列軍方的護送車隊時，巴薩姆完全不在他們附近。其中一位朋友拔掉保險栓，把手榴彈扔了出去。但由於他們只是小朋友，沒接受過操作手榴彈的訓練，也沒網路可查詢這些事，所以並沒有命中目標。手榴彈爆炸時，跟護送車隊還有好一段距離，沒有人受傷。

攻擊一過，以色列軍方立刻就在村裡逐戶搜查，並偵訊居民。巴薩姆的家人並不曉得他有涉案。而警方也不知道，他們只是隨機抓人來偵訊和拷打。IDF開始掃蕩時，比巴薩姆年長三歲的哥哥賈馬（Jamal）就在祖父家親眼目睹。賈馬告訴我，他看到軍人拿著棍子見人就打。最後IDF也搜查了他祖父家，並打了賈馬、巴薩姆的其他兄弟和叔叔，然後把他們拖進大牢，在裡面把他們打得更慘。巴薩姆並不在場。他跟朋友藏了起來。

當賈馬總算返家看到巴薩姆時，他告訴弟弟說：「我想要把這個扔手榴彈的罪犯給抓出來。」賈馬也恨以色列人，但不管丟手榴彈的愚昧巴勒斯坦人是誰，他也恨他。

「對。」巴薩姆很贊同，「我也是。假如我遇到他，就把他殺了。」然後過了幾天，巴薩姆的朋友對IDF丟了第二顆手榴彈。

它也沒有命中目標。巴薩姆很失望。巴薩姆告訴我，他和朋友是真心想要殺以色列人。他們並不是受到大人指使才去丟手榴彈，而對於武器可能有多致命，他們也不是一無所悉。他們想要造成嚴重、痛苦與全面的磨難。

到了約一年後的一九八五年，巴薩姆十七歲了，他的幫派中有一位成員因為別的事而遭到逮捕，並在最終向以色列警方供出了手榴彈的事。巴薩姆和其他人立刻遭到逮捕。儘管事實上，丟手榴彈時他並不在場，也沒有人喪生甚或受傷，巴薩姆仍因犯下恐怖主義的罪行而入獄服了七年徒刑。他朋友的刑期更長——十四年、十五年、十九年和二十一年。

重要的是，在此要注意到，一九九九年的聯合國條約《制止金援恐怖主義國際公約》（International Convention for the Suppression of the Financing of Terrorism）把恐怖主義行徑定義為其「意在造成平民或其他任何在武裝衝突情勢中未主動參與敵對之人死亡或身體嚴重受傷」。以色列在二〇〇〇年簽署了該條約。依此定義，巴薩姆和朋友所做的事嚴格來說並非恐怖主義；他們嘗試攻擊的是軍方的護送車隊，而不是平民。但巴薩姆在描述自己的行徑時，用的卻是「恐怖主義」這個詞。他在遭到控告時，犯行也是以這種方式來描述。

但對他的審判是以他當時並不會說的希伯來語進行，所以對於發生了什麼事，他無從了解。直到多年後，巴薩姆申請旅遊簽證時，才看到他的定罪案件檔案。依照巴薩姆所訴，控告文件上說他置「以色列平民於險境」，即使在攻擊的方圓幾公里內並沒有任何以色列平民，只有IDF的軍人。

以色列檢方的這種曲解是故意撒謊，還是我們最後會逐步毫不質疑去相信心理學家羅勃・史坦柏格所謂「仇恨故事」的無意識例子？史坦柏格解釋說，在所有的心魔導致我們去恨以後，那股恨到最後就會變成簡化的單方面故事，我們會一而再、再而三對自己遊說到某個地步，使帶有偏見的重述在我們的腦海裡變得比實際真相要強而有力，進而使人更難去接受與我們的故事相悖的例子或證據，於是我們本身的版本就會一直受到更深刻的增強。

因此，我們全都會重寫歷史，好讓自己和所屬的群體變成遭到包圍的「好人」，在英勇對抗邪惡的敵人。恐怖份子也是這麼做。事實上，恐怖主義並非專屬於純然不理性、生性懷恨的人，從某種角度來看，他們異常的邪惡存在只是與我們不同罷了。

人往往很想要這麼相信。一旦把他人妖魔化，變成無可救藥的邪惡存在，既會增強我們自身本來就很善良的脆弱感受，也會使諸多侵略性的態度或作為變成情有可原，否則按照我們自身的道德標準，原本並不會反對那些他人。換句話說，把他人妖魔化會增強我們自身的敘事，亦即我們就是那些壞份子的受害者，因此以恨意與暴力來對他們是情有可原。但萬一在某種程度上，我們全都是懷恨行凶者的受害者呢？而且萬一互相指責和懷恨不只是錯，更是適得其反呢？

特別是，使對抗恐怖主義受挫的共同信念就是，恐怖份子是心理病態。當然，有些恐怖份子事實上大概就是心理病態——等於缺乏同理心和關心他人的能力。但心理病態據估只占了總數的1%。在探討關於心理病態的著作時，作家強．朗森（Jon Ronson）所引用的研究發現：「比起去管理員室閒逛，到企業階梯的頂端，發現心理病態的機率要高了四倍。」另外，依照定義，心理病態不會覺得懊悔，而有許多恐怖份子則是因為摯愛的人與社群遭受磨難，才覺得本身的恐怖主義情有可原。恐怖主義專家布魯斯．霍夫曼（Bruce Hoffman）這樣描寫恐怖份子：「他們並不是我們受到制約而以為的怒目狂熱份子或失心瘋殺手，其中有很多人事實上都是腦袋非常清楚，心思極為細密。對他們來說，恐怖主義是（或曾是）全然理性的選擇，經常是在不情願下所採納，接著只在經過多方深思與辯論後才做。」

有些巴勒斯坦人選擇透過暴力來表達政治看法，尤其是自殺炸彈。就歷史背景來看，這「既非不理性，也不是孤注一擲，而是理性又經過算計」，布魯斯．霍夫曼寫道。巴勒斯坦人把這樣的攻擊看成「**唯一的方式，只有這麼做才能說服以色列的決策者，巴勒斯坦人民絕不會向脅迫屈服**」。

「**在中東，自殺炸彈客和支持者表達自我的感知脈絡，包括了歷史不正義的集體感受、政治上的卑躬屈膝……還有宗教希望的補償作用。**」認知人類學家史考特・阿特然（Scott Atran）寫道，「**因應這樣的感知，毋須把它當成簡單的現實來接受；不過，若忽視這些感知的成因，所冒的風險在於，會搞錯自殺炸彈的成因與解方。**」換句話說，我們不必把自殺炸彈客的故事或感知當成客觀上的現實來接受，但我們必須應對的現實在於，他們就是相信它，以及就理想上來說，還有造成這些感知的條件。

在此同時，這道據稱是「理性」的微積分，則會在以色列人的部分輸入同等「理性」的反應，而感知到巴勒斯坦人本來就暴力到無可抵擋。當然，巴勒斯坦人會認為，以色列人才是有根深蒂固的體制暴力問題。「**假如能不靠暴力來實現目標，我們自然不會選擇暴力行動。**」哈瑪斯的共同創辦人馬哈茂德・扎哈爾（Mahmoud al-Zahar）在一九九五年時告訴記者。當時第一次的大起義剛過，暴力抗爭和攻擊席捲了巴勒斯坦人的區域。「**暴力是手段，不是目標。**」然而，巴勒斯坦人和以色列人都施行了數十年的暴力，不管你認為哪邊比較壞，雙方都只導致了更多暴力，進而有更多藉口來宣稱受害。

我在當地跟巴薩姆・阿拉米等人相處時，幫助我看到了改變想法的真相在於，我們在仇恨上有這麼長久的問題，真正的原因就在於我們全都有做，而且全都相信自己的恨情有可原。會恨的人絕大多數也都是會愛、擔心、恐懼和關心的普通人，連以恨之名施行暴力的極端份子也是，而且對於本身的恨，都能指出若干在他們感覺起來像是滿情有可原的理由。我們不光是為了恨而恨。我們會恨是因為覺得遭到了包圍，恨則是我們的回應。恐怖份子和霸凌者皆然。

陪我巡訪了村子後，巴薩姆帶我去了山丘上滿不錯的偽豪宅式白色石屋，是他哥哥賈馬所有。坐在接待室，就是門口一進來招待客人的正式空間，有舒服的厚軟沙發，以及帶有金線斑紋的灰褐與紅色長毛絨地毯，這個空間讓我不明所以。我心想，巴勒斯坦人一直告訴我，整個約旦河西岸幾乎夜夜都在上演深夜搜查。ＩＤＦ會不通知就跑來大力敲門，仔細搜索屋子，甚至有時候會接管屋子幾個小時或幾天，把它變成軍事哨所。像這樣滿不錯的屋子不會發生這種事，對吧？於是我問巴薩姆的哥哥，他家是不是有遭到搜查過。

「當然有。」賈馬以直截了當的方式回答，彷彿我只是又要了一杯茶。

我想說，可是並不常，對吧？「上次是什麼時候？」我問道。

「三天前，就在半夜。」賈馬又是回答得很淡定。以色列軍人猛力敲門，在凌晨兩點檢查民宅，顯然沒有別的理由，就是要擾亂這位五十二歲的男性和他太太的睡眠與安全感。他們沒有犯罪嫌疑，遑論是電費沒繳。

但我所請教的一位以色列前軍人說，他在訓練期間所得到的解釋是，搜查的主要目的只是要「讓人覺得我們會出現」。

後來我的巴勒斯坦翻譯建議我，在跨越約旦河西岸進入耶路撒冷的隔離牆時，徒步穿越卡蘭迪亞（Qalandiya）檢查站。就像賈馬的住家，約旦河西岸的很多地方感覺起來都正常到令人訝異，儘管我小時候聽過的宣傳全都很恐怖。像拉姆安拉（Ramallah）和希伯倫這樣的城市滿是繁忙的商店街和可愛的小咖啡店，很容易就讓人誤以為是布魯克林鬧區的一部分。的確，我留意到街上坑疤到荒謬，以及在赤貧的巴勒斯坦村落當中有以色列移墾區在閃耀的事實，但我真的不太會察覺到自己是在衝突四起的軍事化占領區，直到我試著要離開為止。

《以色列時報》（*The Times of Israel*）把卡蘭迪亞檢查站稱為當地「最惡名遠播的關卡」。我通過一道又一道的全身十字轉門，從一個金屬籠進到另一個，宛如圍欄裡的乳牛。在另一個籠子裡，我則等著看不到臉的聲音按鈕，好讓我跟的團能再走過另一道全身十字轉門，並向防彈玻璃後面的查驗人員亮出證件，把隨身物品放到掃描機上，然後等待另一道十字轉門，然後再一道，接著總算能離境了。這段過程不只是不便，我覺得煩亂又憤慨。當時是正午，甚至還不太擠，然而整個過程卻讓人有壓迫感與生畏，而且這段不到四百公尺的移動就花了六分鐘。在我的祖先曾經自由的土地上，我還不必每一天都這麼做。

「巴勒斯坦人的典型經驗闡明了，巴勒斯坦人的身分認同點出一些最基本的議題。」哥倫比亞大學歷史學教授拉希德·哈利迪（Rashid Khalidi）在他的奠基文本《巴勒斯坦人的身分認同》（*Palestinian Identity: The Construction of Modern National Consciousness*）中寫道，「這種典型經驗發生在邊界、機場、檢查站：總之就是在那些諸多現代關口的任何一處，都要核對和驗證身分。巴勒斯坦人在這些關卡點所發生的事，讓他們體會到，他們在民族上的共通之處有多大。因為就是在這些邊界和關口，六百萬個巴勒斯坦人會被抓出來接受『特殊待遇』，並在身分認同上受到強力提醒：自己是誰，以及為什麼有別於其他人。」

我了解巴勒斯坦人為什麼會把本身的磨難歸咎於以色列人，並因此恨他們。但要說清楚的是，我也了解以色列人為什麼會覺得恨巴勒斯坦人是情有可原，不只是因為我在成長時所學到的事，也是因為我在旅途中直接體驗到的事。我待在約旦河西岸的以色列移墾區時，有一位社群領袖告訴我，他的祖先是如何曾經在他稱為朱迪亞－撒馬利亞（Judea and Samaria）的土地上自由生活。他還敘述了一個又一個關於巴勒斯坦人嘗試殺死猶太移墾者的故事，以解釋牆和安全戒備是對這些無端威脅的必要預防措施。

有一次，我在巡訪巴勒斯坦難民營時，有一群學齡孩童開始嘲笑我。其中有個女生也許是十一、二歲，比我女兒要大上幾歲，此時她拿起菜刀朝我的方向比劃。我們彼此站的地方距離將近一百公尺，我並未處在任何實質的危險中，而且她只是個孩子。但我的心跳停了半拍，我可能在數秒內就會受到重傷。此時帶我巡訪的仁兄對孩子咂了咂嘴，我的翻譯則像個媽媽用阿拉伯語訓斥了她，一切就結束了。他們問我有沒有怎樣，我一笑置之，但實情卻是我有點嚇到。

我體驗到，雙方對我說的故事大有出入。問題在於，兩種故事都是真的，同時也都不是真的。所以沒有人覺得有錯，但每個人在某種程度上都錯了。就好像他們並不覺得懷恨有錯，即使他們的恨從來都不是真的情有可原。

影響深遠的心理學家艾里希．佛洛姆（Erich Fromm）把恨分成兩種基本類型。他如此描述「理性反應的恨」：「恨基本上是一種反應，當自己的性命、安全、理想或是自己所關愛與認同的人遭到攻擊，人們就會產生『恨』這種反應。」還有就是佛洛姆稱為「性格制約」並描述為不理性的恨，感覺到「人是受到性格制約而懷恨」。在基本歸因謬誤的透鏡下，你就能看到這點是如何受到應用——我們的恨是「理性的反應」，而他們的恨是「性格制約」。但這些區別會逐步變得模糊。如羅勃．史坦柏格所寫道：「佛洛姆表示，恨意會產生，或許是不理性地因為一群人對另一群由來已久、根深蒂固的成見，或是理性地因為內群體認為外群體搶走了經濟或其他資源。」但在像以色列／巴勒斯坦這種局勢的案例中，舉例來說，土地遭到占領或人民遭到殺害是過去「理性」的恨，卻固化成較為無所不包、根深蒂固的成見，而且與現實偏離到使它變得「不理性」。

那這種分法真的有幫助嗎？對我來說，重點是完全理性的人固然最終可以懷恨，並把本身的恨合理化，但這不表示恨本身真的是理性。而且不管是透過肢體暴力、言語侵犯，或者甚至是無意識的歧視，沉溺於那股仇恨中，並據以行事，肯定不算是理性，或者以此來說則是不算對。**有理由去恨，並不會使恨變得合理**。這就是巴薩姆在各地坐牢時得出的結論。

你或可預期，去坐牢會強化人的恨意，尤其是在這麼小的年紀。確切來說，拘禁常常只會使罪犯行為惡化，是監獄產業複合體災難式擴張的最大錯亂之一。而且事實上，起初坐牢時，巴薩姆沉溺在仇恨的幻想中，想像著「也許天天都殺掉成千上萬個以色列軍人」。後來在刑期當中的某個時候，以色列守衛播放了講大屠殺的電影。巴薩姆決定去看，因為坦白說，他想要看到猶太人被殺。他有點是要酸獄方和守衛，竟然拿這部片來播。「我想要享受，看到有人殺害和刑求他們。」巴薩姆對我招認。

但目睹大屠殺的暴行反而震撼了巴薩姆，在他到當時都相信的仇恨故事中扯開了縫隙。那部片使他落淚，目睹敵人的磨難，使他的眼界、心靈與心智都打開了。十九世紀的詩人亨利・沃茲沃思・朗費羅（Henry Wadsworth Longfellow）寫道：「**假如看得到敵人的祕史，我們在各人的生命中所發現的哀傷與磨難，將足以融化所有的敵意。**」或許這就是發生在巴薩姆身上的事。

吃驚的巴薩姆想要去找答案，他跟獄中的以色列守衛交上了朋友。「他跟你講話是觸犯禁忌。」巴薩姆解釋說。但他卻「成功打開了話匣子」。巴薩姆頻頻向守衛問到以色列、宗教和普遍的生活。那是他第一次意識到原來以色列人不只是帶來威脅的國家機器（雖然他當然還是那種人），同時也是人類。那是巴薩姆第一次體認到對方的磨難。

「那不是以色列人的錯。」巴薩姆告訴我。他從中看出了「世界各地的猶太人在成長時有多辛苦」，就是因為那番深刻的迫害歷史與心理，而相信人人都恨你的民族。

「**我的肩上沒有扛著三千年的奴役、歧視和大屠殺。**」巴薩姆告訴我。而且這位失敗的恐怖份子接著嚇了我一跳，「**我發現當巴勒斯坦人比較輕鬆。**」巴薩姆說。透過那部電影所開啟的一連串事件，巴薩姆彷彿不只是突然了解了受害者競爭的概念，還有它背後的荒誕。其他很多從恨裡走出來的人，都同樣體驗過那種突然打開心靈的轉折點，繼而引導出更長的覺醒過程。

巴薩姆出獄後去念了研究所，取得大屠殺研究的碩士學位。他逐步從中搞懂了以色列人認定的巴勒斯坦故事，以色列人把它勾勒為：「**我們占領了它，上帝把它給了我們，歐洲和英國在大**

屠殺後把它給了我們。我們總算有了這塊安全的地方，卻再也不是如此了。我們是弱國。人人都恨我們。我們需要活下去。」巴薩姆說，他現在了解到，當本身遭質疑侵害人權時，為什麼有很多以色列猶太人會反擊。巴薩姆說，他們一定是想：「我們進焚屍爐時，人權又在哪？」他說對了。

當然，這是以色列人和更廣泛的猶太人在想法上的簡化版。巴薩姆可以用通篇的論文來寫這個論題。但在這個深度分裂的懷恨脈絡當中，聽到巴勒斯坦人這麼扼要又同理地一語道破以色列人的觀點，還頗引人注目。對我來說，它令人驚豔地印證了同情心的力量，以及獲知恨的本質和我們所恨對象的經驗能如何幫助我們來對抗問題。

巴薩姆的睿智可能很難為他的巴勒斯坦同胞所接受。有些人認為，他背叛了他們的志業，並把他的和平願景，以及在和平戰士中與以色列人一起共事，視為認輸的形式，巴勒斯坦人永遠不會把區域的控制權拿回來了。他和其他的巴勒斯坦和平行動人士遭指控在宣揚「正常化」，意思就是接受現況。確切來說，「正常化」是髒字。我在約旦河西岸的期間，隨處都聽到它冒出來，以當成「同化」甚或是「有條件投降」的同義詞來講。

但原來巴薩姆並沒有在提倡正常化。我問他為什麼決定去念大屠殺研究的碩士學位時，他又讓我大吃一驚。「假如你對敵人有所認識，那就能打敗他們。」巴薩姆對我說。等等，是怎樣？

「你還是把他們稱為敵人？」我問道。

「當然。」

「他們還是你的敵人？」我依然不明所以地說，想要確定我們沒有誤解彼此。

「對。」巴薩姆說，「他們占了我的地，所以我們是敵人。我們不是朋友。我們不是兄弟。」

「所以你能對敵人有同理心？」我問道。

「絕對能。」在這一刻，我整個人再次嚇了一跳。

也許我都是以錯的方式來想這件事。我想的是，朋友和盟友是你所愛的人，敵人則是你所恨的人，所以假如你不想恨任何人，那就表示沒有任何敵人。並非我曾經真的相信自己不能有敵人，但我認為那是適切的志向。我的意思是，我有敵人：川普是我的敵人，很多右翼的行動人士和作家，以及會固定攻擊我的酸民也是；而要是不把他們稱為敵人，就會覺得不老實，甚至是窩囊。但我認為，把他們當敵人來看是我本身的缺點，我是向憤怒、反對的本能低頭，因為敵人這個構念是恨的概念所必備。

相反地，巴薩姆的論點顯示出，敵人的概念是與懷恨感脫勾。畢竟根據《牛津英語詞典》，「敵人」這個詞是在形容「人主動反對或敵視某人或某事」。換句話說，依照定義，並不是你恨他們，而是他們恨你。所以就算恨是敵人所做和所珍愛的事，或許就等於是使他們受到定義的事，但我們卻不必受它所定義。不管有什麼樣的歷史、基本理由和觀感，以及有多認為「對方」恨我們，我們自己要不要選擇去恨那些人，最終完全是由我們來決定。而巴薩姆的決定很清楚，他想要有意識地刻意拒絕恨意，甚至是在受到悲劇所磨難之後，儘管那場悲劇讓人難以理解他為何還會對以色列人抱持同情心。

巴薩姆有六個小孩，二〇〇七年，其中一個十歲的女兒阿比兒（Abir）跟妹妹手勾著手從學校走回家。那時候，巴薩姆和家人住在約旦河西岸的阿納塔（Anata）鎮上，嚴格來說是東耶路撒冷，但被四面中有三面的隔離牆給劃分開來。阿比兒和妹妹正在去買糖果的途中，此時IDF的吉普車開到了附近的路上。依巴薩姆所了解，有另一群放學的孩子朝吉普車丟了石頭。透過吉普車窗子上所開的小洞，IDF開火了。從近三十公尺的距離外，阿比兒的後腦杓遭到橡膠子彈擊中。阿比兒中彈時，小小的身軀彈飛了好幾英呎才急墜到地上。

《紐約時報》報導說，阿比兒在「衝撞」中遭到了殺害。以色列政府否認阿比兒是遭到IDF殺害，宣稱殺死她的是巴勒斯坦孩童丟的其中一顆石頭，甚或是阿比兒拿在手上的某種手榴彈爆炸了，他們試圖怪罪受害者，把清白的人說成病態。二〇一〇年，巴薩姆和太太提起了民事訴訟，在以色列律師的協助下，法官判決阿比兒的確是遭到IDF軍人擊發的橡膠子彈所殺，而且「打中阿比兒的子彈是草率擊發或違反了開火命令」。但扣下扳機的軍官完全沒有遭到刑事控告。就像是美國黑人在美國遭到系統性的警察暴力，IDF對巴勒斯坦人的暴力鮮少正式獲得承認，遑論是當成犯罪。

在阿比兒遭到殺害的二〇〇七年，以色列占領區人權資料中心（Israeli Information Center for Human Rights in the Occupied Territories）的人權組織貝塞林（B'Tselem）表示，以色列保安部隊殺了三百七十三位巴勒斯坦人，至少有35％在遭到殺害時是沒有參與敵對的平民。而在總人數當中，有五十三位是未成年人，或是超過了遭殺害者的十分之一。這些資料在許多方面並不完整，但相較之下，同年，巴勒斯坦人則總共殺害了六位以色列保安部隊的隊員和七位以色列平民。

截至二〇一四年，貝塞林追蹤了快十四年的資料，有八千一百六十六人的死亡是與衝突有關——七千零六十五位是巴勒斯坦人，一千一百零一位是以色列人。「換種說法就是，每十五人在衝突中遭到殺害，就有十三位是巴勒斯坦人，兩位是色列人。」資料新聞網站Vox報導說。又來了，也許試著去比較就是問題的一部分。

我們坐在巴薩姆位於阿納塔的公寓裡時，他告訴我，阿比兒是怎麼樣的小女生，她有多愛跟朋友玩耍，她有多喜歡上學，以及在遭到殺害的那天，她是如何剛考完她很用功在念的數學測驗。巴薩姆抽著菸，伸手摸了摸平頭的後腦杓，煙霧在他的襯衫領子周圍繚繞，眼中則湧出了淚水。他告訴我，在女兒遭到殺害的那天早上，他是如何跟她吵了一架，她沒有說再見就離開家裡。我一直想到自己吼了薇拉，想像著其中一刻就是我們的最後一面。接著我想像她小小的身軀被槍彈打穿而震飛到地上。我坐在巴薩姆身邊，突然很想哭。對於要為她的死負責的體制，我不曉得他怎麼能不恨每一個甚至是跟它沾到邊的人。巴薩姆所做的事，我肯定做不到。

在民事審判期間，巴薩姆跟殺死女兒的軍人說了話。軍人並沒有道歉，他可以說是想要也不行，否則他就會遭到軍方懲處。但巴薩姆對他說：「在人生中的任何時候，假如你來拜託我原諒你，你隨時都會在那裡找到我。我會原諒你，但絕不是因為你自己的關係，而是因為我自己的關係。我想要把這股憤怒從心裡清乾淨，因為我發現我是人類的一份子，我是個人，因為我非常愛我女兒。」

接著巴薩姆告訴軍人：「我不會尋求報復，因為我不要承擔受害者的報復。你才是受害者。」

「相信我，要說出口非常難，但他才是受害者。」那天下午，巴薩姆坐在他的公寓裡告訴我，離阿比兒中彈的地方就只有幾條街。

巴薩姆深深吸了口氣，然後以甚至比平常更加靜默的語氣，幾乎彷彿是在禱告的聲音，說起了殺害女兒的軍人。「比起他的受害者，他也是十足的受害者。」巴薩姆在某種深刻層次上的領悟，如今我起碼在智識上也領略到了：無論似乎是多麼情有可原，恨絕對不是真的理性。我們全都有理由去恨，但那並不會把恨變得合理。以競爭的方式來否認或造成他人的磨難，絕對不會化解我們本身的磨難。馬丁．路德．金恩的遺孀科麗塔．史考特．金恩（Coretta Scott King）曾經說過：**「背負恨意是太大的擔子，比起傷害被恨者，它對恨者的傷害更大。」**巴薩姆不只是了解這些觀念，還加以實踐。

要坦承的是，這件事做起來非常難，尤其是對那些陷在仇恨循環裡的人來說，像是以巴衝突。連他自己的兒子都發現，他的主張是苦口良藥。阿比兒遭到殺害時，他兒子阿拉布（Araab）是十三歲，後來他便開始逃學，並朝以色列軍人丟石頭。在從老師那裡得知阿拉布是怎麼回事後，巴薩姆便找他質問，兩人大吵了一架。阿拉布告訴他：「我愛巴勒斯坦，我想要跟占領軍對抗。」然後還指控爸爸：「你並不在乎女兒流血。」巴薩姆要他對《古蘭經》發誓，他絕對不再對軍人丟石頭。雖然阿拉布沒有再丟石頭了，但又花了好幾年的時間，期間他還造訪納粹的死亡集中營，阿拉布才接納了爸爸的做法。

我去伯利恆的和平戰士辦公室時，見到了阿拉布。他現在二十歲了，在組織裡跟爸爸共事。他是又高又帥的年輕人，笑容就跟巴薩姆一樣開闊而靦腆。

巴薩姆的兒子並非我唯一遇到的懷疑論者。事實上，在我的整趟旅程中就有一位。達琳・朱貝（Dareen Jubeh）是巴勒斯坦的自由記者，有時候會在耶路撒冷替ＣＮＮ工作，我就是這樣見到了她。我請達琳來擔任差旅中的「調人」，幫忙安排我的採訪行程，並在需要時充當翻譯。

「跟巴薩姆談沒什麼用。」我剛抵達耶路撒冷，在審視採訪計畫時，達琳告訴我。

「為什麼？」我問道。

「因為你說他不恨嗎？」她在說這句話時，猛然轉過頭來，並用嘴發出半作嘔、半惱怒的靜默語氣。「巴勒斯坦人全都恨。」她說。達琳知道我的書要寫什麼，答應幫忙有部分顯然是因為我付了錢給她，但她並不認為我在恨的論題上會有什麼成果——在這裡肯定不會。

「巴勒斯坦人恨以色列人。以色列人恨巴勒斯坦人。」達琳唐突地往下說，「這是事實，沒有人能否認。」

在若干採訪中，我問別人恨不恨「對方」時，達琳就會在呼吸間發出同樣那種輕蔑的小小嘟噥聲，以表達她認為我連問出口都絕對是瘋了。當別人回答不，他們並不恨時，達琳每次都會再度發出小小的聲音。其中包括小孩遭到ＩＤＦ殺害的巴勒斯坦人男性，在占領區內住在以色列移墾區的美國猶太人，以及縱容以暴力來反抗以色列人的巴勒斯坦青年行動人士。

「他們當然恨。」有一次我們回到車裡時，她對我說，「他們當然是！他們只是沒有坦承。」她堅稱，每個人都恨。基本上是每個地方的每個人，但尤其是在以色列和巴勒斯坦。

在一起的整趟差旅中，我都在擔心達琳說得對。也許每個人只是在把我想要聽到的話告訴我，而要是坦承懷恨，那就會覺得太尷尬了。或者他們只是受到基本歸因謬誤所影響，即使自己真是如此，也認為自己並沒有滿懷恨意。我自己通常就夠憤世嫉俗了，但達琳的憤世嫉俗格外有感染力。

最後，巴薩姆卻融化了達琳。她跟我一樣，受到了他的主張與同情心所感召。巴薩姆在我們的車前把我們放下來時，達琳和我回頭望向耶路撒冷，看著一邊是在山丘上星羅棋布的社區，另一邊是巨大的隔離牆。我們接近公路檢查站時，達琳轉身對我說：「你說得對。在巴薩姆的事情上，我認同你。他在你的書裡是滿好的敘事環節，也是別人的範例。」她頓了一下，然後補充說：「以色列人和巴勒斯坦人。」

又短暫頓了一下，她笑了並表白說：「我好開心有這次的體驗。」

我突然覺得，我彷彿是在我們所行經的恨意大牆上看到了另一道小裂口。在絕望充斥這麼深的地方當中，我意會到自己感受到了完全沒有預料到的事——深深的希望感。我回頭對達琳露出了大大的笑容。

在以色列人和巴勒斯坦人之間，有許多像這樣由來已久的衝突都被指為無解。雖然似乎不可能解決，然而，就好像我們的心靈與內心，衝突也可以改變，而且經常是透過關鍵的體驗，像巴薩姆看了大屠殺的片子就是如此。以色列猶太人晨．阿隆（Chen Alon）也是這樣。他是和平戰士的另一位創始會員，以及特拉維夫大學的講師。身為ＩＤＦ的軍人，他是在巡邏一個檢查站時有所頓悟。巴勒斯坦人要由此跨入以色列時，都必須亮出通行證，就像我所跨過的那個關卡。他寫道：

有人拜託我放行載滿巴勒斯坦兒童（卻沒有通行證）的計程車，讓他們去伯利恆的醫院。在此同時，我則接到內人的電話，說她沒辦法去幼兒園接我們三歲大的女兒。

於是我在那裡，站在沙包墩上跟內人通話，生病的巴勒斯坦兒童則在車子裡等待。我再也忍不住了：我一方面是慈祥、用心的父親，另一方面卻對這些人這麼麻木不仁。這些兒童就只是潛在的恐怖份子嗎？

我的小孩是人，然而我們卻沒把巴勒斯坦的兒童當人看。

過沒多久，他就簽了反對占領該區的請願書，並因為拒絕在ＩＤＦ服役而入獄。後來他幫忙創立和平戰士後，在組織內開設了「受壓迫者劇場」的課程，是借鏡自巴西踐行者奧古斯都．波瓦（Augusto Boal）的做法，把互動式劇場視為幫助眾人了解和設想社會變革的方式。他在公共空間把表演搬上舞台，以戲劇來呈現占領的暴力。他解釋說，它有助於告知以色列人，而其中很多人甚至從來沒去過約旦河西岸或加薩走廊。**「我認為這是一種知識的形式，能避開、繞過或打破障礙，像是排斥……轉而去同情對方或認同對方。」**

普遍來說，晨搬上舞台的公共表演，以及和平戰士所促進的交談，都是強而有力的連結言論形式。在得知他們的做法和跑遍這個極為分裂的地區後，我所意會到的是，當眾人能互動時，連結言論才有可能。假如我們與我們所恨的所謂「他人」要有建設性的連結言論，首先就需要有機會站在同一處——恨的相反的另一塊拼圖，我稱之為「連結空間」。

巴薩姆與和平戰士正在打造連結空間，把以色列和巴勒斯坦人一起帶到適宜、甚至是有創意的環境中來談論及體驗彼此的人性。這基本上就跟我去福斯新聞上班而不經意做到的事一樣。為了談論鄰居正面臨的議題，這就是草根組織在召集鎮民大會和社區野餐時所做的事。這甚至就是抗議人士在利用公共作為來抓住大眾目光時嘗試要做的事，希望民眾以新的方式共聚一堂，探討之前不承認的問題。

當社群長久以來面臨種族分裂對立、階級鬥爭、政黨歧見，以及更多不同的派系鬥爭，因而產生分裂隔離時，如果我們要讓自己和我們的故事有機會接受挑戰，創造連結空間就是我們必須刻意去做的事。我們需要見見自己所恨的人，聽聽他們的故事，這代表要支持扶植連結空間的體制和政策，也要打造出自己的一套。**走出恨意就是要走出自己，突破本身敘事和視角的實體與心靈高牆。**在研究以巴衝突時，心理學家馬希・努爾（Masi Noor）發現，受害者競爭的解答是**「共同受害者身分認同」——用本身磨難做為橋梁，來連結別人的磨難。**例如猶太人在古埃及和納粹德國所受的磨難，應該有助於現今的猶太人了解他人所受的磨難，並且認同和防止那樣的磨難。確切來說，我一向都以身為猶太人為榮，有部分就是因為猶太教把致力於解放所有人看得很重要。

假如透過連結空間來聯絡彼此是解答的一部分，這讓我不禁納悶，我們一開始為什麼要在自己的社群中創造分裂，搞出這些問題？表明是內群體的一份子、歧視，甚或恨其他的外群體，就是人性的一部分嗎？甚至在寫這本書前，我有一次在談和善、同情心與克服仇恨時，有個男聽眾走到我跟前說：「是啦，也許恨不是無可避免，但看到差異卻是。我們總會看到彼此有所差異。這就是人性。」他說得對嗎？縱使巴薩姆、晨和達琳給了我希望，我在以色列和巴勒斯坦的體驗還是讓我不免擔心，我們人類異常容易以群體來劃分彼此，彼此競爭，甚至是彼此懷恨——縱使我這個沒有參加過猶太女孩成人禮的世俗猶太人祈禱這種事不會發生。

第三章 恨是歸屬：前白人至上份子

我在人生中的基本兩難是，既深深渴望歸屬，又質疑歸屬。

——鍾芭·拉希莉（Jhumpa Lahiri），印度裔美國人，知名作家

我們是為歸屬而生。「**深刻的關愛與歸屬感是所有人都無法抹滅的需求。**」研究同理心的布芮尼·布朗（Brené Brown）寫道，「**當需要的人沒有得到滿足時，我們就不會照該有的樣子來運作。我們會垮掉。我們會瓦解。我們會麻木。我們會痛苦。**」**而且布朗補充說：**「**我們會傷害別人。**」

當我們渴望歸屬，而導致我們對特定的社會群體強烈認同到開始激烈地想要歸屬於該群體，以至於投入或起碼是縱容有害的「他者化」，問題就開始了。這種他者化的本事存在於我們的內心深處，並透過人類演化的漫長進程來餵養我們。演化生物學家威爾森（E. O. Wilson）寫道：「**組成群體，然後偏愛內群體成員的傾向，具有本能上的特徵。**」

他者化內含潛在的殘酷，因為一旦把某個群體認定為不同，就會太輕而易舉地變成藉口，而

把該群體設想為在某方面比不上我們——比較不聰慧、比較不愛國、比較不勤勉、比較少受害。一旦產生這種想法，就彷彿開啟一扇門，邁向厭惡、非人化和直截了當的暴行……所有的恨意都源於這種念頭。「**我們的嗜血天性……是深植在骨子裡，**」威爾森寫道，「**因為群體對比群體是使我們走到這步的主要驅力。**」

人類學家麥可．吉格列瑞（Michael Ghiglieri）表示，在人類的歷史上，「**戰爭不但形塑了地緣政治疆界，並散布國族意識形態，也刻劃了人類群體在宗教、文化、疾病、科技、甚至是遺傳族群上的分布。**」但吉格列瑞表示，戰爭要跟另一件事來角逐人類演化中最重大的過程：性。換句話說，定義人類歷史的不光是我們的分裂，還有名副其實的「在一起」。兩者都有可能，也都不是命定。

事實上，劃分群體或許是我們天生的傾向，但如何劃分這些群體則不是。它是產自那樣的歷史，加上我們的文化和習慣形塑了我們是如何看待自己和他人，而且多半是在無意識的層次上。舉例來說，在美國歷史上的很多時候，愛爾蘭人、義大利人和猶太人並不是被當成白人來看，現在則是。生物學家羅伯．薩波斯基（Robert Sapolsky）是多部人類行為專書的作者，他曾寫道：「**人或許與生俱來就是會因為『他人』而變得神經緊繃，但對於誰屬於『他人』，我們的看法鐵定是有可塑性。**」這代表恨也有可塑性。

那是如何運作？我們如何定義人屬於哪一類，並把它指派給我們的內群體或外群體？而某些人不會輕易就這麼做，靠的是什麼？假如刻板印象、成見和其他各種外群體的分類是固著在我們的社會裡，它是如何影響某些人多過另一些人，某些人又是如何去抗拒，或者甚至是徹頭徹尾地拒絕？這些都是促使我去密爾瓦基會見阿爾諾．米凱利斯（Arno Michaelis）的問題。阿爾諾曾是新納粹份子和白人至上運動的領袖——直到他擺脫了那樣的生活和心態。

從歐洲殖民者抵達的那一刻，社會群體的身分認同就是北美的現實。他們甚至宣稱自己「發現」了「新世界」，這件事已然顯現了我們／他們的科層體制思維。對他們來說，已經在那裡的人擺明就是無所謂。因此，「創立」美國的不只是白人，還有白人至上。基本觀念就是，這個星球上的白人本來就比其他人優越，所以理當奪所欲奪和為所欲為。當然，「白人」這個觀念是社會構念，就如專欄作家麥可．哈里奧特（Michael Harriot）所寫：「**人在很久以前就想好要替自我至上的觀念築起圍籬，它只是某種屁話。**」

還記得湯瑪斯．傑佛遜（Thomas Jefferson）在《獨立宣言》裡寫說，「**人皆生而平等**」，他卻擁有超過六百名男性、女性和兒童黑奴，顯然是對他所寫內容和所作所為之間的矛盾視而不見，因為傑佛遜也曾說過，自由的黑人是「**社會的害蟲……跟小孩一樣不懂得打理自己**」。

毫無質疑地相信白人本來就優越，這種信念不但定義了我們的立國之罪，也形塑了美國現今的生活現實。就如本書通篇的例子所示，從我們的投票方式、我們投票選出的人所服務的體制，到我們的孩子所上的學校和他們成年後所賺得的薪水與福利，一切都無可抵擋地受到白人、因此還有恨意的虛構優越性所形塑。紀錄片《憲法第十三條修正案》（*13th*）是在講美國刑事司法系統的種族主義史，學者傑拉尼·柯布（Jelani Cobb）在片中說：「**假如你去看黑人在這個國家的各種奮鬥史，貫穿其中的主題就是，企圖讓世人明白黑人其實是完全複雜的人類。別人把犯罪、危害和威脅跟我們劃上等號，這種直覺印象並不是我們的全貌。**」

當然，有些人是主動又熱衷地擁護白人就是優越的看法。我們把這些人稱為「白人至上份子」。從整個美國史來看，在全國的政治、經濟和文化上，顯性的白人至上份子大多扮演著非常強而有力的公眾角色。直到相對近期，公然當個白人至上份子，才變得比較受社會所非難。只不過又來了，隨著新納粹團體在各地崛起，以及從川普當選以來，情況或許再也不是如此了。在監控仇恨團體活動的南方貧困法律中心（Southern Poverty Law Center）計算出，美國在二〇一六年有九百一十七個白人至上團體，比前一年有所攀升。尤其是從二〇一五到二〇一六年，反穆斯林仇恨團體的數目幾乎是翻了三倍。

二〇一七年五月時，聯邦調查局和國土安全部警告：「在過去十六年當中，白人至上團體所發動的攻擊已經比其他任何國內的極端團體都要多，而且在接下來的一年可能會發動更多攻擊。」其他的研究則顯示，在二〇〇八到二〇一六年間，包括白人至上組織在內，國內極右派的密謀和攻擊在數量上超越了穆斯林暴力極端份子，幾乎達到了二比一。它是阿爾諾·米凱利斯再熟悉不過的統計數字。

阿爾諾不但是白人至上新納粹團體的一員，也是北美最知名的白人力量領袖之一。一九八七年時，阿爾諾成了密爾瓦基北方斧皮（Northern Hammerskins）的創始會員，這個組織逐步發展為全國斧皮（Hammerskin Nation），成了世界上最大的組織性白人力量光頭團體。此外，阿爾諾還是在全世界名列前茅的白人力量樂團百夫長（Centurion）的主唱。但一如巴薩姆和我的酸民，阿爾諾最令我訝異的事情是，他並不認為自己對他人格外懷恨，甚至是在純正的仇恨團體擔任領袖的時候。他只認為自己是善意、甚至是英勇地在尋找「同類」。最終我的領悟是，很多加入極端主義仇恨團體的人，甚至並非真的恨那些他們中傷的外群體，遠甚於此的是，他們渴求所擁抱內群體的認可。**他們只是在尋找歸屬，恨則是次要**。

在阿爾諾的個案中，他也常在找錢和食物。我要坦承，我發現令人告慰的是，當種族主義的龐客搖滾樂手，沒辦法讓人過上像樣的日子。阿爾諾老是破產。他通常吃便宜的拉麵，一旦湊足零錢，他就會去麥當勞買大麥克。而且就是在他找到足夠零錢的其中一天，他的人生到最後就永遠改變了——多虧一次巧合的連結言論，為他開了一扇窗，使他能歸屬到別的地方。

那天他去買大麥克時，麥當勞裡充滿了密爾瓦基的寫照，有黑人、白人和拉丁裔的居民，有位較年長的黑人女性則在站收銀台。阿爾諾以前就在那裡看過她，她通常是輪那班。阿爾諾點了漢堡，然後伸手到口袋裡，把一堆亂七八糟的一角、一分和五分硬幣交給那位女士。就在此時，她留意到了他手指上新的卍字刺青。「那是什麼？」她緩緩、甚至是小心翼翼地問道。

「沒什麼。」阿爾諾低聲說道，並把手塞回了口袋裡。

就在此時，黑人女性看著白人至上份子的眼睛，以和善的語氣、甚至是帶著一絲笑容，對阿爾諾說：「你是比那要好的人。我知道那不是你的本性。」

阿爾諾抓起漢堡，轉身就逃了出去。他從此再也沒回來過。但他也從此就不再以相同的方式來看待自己的人生了。他的看法並非全然是在一夜之間改變，但也差不多了。事實上，在阿爾諾的故事中，最令人傻眼的事之一，不只是他脫離白人至上運動相對來說有多隨意，還有他一開始加入時相對來說有多偶然。

造就阿爾諾的並不是某套格外黑暗的人生境遇。他既不是被父母教養成白人至上份子，也不是受到某個心懷不軌的招募人員所誘導。它主要是隨機的偶發事件。

在見阿爾諾前，我看了百夫長演出的一些影片。有一段是樂團專輯《十四字真言》（*Fourteen Words*）裡的歌。附帶一提，「我們得為孩子保衛白人的生存與未來」是風行的十四字白人至上口號，「十四字真言」則是它的代稱。在影片裡，阿爾諾沒穿上衣，只套了一件迷彩工作短褲和軍靴。刺青蓋住了他大部分的軀幹，一路爬上他剃光的頭。他在舞台上四處重踏，口齒不清地喊唱各節的歌，然後戲劇性地頓了一下，把腦袋歪回來，拉近麥克風，在合唱當中嘶吼出團名，就我盡力所能理解，就是試著要使它聽起來像是他真的吞噬了魔鬼。

他唱的部分歌詞如下：

部隊進攻
敵軍頭骨爆裂
我們要把爛泥淹沒在

血海中
猶太男，在恐懼中顫抖
你的日子屈指可數，百夫長來了
我們要把你們這幫人晾在藤上枯萎
我們心意已決
要擺脫猶太豬

看完影片的幾週後，我這隻特殊的猶太豬走進了威斯康辛州密爾瓦基的印度餐館，會見寫這些歌詞的男人。

進到密爾瓦基北傑克森街上的寶萊塢燒烤餐廳（Bollywood Grill）時，另一側有間小小的印度雜貨店。我做事一向都會提早，於是我便站在雜貨店裡，盯著一包包麥餅粉和香米看，思忖著該不該把我的行蹤用簡訊發給我的伴侶，以防阿爾諾變得危險起來。我在行遍中東時，這件事並沒有真的發生過，但當時有達琳陪我。此時我則是一個人。而且突然間，我不禁想自己是不是也很蠢。我的伴侶知道我要在密爾瓦基會見前白人至上份子，但我並沒有特地把細節告訴她。我做錯了嗎？

我知道阿爾諾說他放下暴力人生了，但我留意到自己還是感到不安。這是好幾個月來的第二次，我即將跟曾經等於是拿仇恨和想要傷害猶太人來吹噓的人對面而坐。但這次只有我和他。我該不該打開手機上的追蹤程式，以便在等一下阿爾諾帶我去巡訪時，我的伴侶莎拉有需要就能找到我？警方能不能追蹤到我？就算我沒有打開那個程式？它是怎麼運作？我為什麼沒有早點想清楚這點？也許我該上谷歌搜尋與前暴力極端份子見面的提示？至少阿爾諾選的是印度餐館。假如他真的還是種族主義份子，他就不會選印度餐館了，對吧？我拿出手機，向 Siri 問了阿爾諾走進來時的某種偏執假想情境。

他很大隻。我自己並不小隻，大約是一八五公分上下，但他高了我好幾公分。而且由於湊和吃拉麵的光頭歲月使他長了不少肉，塊頭似乎使他更顯魁梧。阿爾諾穿著黑色圓領衫，底下套了長袖灰色的發熱襯衫。袖子往上推，我看得到阿爾諾滿身刺青的觸角，雖然現在的圖案比在百夫長的影片中要來得模糊。由於去除刺青真的很痛，所以阿爾諾的白人力量刺青大部分都是用其他的刺青來掩蓋。「這隻手的背面刺的應該是條蛇。」阿爾諾後來告訴我，並把右指節秀給我看。他說，現在「看起來比較像是條蟲」。

我們去取餐並坐了下來。餐館裡很擠固然令人欣慰，但也是個問題。阿爾諾講話非常大聲，大聲到讓人不舒服又尷尬。即便他嚷嚷的是運動、電影或交通，那音量就夠糟糕了，更何況他其實是極大聲在講他當白人至上份子的日子。而且用非常顯性的字眼。

「所以白人小朋友去念以黑人為主的學校，就因為這樣而被扁。我們便在學校四周散發印有卍字的傳單，上面寫著『老黑給我當心了』。」阿爾諾敘述的是他替白人力量團體招兵買馬的時候，「上面有我們的郵政信箱，他們就找上我們了。他們會寄信給我們，還會打我們的熱線。我們會邀請他們過來，帶他們喝到爛醉，告訴他們光榮的故事。」

我很習慣白人會避免說出歧視黑人的用字，甚至在說出歧視黑人的用字時，他們也會把音量降低，並試著用不贊同的低語含糊帶過。阿爾諾可不來這套。事實上，也許我就是偏執，但比起其他所有從他嘴裡大聲吐出來的字，他似乎是把歧視黑人的用字說得更大聲。我坐在那裡心想，我要怎樣才能不靠言語而讓我們四周的每個人都明白，我完全不贊同阿爾諾所說的話，而且我超想大喊：「他是種族主義份子，我可不是！」附帶一提，這很有趣地反映出，我所渴求的歸屬和贊同是來自那些出於自我意識來反對恨意的人。我試著邊處理這一切，邊向阿爾諾問到他的童年。

阿爾諾是一九七〇年出生在威斯康辛州的梅庫恩（Mequon）。該郊區如今就跟阿爾諾小時候一樣，居民相當富有又偏白。在二〇一〇年的人口普查中，梅庫恩的兩萬三千一百三十九位居民中，有92%是白人，高於全國平均的72%。而且在二〇一五年時，所得中位數是十萬一千九百八十六美元，幾乎是全國平均的兩倍。更特別的是，它是富有的白人保守派郊區。二〇一六年，川普在梅庫恩所屬的奧佐基郡（Ozaukee County）拿下了57%的選票。二〇一二年，米特・羅姆尼（Mitt Romney）表現得更好，在該郡拿下了65%，是他在全州最懸殊的差距之一。

假如連結空間是仇恨的解答，那在種族和經濟上隔離的社群缺乏連結，就可能是部分的問題。但富有白人保守派郊區的小朋友當然大部分並不會長大就成了新納粹，所以那無法解釋一切。

阿爾諾的父母也會讓人很想要當成問題來看。他爸是酒鬼，在阿爾諾的童年時期有過不少情緒衝突。阿爾諾告訴我，他爸爸是「極端保守的資本主義基本教義派」，認為自由市場可以解決所有的問題。阿爾諾頓了一秒，然後補充說：「我相信，極右派的政治意識形態中本來就有某種的種族主義。」

我自己是不會這麼說，但現代的保守主義普遍來說有很多都是在反映菁英主義，根源則是隱性或者有時候是顯性地相信，富有的白人本來就比其他人優越。話雖如此，並非每個保守派都是公然的白人至上份子，所以那也無法解釋一切。

加上阿爾諾在家也接觸到了極左派的看法。「我敬愛的爸媽是非常古怪的夫妻。」阿爾諾告訴我，「我媽是典型的六〇年代小孩。她超級進步派、超級多元文化、超級自由派。」

你可能會同樣輕易就假定說，阿爾諾擁抱白人至上，是為了反撲他母親的極度自由主義。但大部分嬉皮的小孩也不會長大就成了白人力量的領袖，而且我意會到，我自己之所以很想要怪阿爾諾的父母，是為了自我保護。假如我能搞清楚，這些原本正常的富裕白人父母是做錯了什麼，那我就不必擔心自己的小孩可能會變成懷恨的極端份子了。就好像我們不會想要認為自己懷恨，我們也不會想要認為「與我們相像的人」會生出懷恨的後代。

除非真是如此。舉例來說，我們或許喜歡認為，暴力極端份子是出自貧窮的「破碎」家庭，甚至似乎反正就是「破碎」的貧窮社區。但記者丹．高瑞姆（Dan Korem）在一九九四年所出版的研究顯示，美國和歐洲的暴力幫派人數在一九八〇年代激增，是受到來自「富裕、上流社區」的小朋友所推升。查普曼大學的社會學家彼特·席米（Pete Simi）是鑽研國內右翼仇恨團體的頭號學者之一，他在對白人至上團體的廣泛研究中發現，右翼仇恨團體的成員在社經背景上的範圍很廣。事實上，另一項研究發現，使白人真正激發出公然種族主義的關鍵，並不是對經濟競爭的恐懼，而是對「種族混合」的憤怒。換句話說，並不是經濟焦慮，而是文化至上主義。**與風行的信念相反的是，恨與暴力不一定是以貧窮為養分，而是有時候會成為有錢人的奢侈品。不管怎樣，恨都不是只出現在某個所得級距中。**

那為什麼會這樣？阿爾諾為什麼會變成白人至上份子？有一個因素可能是，阿爾諾動不動就霸凌和惹事生非，而白人力量運動對這些行為則是加以擁抱和鼓勵。在六年級時，阿爾諾就實際成立了小型幫派，名叫「小朋友解放軍」（Kids Liberation Army），以質疑「老師怎麼老是對小朋友發號施令」。

「我們自認受到了壓迫，因為老師不讓我們打其他的小朋友、在考試中作弊、勒索午餐費——所有這類的事。」在解釋自己在受害者競爭上的不尋常扭曲時，阿爾諾笑著說。但依他回想的方式，他並不是種族主義的霸凌者，而且他小小的小朋友幫派裡甚至有一、兩個成員是黑人。等到他大了一點，跳起了霹靂舞，阿爾諾告訴我：「我都跟五個住在梅庫恩的黑人小朋友鬼混，還有幾個白人小朋友和亞裔小朋友，而且我們成立了小型的霹靂舞幫。」

阿爾諾倒是早早就展現出對恨意欠缺敏感度。他說在八年級時，「有個猶太小朋友……父母剛從俄羅斯來。我不在乎他是猶太人，但他是個圓滾滾的胖小子，正是霸凌的好對象。於是我就開始霸凌他」。

阿爾諾把超級英雄的角色畫成了圖，但不像超人的胸前是S，阿爾諾的角色是在胸前畫上了卍字。在阿爾諾的畫中，「超級英雄」是要把猶太學生斬首，「並對他做盡這些可怕的事」。最後阿爾諾最喜愛的老師法蘭岑（Franzen）先生看到了畫。

「阿爾諾，這個納粹鬼東西是怎麼回事？」法蘭岑先生對他說。

「什麼？我只是亂畫一通而已。」阿爾諾說。「它沒什麼意思。」

「你明知道這是什麼意思。」法蘭岑先生很堅持，「你明知道卍字是什麼意思。你明知道這為什麼會傷人。」

「隨便啦。我只是好玩而已。」當時阿爾諾一臉不屑，「只是畫爽的而已。」可是經過這些年後，阿爾諾告訴我：「我還記得，他對我失望透頂。」

提醒各位，阿爾諾並沒有停止霸凌猶太小朋友，他只是停止把卍字畫在圖上而已。

可別搞錯我的意思：這個故事令人不安。但很多小朋友都會做愚蠢又惡毒的事，而在有意或無意間採用社會上所盲從的借喻。顯而易見的是，我在此就是依經驗來說。不過，阿爾諾在描述他的青春時，讓我最有感觸的，並非它是由任何形態特別強的明顯盲從來定義，而是他的青春壓根就沒有定義。阿爾諾不斷試著要搞清楚自己的適切性，並找到歸屬感，在一個又一個的群體中飄蕩，測試看看自己有多喜歡他們和他們是不是喜歡自己，以及哪裡或許才適合自己。而他從來都不算定下來過。

「**每個人要不是愛我，就是恨我。你要嘛認為我很棒，要嘛就認為我很鳥。介於中間的人其實並沒有很多。**」阿爾諾回憶說，「**那就是我的目標——確定沒有任何人在中間。我要你要不是愛我，就是恨我。**」他說得言之鑿鑿，而且當然是很大聲，但我並不相信他。我的母親魂看到了孤單的小朋友拚命想要受人喜歡。但阿爾諾堅稱，他以惹惱別人為樂，並決定欣然接受當個邊緣人。而就在此時，他找到了龐克音樂。

龐克搖滾向來都是刻意反文化。它是為了反應搖滾變得較為馴化而發展出來，而且就如樂評羅勃·克里斯特高（Robert Christgau）所說：「它也是種次文化，輕蔑拒絕了嬉皮迷思的政治理想主義和加州花朵力量（flower-power）[1]愚行。」傳奇龐克經理人暨攝影師李伊·布雷克·齊爾德斯（Leee Black Childers）曾形容龐克就是一句話，「犯禁」。在一九八〇年代的美國，尤其是白人小朋友之間，龐克肯定是典型的邊緣人音樂。

「我就此跨進了龐克圈，而且這些三十歲的龐克搖滾樂手遍及威斯康辛州東南部、伊利諾州北部和芝加哥，我全都認識。」在我們兩個都再拿了一輪印度自助餐後，阿爾諾告訴我，「我會殺去找他們，把衣服脫了，喝到不省人事，醉倒在某人的沙發上，而且把自己尿得一身。」

1. 嬉皮在一九六〇年代為反戰而以花朵來鼓吹消極抵抗和非暴力。

假如爸爸嘗試把家門擋住，阿爾諾可是魁梧多了，他就會把爸爸扛起來挪到旁邊。就我所能理解，阿爾諾的父母的確試著要幫助他，但阿爾諾的回應卻是開始把大部分的時間都花在家外。最後他發現自己受到龐克圈內的光頭幫所感召，這也使他投入了白人力量運動。

光頭是龐克搖滾樂手的次文化，他們會把頭剃光，所穿的制服為鋼頭靴、圓領衫和牛仔褲。光頭風起初是無關政治的勞工階級反文化運動，以回應一九七〇年代浮誇的資產階級。可是到了一九八〇年代，有很多光頭文化遭到了新納粹挪用。雖然光頭不全然是種族主義，龐克搖滾樂手也不全然是光頭，但種族主義文化和龐克文化常有所交集。

「有反種族主義的光頭，有種族主義的光頭，在中間還有真的是哪邊也不鳥的跨界光頭，而只想要喝酒打架。」阿爾諾告訴我，「我當時就是那樣。喝酒打架的那種光頭。」

「後來我聽到了Skrewdriver樂團，那把我帶進了種族主義的區塊……我並非像是『我恨黑人，我需要用一種方式來把它表達出來』。」阿爾諾幾乎是用喊的，使我不禁想說，寶萊塢燒烤餐廳裡的每個人是不是只聽到了「我恨黑人」的部分。

那時候Skrewdriver是世界上最紅的新納粹樂團。順帶一提，我並不曉得這點。但我上了維基百科去查。後來我在YouTube上發現Skrewdriver有一首歌叫〈白人力量〉（*White Power*），並試著去聽，但對耳朵好傷，更不用說是對我的心了。於是我便上亞馬遜網站去查該團體，得知Skrewdriver的專輯還在販售，而且他們一九八四年的專輯《迎向新黎明》（*Hail The New Dawn*）有十五筆評分，除了一筆，全都是五顆星。我也得知了，假如你在亞馬遜網站上查白人力量樂團，此後至少有好幾個月，你會收到各種鏈結跳出來推薦你或許喜歡的其他種族主義專輯。總之，聽阿爾諾所說，他在聽到Skrewdriver前並不是種族主義份子，聽到Skrewdriver後才是。

來到此時，阿爾諾一直聊，我卻是另有所思。我發現，他的故事在這個部分深具警世性。阿爾諾比我大七歲，所以我在念中學時，龐克音樂沒那麼流行了。另外，我不聽流行歌。於是我就聽女同志民歌。阿爾諾在聊到Skrewdriver時，我不禁開始思索，在錯的時候聽了錯的音樂，就能使他變成堅定的種族主義暴力份子嗎？畢竟聽藍色少女合唱團（Indigo Girls）並沒有使我自動就變成女同志，不是嗎？必定是因為他的父母、密爾瓦基的郊區，或是他的學校環境，或者是受到一九八〇的時代氛圍影響。有辦法怪到隆納・雷根（Ronald Reagan）[2]頭上嗎？我試著找出我所能抓住的任何事來呈現出，阿爾諾淪落為白人至上份子，基本上不單是拜恰巧遇到錯的樂團所賜。

但我愈了解白人至上團體的本質，就愈意會到阿爾諾的故事有多貌似成理——這樣的隨機灌輸其實還滿常見。學者彼特・席米訪問過上百個新納粹和三K黨的前成員，並解釋說**大部分的白人至上份子主要不是在尋求加入仇恨團體，而只是在尋找歸屬**。他說他們從旁「陷進去」多是為了同袍之情而非教義，所以要等到已跟團體中的人結交，他們才會全面正視運動中的種族主義信

2. 美國前總統。

念。「意識形態很重要，但不必然是起初把人拉進團體的誘因。」席米寫道，「意識形態常是早早就有，但並不是非常具體。就像是或許會有零碎的意識形態在早期吸引人，但鮮少有人是全盤搞懂了意識形態，然後才去把團體找出來。隨著人對觀念變得更熟悉，意識形態就會逐步變得更重要。」

事實上，有研究顯示，成員本身多是先選擇了加入暴力團體，才學著去擁抱暴力，繼而更加強化團體的身分認同。針對我們如今或可稱為「暴民心態」（mob mentality）的早期思考，法國社會學家古斯塔夫．勒龐（Gustave Le Bon）在一八九五年時寫道：「光是組成部分有組織群眾這件事，就會使人在文化的階梯上降好幾級。人孤立時或許是有教養的個人：到了群眾裡，他就是野蠻人。」這是滿極端版本的同儕壓力。但彼特．席米說，他遇過仇恨團體的活躍成員告訴他，對於團體的意識形態面向，他們甚至並非全都相信。

席米的說法獲得了其他的學者印證。二〇〇二年時，社會學家齊亞德．蒙森（Ziad Munson）出版了對擁護生命行動人士的研究。他發現大部分人並不是因為秉持著深切的信念，才加入反墮胎運動，反倒是參與運動後才深化了本身的信念。事實上，蒙森發現：「有很多個人變成行動人士，其實是抱著可有可無的心情。而且在許多個案中，他們在親身參與前，對墮胎的看法都是堅定擁護選擇權。」

前聯邦檢察官暨國會調查員肯．貝倫（Ken Ballen）訪問了一百多個暴力穆斯林極端份子，試著了解他們參與攻擊西方的動機。在泰半的時候，貝倫並沒有發現激烈的意識形態，而是見到尋求意義或歸屬的人說，他們是在恐怖份子的網絡中找到了意義與歸屬，接著才變得激進化。這就是為什麼當貝倫根據六個這種極端份子的密集側寫來寫書時，他會把書名取為《戀愛的恐怖份子》（*Terrorists in Love*）。貝倫所說的一個故事是，沙烏地阿拉伯的年輕女生從小時候就談戀愛，但遭到了禁婚。年輕女生被迫要嫁給強暴她的六十歲男子。後來她企圖自殺。兩個年輕情侶想要自盡，好讓他們來世能在一起，但社群的伊斯蘭律法說，傳統的自殺會使他們面臨永世的處罰。於是他們轉而簽約去當自殺炸彈客，極端份子相信這在天堂會受到稱許。令人難以想像的是，他們的懷恨行徑是受到戀愛與渴望歸屬所激發——在這個案例中則是歸屬於彼此。

但擾人的問題依舊：**為什麼是透過恨來尋找歸屬？**假如淪入仇恨團體的人只是在尋求連結的正常人類，那人性到底是出了什麼毛病，才會使我們要靠刻意分裂、甚至是輕蔑他人來找到歸屬？而且不要以為這只適用於新納粹。對種族主義的玩笑發笑，或是坐在餐桌前聊著國內的另一半人有多蠢，不也是一種仇恨的聯繫嗎？假如想到了這點，我們全都做過這種事：為了試著與某一票人打成一片，而以大大小小的方式來講另一票的壞話。「**群體過程就像是個人過程，是動態而非靜態，會變動而非不變。**」學者詹姆斯．沃勒（James Waller）寫道。

總的來說，我們人類喜歡互相連結是好事。確切來說，我以為更多的連結是解決恨意所必備的一環。但我們也需要因應黑暗面。

基於某種原因，每當想到部落意識時，我就會想到青春期前在艾倫鎮外的猶太社區中心日間營隊（Jewish Community Center Day Camp）所度過的夏季。每年夏季，我們都會舉行顏色大戰。

營隊區分成紅藍黃綠等隊，我們要在游泳比賽和奪旗競賽中彼此「對抗」。我格外記得每年都要一拚高下，看看誰能吃掉一大把鹹餅乾，然後先把哨子吹響。我對此十分擅長。顏色大戰多半是為了好玩，但小朋友都很認真，包括在當週都會穿著指定隊色的衣服，並以謾罵和整人來嘲笑其他顏色的隊伍。

我一直認為很有意思的是，一群原本在夏季的其餘時間都是彼此友善、甚至是親密的小朋友，怎麼能突然就變成惡戰的人馬，只因為我們被隨機指派成藍色或黃色。後來我看了羅伯斯山洞（Robbers Cave）研究，它就全說得通了。

一九五四年，社會心理學家穆扎費·謝里夫（Muzafer Sherif）邀請了二十二位約莫是十二歲的白人清教徒中產階級男生，來參加三週的免費夏令營，並由奧克拉荷馬大學的教員擔任工作人員。羅伯斯山洞是營地的名稱，因此研究也是。謝里夫把男生分成兩組，而且各組在第一週都沒見到對方。事實上，他們有好幾天都不曉得另一組在營隊裡，研究人員把他們小心地分開。

在那段期間，男生都在區內閒晃，挑選他們最愛的活動。一組花了很多時間游泳，另一組則是在溪裡泛舟。各組都接到了若干蓄意為之的任務，使他們必須為了共同目標而一起努力。在謝里夫和團隊從旁觀察下，男生在組內合作，並訂立了常規來劃分職責，像是獨木舟由誰來扛，或是營火的木柴由誰去撿。小朋友甚至決定取組名。一組自稱響尾蛇，另一組自稱老鷹。

後來過了幾天，謝里夫讓兩組得知了彼此的存在。一邊是由工作人員來告訴男生，另一邊則是男生在無意間聽到另一組在打棒球。兩組立刻就問工作人員，他們能不能跟另一組在競賽中較量。謝里夫寫道，他們互相發現「所凸顯的是察覺到了『我們』和『我們的』」，而且引發了「與另一組較量的強烈渴望」，但這並非全部。有人在無意中聽到，老鷹組的一個男生把響尾蛇稱為「那些老黑營隊員」，雖然他都還沒見到他們，而且再怎麼說，小朋友全都是白人。但顯然在那個白人小朋友的心裡，黑人就等同於他人。

在研究的第二週，謝里夫確實就讓各組在若干的運動競賽中彼此拚鬥，敵意便隨之加溫，並擴散到了賽場外。響尾蛇贏了棒球賽和接下來的拔河賽後，老鷹便把響尾蛇的旗子偷走並點火燃燒，然後把燒剩的部分重新掛上。隔天老鷹贏了比賽，響尾蛇便去搜他們的小屋。老鷹威脅要收集石頭攻擊響尾蛇，但大人阻止了他們。話雖如此，到當週的尾聲，兩組人卻開始鬥毆，稱彼此為「噁爛的膿包」和「娘娘腔」。這些侮辱帶有階級歧視和性別歧視的味道，這並非偶然。

謝里夫呈現的是，光是把背景原本極為相似的小孩隨便分組，然後讓他們彼此較量，就足以使他們開始恨「對方」。以謝里夫的話來說，他們的恨「從頭到尾就是由實驗造成的」。然而，研究還有一週要進行，而且令人好奇的是，謝里夫的研究最不常受到報導的就是最後這部分。接下來所發生的事令人鼓舞，不下於頭兩週的令人沮喪。但我們會回頭來談這點。

二〇〇七年，凱瑟琳・金斯勒（Katherine Kinzler）和哈佛的同事做了截然不同的研究，並顯示出我們認同內群體的傾向在很大的程度上是從嬰兒期就開始，而且或許是生性如此。金斯勒和團隊找了一群家人只說英語的五個月大寶寶，播了兩段影片給他們看。一段影片是女子在說英語，另一段是女子在說西班牙語。接著給他們看的畫面則是，兩位女子肩並肩沒說話。在嬰兒心理學的研究中，喜愛或興趣的標準度量衡是注意力。對於自己比較喜歡的事物，寶寶顯然就會盯得比較久。在金斯勒的研究中，寶寶對說英語的人盯得比較久。在其他的研究中，研究人員則發現，嬰兒比較容易去拿跟自己說同樣語言的人所給的玩具，而且連對說同樣語言的人，嬰兒所偏好的也是自家的口音，而不是「外國腔」。心理學家照例會舉出這些和其他的實驗，以當成我們對「同類」內建有演化偏好的證據。

但在謝里夫的羅伯斯山洞研究中，頭兩週的一大重點在於，我們或許的確生來就容易把世界區分成內群體和外群體，並對外群體抱著敵意，但我們設計這些群體的方式卻不是如此。「**人類在榮譽守則上會從一而終，但對於守則要套用在誰身上，則會沒完沒了地翻來覆去。**」演化生物學家威爾森寫道。威爾森繼續說到，在區別內群體和外群體時，「分界線的確切位置會輕易就來回移動」。

其實有名為「最小群體理論」（minimal group theory）的學術研究領域顯示，我們有多輕而易舉就能把內群體／外群體的本能套用在原本無稽的類別上。舉例來說，神經心理學研究員傑伊．凡巴韋（Jay Van Bavel）所做的研究是，先對白人受試者測試種族偏見，再隨機分派到以獅子和老虎為綽號的混種群體中。接著凡巴韋去重測白人受試者，他們所得到的種族偏見分數就降低了，只因為他們對多種族的群體劃分突然有了這層薄弱到不行的認同。凡巴韋發現，「光是屬於混種團隊，就會挑動與本身群體中所有成員的正面自動關聯而不分種族」。

所以六歲這麼小的幼兒固然是對本身的種族群體展現出強烈的偏好，但同樣重要的是，研究中顯示在此年齡前的小朋友並不會展現出種族偏見。而且連比較大的小朋友真的展現出種族偏見時，科學家也能輕而易舉就誘發人為的內群體偏見來迅速壓過種族成見。

以下是很好的例子：二〇〇一年時，心理學家蕾貝卡・畢格勒（Rebecca Bigler）和威斯康辛大學麥迪遜分校的同事在為期三到六週的暑期班期間，對小學生做了一連串實驗。在各場實驗的開頭，研究人員對有的小朋友發了黃色圓領衫，對有的小朋友則發了藍色圓領衫。我又想到了顏色大戰……但這次不同。在控制組中，小朋友只是穿上圓領衫，並繼續從事平常的暑期班活動。在一個實驗組中，老師完全沒有依照圓領衫的顏色來區隔小朋友，而只是給了標籤線索。例如老師會叫小朋友依照圓領衫的顏色來排隊，或是用圓領衫來替活動分組。然後在另一版的實驗中，則是有激勵海報貼在教室四周，主要是在顯示藍色圓領衫小朋友的勝利角色——贏得競賽、當選班長等等。該實驗組的學生全都獲得告知，海報是在反映小朋友在前一年班級上的成就。

所以發生了什麼事？或許不令人訝異的是，看到所有藍色圓領衫激勵海報的小朋友到實驗結束時，形成了擁護藍色圓領衫的顯著偏見。但連在只以據稱是中性的方式來指出圓領衫顏色的版本中，小朋友還是形成了偏見。他們始終是對本身顏色的組別賦予較正面的特徵。他們也以本性論來論斷彼此，在組內的個人身上所看到的差異比控制班的小朋友要少。「小朋友開始認為，藍色與黃色不同。」畢格勒寫道，「在此之後，非常快就成形的念頭是：『藍色比黃色優秀。』」

人為創造的最小群體在成人身上也能誘發出內群體偏見和外群體歧視。一九七三年時，社會心理學家亨利・泰弗爾（Henri Tajfel）做了「最小群體」研究，給各組的青少年看好幾幅畫，然後（錯誤和隨機地）告知，他們展示出偏好的要不是保羅·克利（Paul Klee）的畫作，就是瓦西里·康丁斯基（Wassily Kandinsky）的作品。接著在事後派他們去分配資源時，愛克利的人便歧視愛康丁斯基的人，反之亦然，即使歧視對自己並沒有實質上的好處。泰弗爾寫道，研究「沒提到任何這種實質上的相似之處，就以顯性的隨機方式訂出了社會類別」。

說了也不為過的是，我們並沒有固著的生物本能會拒絕把資源給世紀之交俄羅斯畫家的粉絲，就好像這些和其他不少的研究都顯示，我們並沒有生物本能會以膚色、族群或種族來歸類彼此，遑論是據以歧視人。那些類別也是編造而來，但編造它的是整個社會，而不單是某個研究團隊。

種族正義的倡導者布萊恩·史蒂文森（Bryan Stevenson）是我在法學院的其中一位教授，他常說：「**奴役並沒有在一八六五年結束，而是演化了。**」史蒂文森說，尤其是種族差異的敘事從來就沒有完全消弭掉，而是以白人本來就高人一等和黑人本來就低人一等來當成奴役、隔離，以及過去和當前各式各樣暴力的藉口。「**我們固然通過了民權法，卻從來沒有正視這番種族差異的敘事所造成和持續造成的危害。**」史蒂文森說。

組成群體的傾向或許是寫在我們的演化DNA裡，但我們真正看到和賦予意義的群體，卻是國內歷史和文化DNA的產物，因此依種族或我們所感知的其他類別來區分也是。這表示它是深植在我們的骨子裡，但這並不表示它本來就是這樣或無可避免。「**我們或許有天生的偏見會偏愛某些群體，但我們顯然並非生來就是種族主義份子。**」在回顧此學門的研究時，認知科學家保羅·布魯姆（Paul Bloom）下結論說。

事實上，雖然內群體和外群體的歷史和文化傾向或許很突出，尤其是在像種族、性向或經濟階級的身分認同上，但深刻到不行的領悟是，單單靠研究人員說你是康丁斯基組或老虎的一員，連這些深受社會陶冶與增強的仇恨類別都能在幾分鐘內就失效。幸好，反過來也是一樣。即使我們粗暴、懷恨的歷史或許會引燃我們某些形態的他者化，但我們仍有本事去改變。

所以阿爾諾．米凱利斯固然肯定要為他的種族主義負起個人責任，但他就跟我們其他人一樣，是生物與社會制約的產物。這點有它的平等之處，但也令人驚駭。還記得阿爾諾並不指望當個白人至上份子，而是要尋找歸屬，卻「陷進」了顯性的種族主義中。而且他能陷進種族主義中，這件事說明我們的社會習於複製種族偏見與恨意，而不單單只有阿爾諾會這樣。另外，阿爾諾並不是唯一在尋求歸屬時「陷進去」當了新納粹的人。

「恨後人生」（Life After Hate）是美國前右翼極端份子的團體，現在正輔導其他人逃離仇恨運動，安琪拉．金恩（Angela King）則是現在的副主任。二十年前，安琪拉是種族主義光頭團體的一員，最後因為參與武裝搶劫猶太人所開的商店而入獄。安琪拉在電話中告訴我，她小時候飽受霸凌，於是就變成霸凌者來保護自己：「**我頻頻告訴自己，假如我是動手霸凌的人，那就再也沒有人能羞辱我了。**」她由此而變得社交孤立。「**我沒有人可以靠。**」安琪拉說，「**我沒有堅實的朋友群。我感覺起來像是沒人接受。**」安琪拉到處去尋求她所能找到的歸屬，包括加入當地的幫派。可是等她遭到強暴時，她便逃走並遇到了納粹光頭團體。她說她在找的不是恨。她在找的是能讓她感到安全和有連結的地方，而她在仇恨團體裡找到了。

安琪拉的朋友湯尼．麥卡利爾（Tony McAleer）也在電話上，他插話說：「那是在脆弱的狀態下，在錯的時候遇到了錯的人。」湯尼說，安琪拉「在找的是能緊抓不放的東西」。

湯尼應該懂。他替白人亞利安反抗組織（White Aryan Resistance）當了多年的招募人員，而在為運動招募年輕人時，他並沒有試著以公然的種族主義訊息來引他們上勾，反而是去因應他們在歸屬上的需求。他在現今的ISIS身上則看到了同樣的策略。他在《Vice》雜誌的訪談中說：「假如去看ISIS在歐洲招募小朋友的技巧，它並不像是以變成伊斯蘭學者的觀念來推銷。他們找到這些幾近犯罪的小朋友，對他們推銷透過該團體所能找到的目的感和意義感。」

話雖如此，為什麼不去加入西洋棋社？或是某種怪異的變態性愛團體，假如他們超愛暴力的話？我們渴望屬於某個內群體，是不是必然會導致仇恨某個外群體？演化生物學家說不是。不管我們定義的群體劃分是什麼，我們都有生物上的本事去恨這些群體或幫助他們。這兩者都是我們與生俱來的本能。

也許就像是性愛和暴力在好萊塢有銷路，它在人類學博物館可以說也有銷路。因為每當我帶女兒薇拉去不管哪間自然史博物館，總會有爬滿的仿真模型展示史前人類在彼此斬首，或是同等粗暴的東西。但在另一側的小小展間裡，無疑會有他們一起努力製作的工具收藏品，以及呈現出他們所建立的原始村落。就連希臘和羅馬歷史的展示品，似乎都比較強調戰爭和暴力，而不是觀念、建築和藝術。我們為什麼會比較注意競爭的歷史，而不是合作的歷史？

事實在於從爬行的類猿人演化成如今的現代直立型生物時，我們有數十萬年都是住在遊牧部落裡。群體的不同成員負責的任務要不是狩獵，就是採集，或替每個人抵擋掠食動物。**「現代群體在心理上就相當於古代史中的部落。」**生物學家威爾森寫道。而且我們對內群體的偏好可能就像是演化上的感謝之意。

有些人類演化專家曾試著主張，群體間的暴力在這段早期年代很常見，因此對外群體的暴力八成也是生性如此。隨著人類群體演化，這據稱就是戰爭和大肆殘暴的根源。但科學家日益認同的是，人類並不是天生就容易懷恨與暴力，或者起碼不只是如此。而且我們傾向於組成群體，不必然就是與任何的暴力傾向相關。

事實上，我們人對於同理心、利他和與他人合作，也有很強、甚或是更強的本能。對於早期人類暴力的證據，認知科學家史迪芬・平克（Steven Pinker）做過徹底的研究，結論是：**「人性或許會去擁抱導致侵犯的動機，但也會擁抱像是同理心、自我控制和理智的動機，在對的情況下就能壓倒侵略性的衝動。」**

「人有交戰的本事，沒有人會否認這點。」人類學家道格拉斯・弗萊（Douglas Fry）說，**「但如果要說它是人性的中心環節，那就是大大偏離資料了。」**

這種看法的其餘證據是來自我們最近的生物親戚黑猩猩。德國萊比錫的心理學家馬丁・舒梅茨（Martin Schmelz）和賽巴斯丁・格林奈森（Sebastian Grüneisen）訓練了一群黑猩猩玩分享遊戲。在遊戲的一端，年輕的母黑猩猩名叫泰依，泰依有四條繩子可選。一條繩子只會給泰依自己香蕉粒，一條會給另一頭黑猩猩一粒，一條會對雙方都給一粒，最後一條繩子則允許泰依跳過選擇的機會，而讓另一頭黑猩猩選擇要拉四條繩子的哪一條。

但重點來了：在另一頭黑猩猩不知情下，研究人員把泰依訓練成總是拉最後一條繩子，因此就把她的機會給了另一頭黑猩猩。那另一頭黑猩猩會怎麼做？足足有75％的時候，牠所拉的繩子都是對自己和泰依都給香蕉粒，在某種意義上就是酬謝泰依的行為。

但接下來才是合作的真正考驗。團隊重複實驗過程，但在泰依放棄機會後，另一頭黑猩猩可選擇給自己四個香蕉粒，而對泰依什麼都不給，或是對自己和泰依都只給三粒。所以把粒數給了泰依就代表自己拿到的粒數會變少。在控制測試中，受試的黑猩猩只有17％的時候會分享粒數，可是當牠看到泰依捨棄機會，而把它給了自己時，黑猩猩就有44％的時候會分享粒數，即使它代表自己拿到的粒數變少了。這項和其他許多類似的研究印證了，在舒梅茨和格林奈森稱為「人類合作標記」的那種互惠本能上，連我們的哺乳類祖先都是與生俱來。

而我們也是。在另一項研究中，三十六頭黑猩猩和三十個十八個月大的嬰兒各自待在房間裡。現場有陌生人，以及陌生人假裝明顯想要的某樣物品。物品放在陌生人搆不到的地方，但黑猩猩和幼兒可以。當陌生人去搆物品但明顯拿不到時，過半數的黑猩猩和幼兒都會幫忙陌生人，而把物品遞給他，即使黑猩猩和幼兒本身並沒有因為和善而得到任何酬謝。研究人員報告說：「唯一發現的物種差異是，人類嬰兒在幫忙時比較快。」幼兒會更快就為了利他而去幫忙陌生人。

心理學家法蘭斯．德瓦爾（Frans de Waal）投入了職涯去研究靈長類動物，並拿牠們的行為來跟人性比較。他主張，這種同情心與善意回溯到古代的演化上——「八成就跟哺乳類和鳥類一樣古老」。所以，渴望歸屬或許是把人帶進仇恨團體的部分成因，但那股生性就有的同理心拉力原來就是極端主義仇恨強而有力的解藥。就如同尋求歸屬把阿爾諾帶進了白人至上組織，幫助他逃離的則是在其他地方找到了那份歸屬感。

首先，阿爾諾當爸了。他遇到了卡珊德拉（Cassandra）。「卡珊德拉是原芝加哥區光頭黨（Chicago Area Skinheads）的一員，那是國內第一個白人力量幫眾。」阿爾諾解釋說，「她長得像是史嘉蕾．喬韓森（Scarlett Johansson）。她絕對是美到電死人，而我就說了『哇塞』。」

他們之間所交流的顯然不只是「哇塞」，一年後，他們的女兒就誕生了。他們替她取名為米亞（Mija），就是Mia的北歐拼法，是適切的亞利安名。但不久後，卡珊德拉有了成癮的問題。她和阿爾諾一拍兩散，米亞的監護權則歸他所有，他突然就成了單親爸爸。

後來阿爾諾在新納粹運動裡的摯友鋃鐺入獄，另一個遭到槍殺身亡。尤其是身為新手爸爸，這些事讓阿爾諾頗為震撼，並質疑起自己所過的日子。於是他開始尋求新的人生。

「我是在一九九四年從運動中離開。」阿爾諾告訴我，「然後到一九九六年時，在某個週六的早上四點，我在芝加哥南區又髒又破的倉庫裡，隨著浩室（house）音樂扭腰擺臀。在場的三千人有世上各種可能的族群、性傾向和性別認同，而且像是充滿了搖頭丸，對它的每一秒都愛到了極點。」

阿爾諾覺得受到了接納。「我坐在地板上，暈頭轉向到渾然忘我。」阿爾諾回憶說。有個女子坐在他身旁。「我們替彼此搓背，做著渾然忘我的事。」我猜是指毛手毛腳的事，人在渾然忘我時顯然就會這麼做，不過我可不曉得這種事。

「她把我的手臂搭在她的大腿上，像這樣搓著卍字。」阿爾諾邊說，邊撫摸著自己的前臂。

「她就說了：『這是什麼？』」

「我就說了：『我當過光頭黨。我真的覺得很糟糕。』」

「她就說了：『再也不是了，對吧？』」

「我就說了：『對，完全不是了。』」

「她就說了：『喔，那好。』」

此時阿爾諾來回猛轉頭和肩膀，以模仿跳舞的樣子，並發出咚滋、咚滋、咚滋的電音聲，以顯示它就是這麼容易。經過就是這樣，然後他們就回去跳舞了。「每個人都是這樣。」阿爾諾說。

「同性戀黑人、跨性別人士，以及我一看到就會攻擊的人，他們全都接納我，並填補了那個落差，就是運動在我的人生中所留在那裡的那個洞。而且它好多了。」

這裡起碼有一個啟示：渾然忘我和辣妹比便宜的啤酒和酒後鬥毆要來得爽。我並不是以自己的親身經驗來說，但我滿確定這是真的。

「我一跨出自己所置身的這個意識形態框框，就開始一路狂奔了。」阿爾諾告訴我。他跑離了舊人生，並以同樣的熱情擁抱了新人生。

「那你在社交圈裡的其他人呢？」我問道，「你所有的朋友呢？」

「在一年內就被銳舞圈全部取代掉了。」

當白人至上份子為阿爾諾帶來了歸屬感，但原來銳舞也行。而且音樂更好，藥更好，而且人讓他更喜歡。阿爾諾跳出新納粹圈，幾乎就跟他陷進去一樣快，並找到了另一個能讓他歸屬的地方。近來阿爾諾把酒跟藥整個都戒了，成為虔誠的佛教徒。真的。

假如阿爾諾改頭換面帶給你的感觸是隨意和偶然到駭人，甚至是荒謬，那我跟你有同感。起初全是因為入錯了團，現在則是開對了趴？我內心的控制癖所想要的是，進入和離開仇恨極端主義都是刻意得多，就像是事涉一票穿著長統靴的巡迴招募人員，跟他們的目標一樣容易辨識，因此也一樣容易讓人敬而遠之或打亂。聽完阿爾諾的故事，我不禁想到，我認識有人曾對海洛因或快克上癮。依你所想像，那不會發生在「正常人」身上，然後你就意會到，你認識的一群正常人正在受到磨難，或者甚至垂死。我們認為事情不可能發生在「像我們這樣的人身上」，它卻經常已經發生在我們的周遭了。

維吉尼亞的夏洛茲維爾（Charlottesville）在二〇一七年的挺三K黨遊行過後，行動人士麥可・史柯尼克（Michael Skolnik）便針對白人至上份子提出了這點。「各位白人，是時候去跟家人、（過去和當前的）朋友、同事、大學室友、高中同學、運動隊友、鄰居、教友和青年團體、兄弟會中的兄弟和姐妹會中的姐妹懇談一番了。」他的意思是，參與這些最顯性與最極端懷恨形式的並不是那些人，而是「我們的自己人」，有時候則是我們自己。我們必須幫忙帶頭找到出路。

克里斯汀・皮喬里尼（Christian Picciolini）是恨後人生組織的另一個成員。當他開了唱片行，心態就開始改變了。他賣的是白人力量音樂，但也有龐克、斯卡（ska）和金屬樂。突然之間，他互動的人範圍更廣了。「他們有黑人、猶太人、同志、西語人士。」克里斯汀說起了他的客人，「我無法否認的事實在於，我開始經由像音樂和鄰里這樣的事來與他們結交。」

梅根．菲爾普斯－羅珀和@Jewlicious也是透過音樂來結交。

至於安琪拉．金恩，當她因為搶劫那家猶太人所開的商店而遭到定罪，並在獄中遇到了黑人和拉丁裔女性，她的人生就改變了。「我覺得自己最無顏以對的人，卻以和善與同情心來對我。」安琪拉告訴我，「他們的和善融化了我。我不曉得該拿它怎麼辦。」而湯尼．麥卡利爾就像是阿爾諾，改頭換面的原因有一大部分是來自當了爸爸。湯尼回憶起當時：「愛起來又覺得安全了，因為愛孩子很安全。他們拒絕不了你，」他說，「他們羞辱不了你。」

我們生性對歸屬的渴望可以駕馭成好或壞——利他或懷恨。屬於家庭、屬於有同理心的社群，甚至是屬於嗨到一塌糊塗的電音舞者，所能帶來的包容、公平與正義就跟渴望歸屬所能帶來的恨一樣多。這就是連結空間很重要的地方——創造機會來讓我們跳脫眾所周知的泡泡，不管是偶然或刻意。

但要說清楚的是，以人的基本相同點來連結，並不代表要忽視或掩蓋我們之間的差異。就好像我們所來自的家鄉和所加油的運動隊伍，我們的性別、性向和族群，在我們的身分認同上也是重要又寶貴的一環。例如有些保守派喜歡表示，為了指出不平等和提出解方的目的，連承認種族分類都等於是種族主義。然而，像是《沒有種族主義份子的種族主義》（*Racism without Racists*）

的作者艾德瓦多・波尼拉－席爾瓦（Eduardo Bonilla-Silva）等社會學家卻主張，在我們身上和周遭的體制中，都有形式比較隱而不顯、但還是蠢蠢欲動的偏見，而意識形態實際上會使我們對偏見盲目，就像「色盲」一樣。

還記得蕾貝卡・畢格勒對小學生的研究，創造出偏見的不單是穿藍色圓領衫或黃色圓領衫，還有小朋友因為圓領衫的顏色而受到差別待遇的事實。現在想像一下，差異不在於所能穿脫的圓領衫，而在於膚色，並糾結交織著不管是特權或歧視的所有歷史和習慣，使深色皮膚的小朋友與淺色皮膚的小朋友受到了差別待遇。忽視問題會是解答嗎？舉例來說，假如老師因為社會灌輸給小朋友的身分認同而給予差別待遇，我們卻連這些身分認同都不該談，那要怎樣才能解決這點？如大法官哈利・布雷克蒙（Harry Blackmun）在一九七八年維護平權作為的最高法院裁決中所寫：「為了超越種族主義，我們就必須先考量到種族。別無他法。」連結空間必須用來促進有助於我們辨識的思考，進而開始針對使我們產生歧視待遇的歧視感知來揭露形式。**我們可以了解和尊重彼此的差異，同時體認我們的共通人性。**

概括來說，這就是穆扎費・謝里夫在羅伯斯山洞實驗的最終階段所發現的事。回想在營隊的第一週期間，兩組各自結交，並組成了特殊的群體身分認同——響尾蛇和老鷹。當他們得知彼此的存在時，便急著要競爭。等謝里夫讓他們在各種比賽中互相拚鬥，像是拔河，並發獎品給他們，他們就踏上了征途。但在研究的第三和第四週，謝里夫卻又改變了情勢的走向。而且在人為創造出我們／他們的區別、激烈的競爭、甚至是恨意後，謝里夫後來也一樣容易就使這一切再也無所謂了。

單是靠少數共有的經驗，情勢就迫使他們一起努力去解決問題。起初謝里夫和團隊突然就把水管給堵住，使響尾蛇和老鷹都必須解決缺水問題。到了隔天，工作人員說能租電影來看，但前提是營隊隊員全都幫忙付錢。後來在通宵宿營之旅的途中，有一輛廂型車「壞掉」了。小朋友全都動手來修廂型車，隔天它又「壞掉」時，全體都同意在剩餘的旅途中可以共乘廂型車。到營隊的最後一晚時，男生全都交錯地坐在一起，「不分響尾蛇和老鷹」。謝里夫在研究的從頭到尾都對男生做了意見調查，發現「**對『他人』一面倒的敵意換成了一面倒的正面感受**」。營隊結束後，搭車回奧克拉荷馬市時，為了買零食，廂型車停了下來。靠競賽獲勝而拿到額外獎金的響尾蛇拿它買了麥芽糖——給自己和老鷹。

當然，跟一群男生在夏令營中隔離幾週的情勢比起來，現實生活要複雜得多。但就像這些男生，我們可以用本能來組成和結交內群體，以煽動對外群體的憤慨與恨意，或是把我們的內群體感加以擴展，重新定義及擴大我們的道德包容圈，並點燃相互的理解和同理心。

附帶一提，阿爾諾．米凱利斯仍自認是白人。他並沒有假裝或忽視自己的身分認同，他只是不當白人至上份子了。我們的身分認同並不是問題。我們針對這些身分認同所做的選擇，以及我們和社會賦予它的意義，那才是問題。阿爾諾為他的部分人生做了一次選擇，然後改變心意，做了不同的選擇。我們也可以做不同的選擇，轉身離開恨意。

我們多是在談顯性、有意識的恨，像是公然的白人至上份子所擁抱的那種。只不過我說過，我對恨的定義要廣泛得多，還包含無意識的偏見。或許顯而易見的是，顯性的恨並非無可避免。幸好我們看到，它在我們的歷史上不時會消退。但無意識的偏見與恨意似乎更難解決，有部分是因為它更為普遍，也因為依照定義，我們甚至不見得會察覺到它。**對於我們甚至不見得知道自己抱持的恨，我們該怎麼來思考和因應？**

第四章

無意識的恨：川普的支持者

假如你愛和平，那就要恨不正義，恨暴政，恨貪婪——但你該恨的是你內心的不正義、暴政與貪婪，而不是恨別人這麼做。

——聖雄甘地｜印度精神領袖

一想到這點就滿令人欣慰的——世界上唯一的一種恨，就是我們在公然的白人至上份子身上所看到有意識、顯性的那種。這樣我們就會知道自己面臨的究竟是什麼，並能以同等的顯性方式來鎖定它，像是在新納粹份子上街遊行時公開打臉（經過二〇一七年在夏洛茲維爾的示威和暴力後，有很多人馬上就這麼做了，雖然川普並沒有）。我們近期所受到的提醒是，舊的阿爾諾．米凱利斯有不少的翻版，加上更多的現代主流版，像是所謂的「另類右翼」，而且美國的很多政治領袖和組織還是會公開對移民、穆斯林和跨性別人士表現出顯性的恨意。但在等於是靠奴役黑人所建立起來的國家裡，後來還制定了種族隔離政策及縱容私刑，幸好公然的恨並沒有像曾經那樣廣為社會所接受，或是在政治上受到擁抱。這就是白人至上份子近期激增為什麼會使這麼多美國白人感到訝異。

且容我說清楚。我相信現今大部分的美國人其實並非有意識地贊同種族主義，或是其他大部分受到公然盲從的信念。話雖如此，非裔美國人遭到拘禁的比例甚至是白人的五倍，在相同罪行上所遭判的刑期也比較重。在相同的工作上，女性賺的比男性少。年輕的ＬＧＢＴ是不成比例地容易成為遊民。黑人和拉丁裔美國人的失業率幾乎是白人的兩倍。假如大體來說，我們不再是公然盲從，那這些露骨的不正義是如何長久存在？

有大量的研究把一些過錯歸咎於我們的無意識偏見，或是如學術界所稱的「隱性偏見」（implicit biases）——由於系統性的種族主義和普遍的刻板印象充斥社會，這些態度和錯誤感知灌輸到我們的腦海裡。身為性別歧視社會的產物，我們全都有的偏見是，重男性和陽剛而輕女性和陰柔。身為種族主義社會的產物，我們全都有的偏見是，重白人而輕有色人種。身為階級歧視社會的產物，我們全都有的偏見是，重富人而輕窮人。諸如此類。我們並非有意識地抱持這些信念，它們像是我們已逐步習慣的深層反射作用。它們已編碼在我們的腦子裡，繼而的運作方式則會在接下來增強全社會的偏見。

在寫到長久的種族不平等時，社會學家艾德瓦多．波尼拉–席爾瓦表示：「當今的主要問題並不是戴兜帽的人，而是穿西裝的人。我們愈認定種族主義的問題只限於三Ｋ黨、出生地懷疑派、茶黨或共和黨，就會愈不明白種族宰制是集體的過程，而且我們全都在這個局裡。」

只不過，要白人看到系統性的種族主義可能很難，因為它鎖定的不是他們，而且社會也不談論。如波尼拉－席爾瓦所指出，大部分的白人都相信，種族主義跟公然或顯性的成見式思考或作為是同義詞，但對有色人種來說，「**種族主義卻是來自系統或體制**」。有色人種社群天天都在承受系統性種族主義的諸多效應。有很多白人並不承認系統性偏見的現實，有部分是因為對於我們帶有偏見的那些社群，我們其實不了解他們的經驗和觀點，有部分則是因為我們並不想。坦承本身的偏見可能會令人不快。

另外，有些人會用公然的偏見來主張，隱性偏見不是問題，彷彿是說：「**看看你所抱怨的那種不平等。有錯的是那個真正的種族主義份子，不是我。**」這麼做會使我們對自己覺得比較好過，至少我們不像那傢伙那麼壞！但露骨的種族主義長久存在的事實，無法否定這一點：**無意識的偏見是實實在在與廣為遍布，而我們的社會與政治體制是受到它所歪曲。**

把隱性的偏見稱為恨的形式恰當嗎？對，我主張恰當。恨不一定要有意識。實際大聲說出女人比男人低等並應受此等待遇，顯然是恨。但萬一你只是想而沒有說呢？或者萬一你想了，卻沒意會到自己想了呢？這算是懷恨嗎？這些偏見肯定全都根源於社會上同樣的仇恨歷史與習慣，而且繼而肯定全都會形塑我們的態度與行為，以及周遭的世界。它並非全然是同一種恨，或者甚至是那麼嚇人，但**無意識的偏見還是恨**。在提出這樣的主張時，波尼拉－席爾瓦和我有個不尋常的盟友——茶黨的行動人士和川普的著名支持者，我朋友史柯蒂・奈爾・休斯（Scottie Nell Hughes）。

「你會怎麼定義種族主義？」有一天晚上在加州吃晚餐時，我問了史柯蒂・奈爾。我們即將一起在大會上致詞。

「恨。」她答得很輕鬆。

「多說點。」

「種族主義——就是基於生理特性或偏好，而重視一個人的生活甚於另一個人。」史柯蒂・奈爾解釋說。

「是有意識，還是無意識？」我問道，「必須是有意識嗎？」

「我想都是。」史柯蒂・奈爾回答說，「我想恨可以是無意識。」在這點上，我們所見略同。但接著事情就變得吊詭了。承認有些人會在潛意識中恨他人是一回事，但要坦承「有些人」包含了自己就比較難了。也許是因為我格外會自曝其短，比較不忌諱去坦承我個人有無意識的恨，而且我逐步學會了從我的感知和作為裡去留意它。史柯蒂・奈爾和我就是在這點上有所分歧。史柯蒂・奈爾認同無意識的偏見為真，而且它構成了恨，但她不一定認同人人都有偏見。至少，她肯定不認為自己有偏見。

在二〇一六年的大選期間，身為CNN的現場評論員和我的同事，史柯蒂・奈爾是新聞媒體上最著名的川普支持者之一。我最早見到她是在二〇一二年的保守派政治行動大會上，當時我還在福斯新聞。我受邀在某場周邊活動上致詞，而我會去是因為，對於我視為「體面右派」的年度集會，我一向都很好奇。在保守派運動中，這個強烈右傾的一派都是打著領結，並在智庫工作。

就如同許多政治大會，保守派政治行動大會在大場地裡設了媒體區，一間接一間都是熟面孔。我在走廊上閒逛時，聽到有尖叫聲朝我的方向而來，原來是史柯蒂・奈爾・休斯。那時候是新聞部主任的她從茶黨新聞網（Tea Party News Network）跑過來打招呼。我們在福斯一起入過幾次鏡，但從來沒有同處一室過，所以這是我們第一次有機會親自碰到面。我們互相擁抱、寒暄並自拍。我記得史柯蒂・奈爾還幫我講了好話，因為有其他一小撮出席大會的人對我避之唯恐不及，彷彿我是瘟神。

在二〇一六年的大選期間，由於似乎每隔個幾天就會上CNN，並常跟史柯蒂・奈爾或其他的川普支持者辯論，像是凱麗・麥肯內尼（Kayleigh McEnany）、傑佛瑞・羅德（Jeffrey Lord）和貝特西・麥考伊（Betsy McCaughey），所以街上的陌生人會不斷跑到我跟前，問我怎麼不當面修理他們。誠實的回答是，我從來都不想。

的確，我坦承有一、兩次，或者也許是六、七十次，我曾想要對他們大吼，像是史柯蒂・奈爾說希拉蕊是性別歧視，所以才會說自己要向小女生證明，她們長大也能當總統。史柯蒂・奈爾表示，為了「扶持」女生，希拉蕊便試著「毀掉」男生。此時我體內的每個神經末梢都想要發作了：我的老天爺啊，你是見鬼了在開我玩笑嗎？希拉蕊小小一則感言稍微觸及了兩百七十多年的體制不平等，你就因此想要說她是性別歧視?!但我並沒有說出口。我也沒有對史柯蒂・奈爾開扁。雖然我的確在鏡頭前去握了同行名嘴、作家兼行動人士邁克拉・安琪拉・戴維斯（Michaela Angela Davis）的手，因為我們兩個都拚命試著要保持鎮定。史柯蒂・奈爾認為自己不是性別歧視，川普也不是，但希拉蕊卻是？真的假的？

事實上，在二〇一六年的大選過後，希拉蕊曾告訴CNN的法理德・札卡瑞亞（Fareed Zakaria）：「**我認為性別歧視和厭女是我們的社會所特有。**」她八成會說，每個人在某種程度上都犯了性別偏見的罪。而且她說得對。

相較之下，在第一次總統辯論期間，NBC的萊斯特・霍爾特（Lester Holt）曾問她說：「你相不相信警方對黑人帶著隱性偏見？」

希拉蕊回答說：「**隱性偏見是每個人的問題，而不單是警方。我認為遺憾的是，在我們的偉大國家裡，有太多人會對彼此驟下結論。因此，我認為我們需要所有的人都去問困難的問題，你知道，就是：『我為什麼會這樣覺得？』**」希拉蕊還說：「**我們得去因應刑事司法系統裡的系統性種族主義。**」

右翼爆炸了。過了幾天，川普說，希拉蕊「暗示每個人基本上都是種族主義份子並帶有成見，包括警方在內」。接著副總統候選人邁克・彭斯（Mike Pence）在自己的辯論言詞中狂批希拉蕊。「這種一找到機會就對執法人員大肆貶抑真是夠了。每當有悲劇發生，就指控隱性偏見。」彭斯開罵說。彭斯接著表示，手無寸鐵的黑人有一些是遭到黑人員警所射殺。他的言下之意是，有不成比例的黑人社群遭到警方施加暴力，不能推給隱性的種族偏見，因為黑人警察也有份。但彭斯在這點上說錯了。每個人都帶有偏見。

「**隱性偏見有太多的相關研究，它的存在不容否認。**」保守派專欄作家威廉・塞爾坦（William Saletan）在回應彭斯時寫道，「**『隱性偏見』並非指控。它不代表你很壞。它代表你很正常。**」而且由於隱性偏見很正常，所以正常人都會有。這代表黑人也是。

這是白人大學生跟黑人員警的其中一個共通之處——他們全都有偏見。為什麼？「**黑人和白人所接收的敘事和印象都一樣，對黑人的犯罪與行事輕率長存著刻板印象，同時把白人文化等同於美國價值。**」新美國（New America）智庫的學人、前海軍司令希奧多・強森（Theodore R. Johnson）寫道。在《大西洋》（*Atlantic*）的文章裡，強森寫到身為黑人，在做了內隱關聯測驗（Implicit Association Test）後，才發現自己有隱性的反黑人偏見。在測量隱性偏見時，這是最常使用的測驗。強森寫道：「我自己的隱性偏見對我的肚子揮了一拳。」

在跟史柯蒂・奈爾吃晚餐時，我回想起一年前跟她走過的行程。那段經歷以鮮明的方式提醒了偏見和刻板印象是如何深植在我們的腦海裡，但任何人要看出來卻可能有多難。

二〇一六年十月，史柯蒂・奈爾和我一起在維吉尼亞州的法姆維爾（Farmville）。副總統候選人邁克・彭斯和提姆・凱恩（Tim Kaine）要在朗伍德大學（Longwood University）舉行他們在大選造勢期間的唯一一場辯論，而且史柯蒂・奈爾和我都去了那裡替ＣＮＮ報導。早在這場辯論前，法姆維爾就在美國的歷史上扮演過重要許多的角色。一九五一年時，羅勃・魯薩・莫頓高中（Robert Russa Moton High School）的黑人學生發起了罷課，抗議校內令人無法忍受的種族隔離局面，並挑戰《吉姆・克勞法》（Jim Crow laws）長久於維吉尼亞州和全國各地所殘留下來的普遍種族隔離教育。莫頓高中的罷課最終幫忙促成了布朗訴教育局案（Brown v. Board of Education）。最高法院在一九五四年終結校園種族隔離時，裁決案件中的原告有四分之三是來自莫頓高中。但直到一九五九年，維吉尼亞州才因為受到了聯邦的壓力，總算展開融合的進程。法姆維爾所位在的愛德華王子郡（Prince Edward County）並不想融合公立學校，於是該郡乾脆轉而把它們全部關了。愛德華王子郡有五年都沒有公立學校。白人小朋友湧向了為回應融合所創辦的全白人私立學校。郡內的黑人學生則是塞爆了教堂與客廳，社區的志工和北部來的一些老師試著替學生把缺的課給補上。經過了另一起最高法院的案件，才迫使該郡在一九六四年時重開學校。

該校現在成了博物館，而且史柯蒂・奈爾和我有小小的空檔。我們肩並著肩，不發一語地走過羅勃・魯薩・莫頓高中的走廊。各處室都記錄著歷史的片段，照片和文字說明了當時所發生的事，但你在各處室看不到的歷史，那個空間代表了什麼，卻是沉重得不得了。我們都試著把牆上的文字盡量看完，全部吸收進去。

在處室間移動了好長一陣子後，我終於在靜默的沉思中開口了。「這真是好嚇人。」我脫口而出。我不曉得有什麼別的話好說，但我想要說點話。

「是啊，真的是。」史柯蒂・奈爾回答。然後我們在此同時都深深吸了口氣，接著又靜默了。因為說真的，還有什麼話好說呢？

然後也許是一分鐘過後，史柯蒂・奈爾補充說：「可是幸好不是每個人都支持這樣。」

「蝦毀？」我回應說，「你指的是什麼？」

「唔，我指的是，幸好大部分的白人都認為這樣錯了。」史柯蒂·奈爾說，「只有一些爛蘋果在支持。」

「不，史柯蒂·奈爾，並不是。」我說道，並試著讓語氣聽起來鄭重，但八成聽起來就跟我感覺到的一樣震撼。「是大部分的白人。絕大多數的白人都支持和捍衛種族隔離。」一九四二年的民調印證了這點。它問美國人，是不是該讓「白人學生和黑人學生上同樣的學校」，全國只有30％的美國人同意。一九五六年問了同樣的問題，支持融合的人還是低於50％，而且那還是願意對民調單位坦承的人。

我轉過去面對著史柯蒂·奈爾。「我喜歡這樣想：假如我活在那時候，我就會去對抗種族隔離。」我說道，「但我很可能並不會。那所反映的就是我身為時代產物的現實，就跟其他任何人沒什麼兩樣。」

「你並不會知道這點！」她提高音量說，她的不爽愈來愈明顯。「你根本不會知道你的先人怎麼想或相信的是什麼。」

顯然史柯蒂·奈爾從來沒見過我那位種族主義的爺爺，但那不是重點。重點是統計數字。

「我知道那時候絕大多數的白人都支持種族隔離，而且我很可能會是其中一員。」我說道。

並不是因為我是邪惡的人，而是因為恨意就是這樣運作。當恨意瀰漫在我們周遭時，我們就會加以吸納並反芻。以一九五〇年代的美國來說，我們談的是顯性的侵略式種族主義，但無意識的偏見也是同樣的道理。

「但願那不是真的。」我對史柯蒂・奈爾說，「可它就是。」

這段對過去的說明似乎惹火了史柯蒂・奈爾，就跟希拉蕊對當前的說明如出一轍。言下之意就是，聲援不正義的不只是極少數的白人，而是我們所有的人反正都是。史柯蒂・奈爾覺得，當我和差不多是左派的每個人使用像是「隱性偏見」的字眼時，我們其實只是在稱她是種族主義份子。

我試著絕不稱任何人是「種族主義份子」，因為這個詞可能很「煽動」（這是我試著避免使用的另一個詞，因為唔，它會煽動人的反應）。人一旦被稱為種族主義份子，立刻就會惱羞成怒。在一九五〇年代的維吉尼亞州，這個字眼肯定講得很多，甚至到了現在，我們在口語上仍十之八九認為「種族主義份子」是指刻意、顯性的盲從份子。

我要聲明的是，我認為史柯蒂・奈爾並不是刻意、顯性的盲從份子。而且不分左右派或中間份子，我認為絕大多數的美國人並不是刻意、顯性的盲從份子。但我的確認為，我們所有人都需要接受這個事實——我們全都秉持的無意識觀念是，有的群體高人一等，有的則低人一等。這種觀念一旦表現出來，不見得像是一九五〇年代的維吉尼亞州那樣，但都是出自同樣的歷史與恨意傳承。而且當我說是所有人時，我真的就是指每個人，包括我自己在內，而各位也是。

神經科學的某些出色研究解釋了為什麼。芝加哥大學的神經科學教授珍妮佛・庫波塔（Jennifer Kubota）把研究聚焦在隱性偏見和大腦上。庫波塔對我說明了刻板印象是如何編碼在我們的腦子裡。庫波塔尤其指出了大腦深處名為杏仁核（amygdala）的小型結構。它是由厚厚兩團核所構成，在大腦的中心各占一側，形狀跟杏仁差不多——amygdala就是「杏仁」（almond）的拉丁文。

杏仁核有時被描繪成大腦的情緒中心，更特別的則常常是恐懼中心，但那不算是對。庫波塔澄清說，杏仁核本身並不會產生感覺，也沒有一個情緒「中心」。她解釋說，杏仁核反倒是牽涉到「學習環境中重要、有威脅或新穎的事物」。然後等我們需要時，杏仁核就會迅速把所學到的事召喚出來，使我們不管處在什麼樣的情勢，都能同樣迅速地評估並據以回應。不妨把杏仁核想像成一個有效率的檔案櫃，對於社會教我們的每件事，大腦都會收進這個檔案櫃裡。不管周圍有什麼訊息，包括特有的種族刻板印象，杏仁核都會加以吸納，並滲透到媒體、教育作業、家庭和我們存在的其他每一個層面中。

所以舉例來說，假如庫波塔要一班多元的新鮮人列出對美國女性的刻板印象，她說：「結果得到的共識之高，還滿驚人的。」每個人所能反芻的敘事都一樣，「即使他們本身並不相信……那些聯想的資訊有點是定著在系統裡。」而且班上女性的刻板印象不亞於男性。換句話說，偏見是定著在社會的系統裡，繼而定著在所有人的腦子裡，尤其是我們小小的杏仁核裡。杏仁核並非有意懷恨，它是向懷恨的社會學會去恨。

無意識「是依照頻率來形成聯想」，加州大學柏克萊分校的法學教授約翰・鮑爾（john a. powell）廣泛研讀過隱性偏見的研究，提出見解。鮑爾解釋，所以舉例來說，由於新聞過度報導黑人犯罪，使得「在無意識的層次上」，「我們就會在犯罪與黑人之間建立起神經鏈結」，無論我們是否甚至是親身、有意識地相信黑人或多或少都比較容易犯罪。隱性偏見像是社會偏見的投射，銘刻在我們的無意識中。而且這會發生在我們所有人身上。「它是我們所吸的空氣。」鮑爾說，「你會吸收到長大成人為止，然後你就會開始有那些聯想。白人會有。黑人會有。拉丁裔會有。」

那些關聯在大腦的研究中顯現得很清楚。當今的大腦研究大部分都是用功能性磁振造影（fMRI）來做。學者用磁振造影的技術來掃描大腦中的血液活動，測量看看照片之類的各種刺激對大腦活動的觸發程度。「功能性」的部分在於，它是即時發生；換句話說，研究人員會對受試者說話或做事，並依照所接收的資訊在處理時所涉及的部分有哪些，來觀察受試者的大腦「發亮」情況。大腦的某個部分發亮愈多，那個部分就愈主動參與。

二〇〇〇年，紐約大學的神經科學家伊莉莎白．菲爾普斯（Elizabeth Phelps）和研究團隊所做的重要研究，辨識出了負面刻板印象的神經特徵。他們擴充先前的研究，發現比起表情中性的照片，把恐懼表情的照片拿給受試者看時，杏仁核會活化得較強。由此偵測到的危險繼而有助於挑動恐懼，並且是杏仁核最固有的功能之一。神經科學家長久以來都相信，杏仁核是因為感知到較大的威脅才活化得較強。

菲爾普斯的研究採用了同樣這套基本程序，但加以變化。她的團隊把受試者送進功能性磁振造影機，然後亮出隨機的紀念冊照片，上面的白人和黑人全都是中性的臉部表情，沒有一個是恐懼。結果呢？菲爾普斯報告說：「跟白人的臉比起來，白人受試者在看到不熟悉的黑人時，有過半顯現出杏仁核活化較強的現象。」換句話說，白人看到不熟悉的中性黑人臉便挑動了恐懼。菲爾普斯和團隊接著拿同一批人的杏仁核活化情況，來比較在功能性磁振造影的研究前，要他們針對隱性偏見來接受評估的分數。他們發現，人的隱性偏見愈強，杏仁核就發亮得愈多。

她的團隊還針對無意識恐懼採用了另一道常見的度量測試，以評估白人受試者對兩組臉的反應。它叫做「吃驚回應」，看的是另一項恐懼指標，也就是人在眨眼反射上的強度。人的隱性偏見和杏仁核活動較強時，吃驚回應也會比較強。

科學家是如何解讀這些結果？他們的結論是，杏仁核活動較強，代表受試者在看黑人的臉時，感知到了威脅。後續有大量的功能性磁振造影研究，在隱性的反黑人偏見上，提出了類似的證據，而伊莉莎白・菲爾普斯和同事則把發現總結為：「測量隱性偏見的作業顯示，它既普遍又強烈。」

有不少研究揭露過隱性偏見對眾人生活的惡性效應。總結這項作業的綜合報告名為《平等的科學》（*The Science of Equality*），約翰・鮑爾和一群其他的研究人員在其中寫道，研究顯示，偏見出現在學校、營業處所、醫療機構，而且對，就像希拉蕊所說，也在我們的刑事司法系統裡。

以醫療來說，研究便揭露了白人醫生對黑人病患平均花的時間較少，跟他們討論病情時較不充分，在決定療法時較少跟他們商量，而且在為他們推介程序和療法，以及開藥時，會展露出偏見。舉例來說，有一項研究顯示，在測量心臟功能的標準程序心導管檢查上，表明胸痛的黑人病患獲得推介的機率比白人病患要低了40％。其他的研究則顯示，黑人病患「相對於白人，在疼痛上是系統性的治療不足」。

其中一項研究檢查了從二〇〇七到二〇一一年間所寫的止痛藥處方，病例有非比尋常的六千萬筆。它發現「**在疼痛度一樣，並考慮到其他一切因素（意指年齡、社經水準和保險類型之類的因素）時，黑人病患拿到類鴉片處方的機率遠低於病徵一樣的白人病患**」。

在刑事司法系統的偏見上有同等令人憂心的發現。史丹福法學院教授珍妮佛．艾柏哈特和同事所發表的一項研究發現，「被告的外表偏向刻板印象中的黑人（也就是皮膚較黑、鼻子較寬、嘴唇較厚）時」，判刑就會比較重，尤其是判死刑的機率會比容貌較不屬於刻板印象中的黑人要高。作者解釋說，「**有日益大量的研究證實，當黑人被認為看起來偏向刻板印象中的黑人時，民眾就會比較輕而易舉地把種族的刻板印象套用在他們身上**」，而且「**當人的生理特徵愈是呈現為刻板印象中的黑人，在人們的感知中，此人就會愈容易被視為罪犯**」。

關於員警和他們所攔查的人在互動時的偏見，史丹福的另一項研究運用了警方隨身攝影機的畫面。研究人員發現「平均而言，警察對黑人居民說話不如對白人居民來得尊重」，代表他們「受到正式問候的機率較低，較少聽到『先生』或『女士』之類的稱呼，較常遭到喝令，並鮮少獲得道歉或表示感謝」。他們下的結論是：「**該議題不在於公然表現出種族主義……有很多次據信是（警察）根本沒意會到，自己的話有時候會傷到聽者，使他們接下來必定就會研判，自己是不是警方種族主義質問的對象。**」

在師生課堂互動的研究中，研究人員發現，老師十之八九對黑人學生投以較少的注意力，在上課時對他們的提問較少，在作業上給他們的反饋也比較少。如《美國新聞與世界報導》（*U.S. News & World Report*）所報導，有多項研究也顯示，「**在大學裡，教授比較少回應有色人種學生的發問，而且當作業一模一樣時，隱性偏見可能會影響教授給學生的成績**」。

在職場的偏見上，有若干研究顯示，當應徵者的技能和經驗在伯仲之間時，白人求職者所接到的面試電話會比黑人和拉丁裔的應徵人選多50%。在其中一項研究中，研究人員針對超過一千三百則徵才廣告寄出自己所寫的履歷，上面列出的完全是同一套技能和同樣的工作經驗。履歷上唯一有差別的特點是，假扮的應徵者有一半是用刻板印象中的黑人名字，像是蕾珂莎·華盛頓（Lakeisha Washington），一半則是用刻板印象中的白人名字，像是蘇珊·貝克（Susan Baker）。結果，履歷上是「白人」名字時，所接到的面試回電多了50%。我們或可預料，其中一些偏見真的是顯性，但大致來說，研究人員斷言，對黑人的刻板印象是出於無意識。

無意識常常很難指得出來，更不用說是測量了。但有意思的是，有例子卻是赤裸裸地揭露無意識中的偏見。二〇一六年，身為非裔美國人的高中生艾迪亞·布朗（Adia Brown）進到位在丹佛的自家學校教室，要參加美國大學測驗的考試。監考人員從沒見過她，對她的學業背景一無所知，卻告訴她：「特教學生是在走廊的那頭考試。」也是在二〇一六年，身為非裔美國人的婦產科醫生塔米卡·柯羅斯（Tamika Cross）在達美航空公司的班機上，當時有乘客生病了，但柯羅斯過去幫忙乘客時，機組人員卻不讓她幫忙，因為他們不相信她是醫生。柯羅斯把經過寫在臉書上之後，便開始出現標有主題標籤#WhatADoctorLooksLike（醫生的長相應該是怎樣才對）的回應，為數眾多的有色人種女醫生都貼上了自己穿著醫療制服的照片。

我可以寫出無數這類偏見的更多經驗，包括在歧視和不當對待上常被稱為「微小侵犯」（microaggression）的細微行徑。那些犯下的人或許真的是出於無意識，但那些遭到針對的人卻是見微知著，並深深衝擊了那些個人和我們的社會。如約翰．鮑爾和同事所寫，它被「**複製在日常的微小行為中，證實種族會影響社會觀感，像是一見到黑人男性進電梯就把錢包抓牢，以及認定黑人律師是在收發室工作，或是在當祕書**」。

心理學家安東尼．格林華德（Anthony Greenwald）和瑪札琳．貝納基（Mahzarin Banaji）認為，想辦法特別去測量隱性偏見會佐證更好的研究與記載，並加強公眾對問題的察覺力，於是便在一九九八年創造了內隱關聯測驗。在貝納基和格林華德主持內隱計畫（Project Implicit）的網站上，你可以免費去做內隱關聯測驗。我做完之後發現，測驗的設計很有巧思。基本程序是，它要你回應畫面上閃過的一連串字詞或圖像，電腦會測量你是多快就形成關聯。測驗背後的理論是，我們愈快把概念配對，這些概念在我們的心裡一定就關聯得愈密切。舉例來說，我們在連結「球」和「網球」時會快過「球」和「西洋棋」。這並不是因為「球」和「西洋棋」毫無關聯，畢竟它們都是遊戲，而是對大部分的人來說，「球」和「網球」的關聯比較強，因此在我們的心裡會聯想得比較快。

內隱關聯測驗的核心觀念是，我們形成這些無意識關聯的速度可以測量，然後比較，以研判相對的偏見。所以舉例來說，種族偏見的內隱關聯測驗會要你用電腦按鍵來區分，臉的圖像是「白人」還是「黑人」。然後你要用按鍵來區分，像「excellent」（傑出）、「joy」（歡樂）、「nasty」（齷齪）和「hate」（恨）等字詞是「好」還是「壞」。然後真正的測驗才登場——電腦會閃出臉的圖像，連同正面或負面的字詞，像是白人的臉配上「齷齪」的字詞，黑人的臉配上「傑出」的字詞。而且在「白人與壞」或「黑人與好」的兩個類別中，你必須把它們區分到其中一個裡。

超過兩百萬人受測的結果顯示，所有種族的人十之八九都比較快形成關聯的是「白人」與「好」，以及「黑人」與「壞」。在結束時，測驗會替受測者評分，範圍從「跟對黑人比起來，對白人並沒有什麼自動的偏好」到有「輕微」、「中度」或「強烈」的偏好。格林華德、貝納基和同事後來所創造的內隱關聯測驗，也企圖去測量性別、性向、宗教和更多的偏見，而且全都可以上網站去做。

早在內隱關聯測驗創造出來前，學術界就對隱性偏見的現實有所了解。但這種測量隱性偏見的創新方式，引爆了新的研究與公共辯論。美國心理協會（American Psychological Society）的雜誌把內隱關聯測驗稱為「社會心理學的革命」。麥爾坎・葛拉威爾（Malcolm Gladwell）在他的暢銷書《決斷2秒間》（*Blink*）裡寫道：「**內隱關聯測驗不單是對態度的抽象測量，對於我們在某幾種自發情勢中會如何行事，它是強而有力的預測指標。**」

然而，有些研究人員和科學記者對內隱關聯測驗則有所批評。他們質疑的不是隱性偏見是否真實存在，這點已大致獲得認同。康乃狄克大學的社會心理學家哈特・布蘭頓（Hart Blanton）是其中一位帶頭批評內隱關聯測驗的人，連他都告訴《連線》（*Wired*）雜誌的記者：「**普遍來說，研究人員都認可的觀念是，隱性偏見是個問題，並且需要把話給講開。**」

批評的人反倒是主張，內隱關聯測驗並沒有準確到足以把評分結果當成人在思考和行為上的可靠預測指標。批評的人指出，假如受測好幾次，人到最後的評分事實上或許就會不同。安東尼·格林華德和瑪札琳·貝納基其實坦承，這項測驗並不是那種精確的診斷，而且他們在內隱計畫的網站上明確示警，大家不該把評分當成是在確切指出，自己的行事方式必然是帶有偏見。他們說，反而應該把測驗當成工具，以對於在某種程度上已進入所有人腦海裡的負面刻板印象普遍變得更加察覺。而且我保證它在這方面相當具有啟發性，對我來說就是。

在隱性偏見受到爭議所混淆時，我認為那才是至關重要的點。整個重點就是要更自覺，而且這麼做實際上可以幫忙反制任何偏見。就如神經科學家珍妮佛·庫波塔所強調，隱性偏見絕對不是一定會支配我們的行為。**假如我們是帶著偏見行事，那麼，對問題變得更有察覺力，就會讓我們有意識地努力去反制。**

有一群研究人員針對他們所謂「打破成見習慣的介入」來研究它的效應，就是教人認識自己的隱性種族偏見，結果「經過介入的人顯示出大幅減少」了偏見。我相信，內隱關聯測驗可以做很多好事，幫助人好好看出原本難以看出的偏見。不管值不值得，阿爾諾·米凱利斯、史柯蒂·奈爾·休斯和我全都做了種族的內隱關聯測驗。而且我們全都顯示出對白人的偏好大過黑人。

在加州共進晚餐的期間，我們很快就吃完了一盤起司番茄，史柯蒂·奈爾告訴我：「你是想靠著只聚焦於負面來改變。」

我說：「不，我不認為承認自己的偏見是負面。」

「你是對什麼有偏見？」史柯蒂·奈爾問道，並把叉子放下，狐疑地注視我。

「我是對我們全都完全一樣的事有偏見。」我回答說。

「那是什麼？」史柯蒂·奈爾追問。

「唔，我是對重男輕女有偏見。」我說。

這句話可是讓史柯蒂·奈爾大為傻眼。我認為尤其是因為我是女同志的這整件事。

「等等，你是重男？」她邊笑邊說道。

「是啊。」我說。

此時服務生插話問我們要不要甜點。不，我們當然不要甜點。我們是兩個上電視的女人，對自己的體重都過分擔心。而且我們也總算在這段交談中有了進展。

「你的意思是要告訴我，你有偏見？你是性別歧視？」服務生離開時，史柯蒂·奈爾又問了一遍。

「顯而易見，我當然是。」我習以為常地認定，男人在學科上比女人要來得勝任與博學。我常會不禁心想，我的女同事是怎麼得到她們的工作，卻連想都不會想到要去質疑男同事的資格。

我試著加以留意，並猛然驚覺進而抵抗，但那些偏見就是在。更遑論的事實在於，我是男性化的女同志，穿的是男裝，因為靠著我展示在世人眼前的形象，而在表面上受惠於男性的權力與特權。但我認為史柯蒂．奈爾對那種程度的反思還沒有準備好。於是我便就本身的偏見舉了不同的例子。

「我住的鄰里是按街區來分隔，但種族相當多元。」我告訴史柯蒂．奈爾。根據美國人口普查局的資料，紐約市是全國第二多元的城市（次於加州聖荷西），而若以四分位數來計算市內的多元程度，我的郵遞區號則隸屬於最多元的區域。

「我這麼說吧，我的意思是，我猛然驚覺到自己有這種行為，並試著不要這麼做。」我對史柯蒂．奈爾說，「但假如我看到賓士車裡坐的是白人，我連想都不會去想就認定他是醫生、律師或什麼都好。我只會認定他很有錢。但假如我看到開賓士的是黑人，我就會去留意，並且不禁心想，他為什麼會有那輛車。這就是偏見。我的偏見。」

針對這一點，我可以試著辯解，我只是在心理上把種族財富差距的統計形態加以吸收，而且在某種程度上，那或許是真的。在美國和紐約市，有錢的白人肯定是比較多，因此開賓士的就容易有比較多是有錢的白人。但要是不加遏止，我的無意識所做的事就會把這樣的認定套用到各種情況中，甚至是在完全不正義或事實上就是歧視的時候。我甚至不會認定，開賓士的黑人有10%、5%甚或3%是醫生。假如要我說實話，我幾乎是100%的時候都會不禁懷疑他是不是毒販。這就是偏見。同樣的偏見則使達美班機上的人不相信黑人真的是婦產科醫生。

換句話說，為了回覆史柯蒂．奈爾的問題，對，當我說每個人都有偏見時，我肯定是把自己包括在內。由於在我成長的國度，新聞媒體會不成比例地大幅報導黑人犯罪，並把遭控犯罪的黑人描繪得比較陰險，所以那些偏見就刻印在我的無意識裡。我本來就相信男生對科學比較擅長，而且比較有侵略性，女生則是敏感和比較有創意，也是因為社會的形態和訊息所致。這一切繼而就會受到反芻，並複製到我的態度、認知和作為裡。除非我拿出辦法。

這就是過錯和責任會變得複雜的地方。美國有種族主義、性別歧視、充滿恨意的歷史，我認為並不是我的錯。但我的確認為，我有責任要拿出辦法來解決。就是在這裡，我和史柯蒂・奈爾的交談再度破裂，而且我再度回想起在二〇一六年秋天去法姆維爾的那次。史柯蒂・奈爾講到了一九九〇年代末，她在田納西大學馬丁分校成為大學新鮮人的故事。當時有新的方案要把白人新鮮人和黑人新鮮人配對成室友，而我們兩個都認同是好事。來自鄉村白人小鎮的史柯蒂・奈爾說，她很興奮能擴大眼界。

但就如史柯蒂・奈爾所說的故事，即使黑人室友和她是出身自類似的勞工階級背景，但史柯蒂・奈爾在念大學時卻必須打兩份工來付帳單，她的室友則是拿全額獎學金。而且史柯蒂・奈爾說：「那並不公平。」

我回應說：「你假定她因為是黑人，所以才拿到獎學金，而這就是為什麼你會覺得憤慨。」

史柯蒂・奈爾認同。「是啊。」她說道，彷彿這點是昭然若揭：這當然就是她室友會拿到獎學金的原因！可是她怎麼知道，獎學金不是依照她室友的學業成績來給？或者她室友並未投入較多的課外活動？假如她室友是白人而拿到獎學金，史柯蒂・奈爾大概就會認定，她室友反正就是該拿獎學金。因為她室友是黑人，她為什麼就不這麼假定了？

但或許最顯著的是，史柯蒂．奈爾似乎壓根就沒想過，連同美國所有的白人，她或許才是不公平受惠於種族歧視的人。一九二七年創立的田納西大學在立校的頭三十四年中，只招收白人學生。那些學生入學並不是因為比黑人學生優秀，而是因為排他的種族主義制度助了一臂之力，使他們不必公平競爭。大學招生排除黑人學生，加重了黑人家庭在歷史上所受到的經濟壓迫，進一步阻礙了黑人小朋友找到品質較高的工作，因而使一代又一代繼續賺不到財富。結果就是等史柯蒂．奈爾和她室友上大學時，白人家戶的全國資產淨值平均比黑人家戶的淨值高了十萬零七百美元。

史柯蒂．奈爾似乎沒想過，黑人家庭蒙受了強大的經濟不正義，並延續到今日，必須有某種解方，而給一位黑人學生獎學金去念一所歷史上的白人大學，或許就是不錯的起步。我舉出她的黑人室友和她室友的先人所面對的歷史不正義時，史柯蒂．奈爾回答說：「那為什麼是我的錯？她為什麼該比我占便宜？」

此時在加州，我們在晚餐上對偏見討論到最熱烈的當口，她以同樣的託詞回到了故事上。她並不認為，糾正這些過去的錯是她的責任。有很多美國人都身有同感，因為在他們對自己所說的**故事中，社會和每個人在其中的地位似乎就是不公平。但有錯的或許是這個故事本身。**

二〇一六年，社會學家愛爾麗．羅塞爾．霍克希爾德（Arlie Russell Hochschild）出版了《自家國土上的陌生人》（*Strangers in Their Own Land*）。書中談的是她在路易斯安那州的鄉間與茶黨成員和川普的支持者打成一片的時候，而這些人就跟史柯蒂．奈爾沒兩樣。霍克希爾德在文中詳述說，這些人相信她所謂的「深層故事」（deep story），那不一定是真的故事，或不見得有事實根據，而是「感覺有這麼回事」的感性故事，並透過這個「主觀稜鏡」來看待人生和政治光譜的另一端。以下摘錄了霍克希爾德是如何總結這樣的深層故事：

你耐心地排著通往山上的長隊，像是在朝聖。你位於隊伍的中段，身旁的其他人也是白人、年長、基督徒，並以男性為主，有的有大學學位，有的則沒有。

過了山坡頂就是美國夢，那是每個人在隊伍中所等待的目標。隊伍後段有很多人是有色人種，貧窮、年輕與年老，主要都沒有大學學位。回頭一看可恐怖了，有這麼多人在你後面，而且你原則上會祝他們順利。話雖如此，你等了很長的時間，工作勤奮，隊伍卻沒怎麼動……。

快看！你看到有人在你前面插隊。你是照規矩來，他們卻不是。他們一插進來，立刻就像是你被往後擠了。他們怎麼能這麼做？他們是誰？有些是黑人。透過平權作為計畫，並靠聯邦政府推一把，他們在大學院校、見習、求職、福利給付和免費午餐的名額上受到了偏好……女性、移民、難民、公部門員工，到哪裡才會結束？

對於這種「深層故事」的敘事，霍克希爾德跟很多茶黨的受訪者分享過更長的版本。而且他們說，它總結了他們的觀點。在和史柯蒂．奈爾交談時，我就聽到了霍克希爾德的「深層故事」。史柯蒂・奈爾相信，她的大學室友在獎學金上插了隊，而她只因為是白人就遭到了懲罰。至於她自己一開始是怎麼占到隊伍的中段，則多半隱而不顯，她並不會去想她的先人不但插了隊，或許還為了這麼做，而等於是毆打、奴役和殺害了隊伍後段的人。即使她的先人並沒有傷害任何人，身為白人的歷史和意義也使她在隊伍裡一開始就排在其他人前面，就跟男人是系統性地排在她前面沒兩樣。話雖如此，就算她真的想過其中任何一點，她也不認為現在該有所謂。

依照史柯蒂・奈爾的說法，她大學室友的故事相當於新的傷口，像是過去的某個時刻如今成為更疼的切身之痛。隊伍擺明了就是這樣。而且，必須受到數世紀的奴役所磨難，在當時也許是不公平，但現在插隊也是不公平。義大利政治理論學家安東尼奧・葛蘭西（Antonio Gramsci）是「文化霸權」概念的先驅，菁英的世界觀就是靠它成為獲得接受的社會常規。白人應該理直氣壯地擁有較多的特權和權力，這在美國是主流歷史的看法，它就是文化霸權的形式。而且受惠於霸權的群體並不會看到自身的偏見，只會認為事情本該如此。俗話說：「**當你習慣了特權，平等感覺起來就會像壓迫。**」但對史柯蒂・奈爾和其他這麼多人來說，「特權」和「隱性偏見」之類的概念其實只是政治正確的代名詞，以便叫像她這樣的人回到隊伍後段，並且不要對此感到憤怒，而是要內疚。

照史柯蒂・奈爾所說，川普並不是靠種族主義而當選。她並沒有完全說錯。三K黨選民和另類右翼之類的顯性種族主義扮演了關鍵角色，但幸好投川普票的人有過半並沒有擁抱它。然而對他的支持卻是透過白人的種族憤慨和隱性偏見來操作。如作家塔－奈希西・科茨（Ta-Nehisi

Coates）所觀察，川普「是白人，要不是基於這個事實，他就不會是總統了」。在他之前的白人總統「是透過被動的白人權力而坐上大位」，科茨寫道，「那份血腥的傳家之寶並不能確保一手掌握所有的事，但可以為他們大部分的人招來順風。」科茨繼續說道：

> 竊取土地和對人劫掠為川普的祖先清理好了戰場，並把其他人阻擋在外。一占到了位，這些人就成了軍人、政治家和學者，他們在巴黎君臨天下，在普林斯頓主導大局，先後往在野和白宮挺進。他們的個別戰果使這場獨家派對似乎高過了美國的立國之罪，也讓人忘了前者事實上是與後者息息相關，他們的勝利全都是在清理好的戰場上所取得。

這些個別戰果的迷思有個醜陋的現實，而且裡面藏有另類的「深層故事」，可以說是跟真相要接近得多。在許多有色人種和進步派白人的深層故事裡，美國夢比較像是層疊的人堆，而不是整齊的隊伍。在整個歷史中，特定群體的人靠著踩在別人身上來爬到頂端，而且至今依然。

白人家庭現今所擁有的財富是黑人家庭的兩倍之多，並不是因為白人比較聰明或工作比較勤奮，而是因為世世代代的白人為了一己的利益，透過奴役、種族隔離和歧視來剝削黑人。而且，對，他們的後代子孫並沒有蓄奴，或是相信飲水機要分開使用，但他們還是因為本身的種族而出生在人堆的頂端。他們的父母和祖父母把頂端的位置傳給他們，不一定是因為有不成比例的財富、教育或好工作，雖然這肯定會發生在某些人身上。但這樣的偏見勾勒了山丘的形狀，以及對比底層，決定了位在頂端的普遍都是誰，進而主動形塑我們現今的生活。

不在層疊人堆底部的人會認為，自己走到這步並不是因為歷史或運氣，而是因為自己實至名歸。而且諷刺的是，在另一種關於整齊隊伍的「深層故事」迷思上，會相信的就是這些人。在層疊人堆中段和頂端的人常常相信，人生是整齊的隊伍，事實上，這就是在底層的人所要求的一切。在底層的人渴望的是，世界要以這種方式來運作——讓機會真正平等，成就則是以功績為準（而頂端的人堅稱世界已經是如此運作）。對於這個理想，我們似乎全都能認同。我們不認同的是，如今社會是不是已然達到這個理想境界。

這並不表示沒有白人在掙扎，甚至是沒有有色人種攀上頂端。它當然沒那麼簡單，例如看看歐巴馬和歐普拉（Oprah Winfrey）。但女性、有色人種、移民、窮人、酷兒人士和失能人士還是看到局勢對他們不利，並且更甚於他人。因為客觀證據所顯示的就是如此。而這才是不公平的地方。有鑑於此，從大格局來看，消除別人在整個歷史上錯誤享有的不公平優勢才算公平，即使它感覺起來並非總是如此。

所以我和史柯蒂．奈爾固然認同，我們的先人八成會支持並肯定受惠於白人至上並不是她的錯，但我認為拿出積極的辦法是我們的本分。的確，它有點像是必須替別人收拾殘局。你對此有多感到憤慨，就花多少時間。但事實在於，那樣的殘局就跟空氣汙染很像，會使我們全都生病。美國夢已破滅了很長的時間。有很多在找工作的人消失了，工資原地踏步，房屋的價值一落千丈，子女的前景晦暗。在保守派的深層故事裡，我們全都在互相惡性競爭。在進步派的深層故事裡，我們則是全都一起提升或沉淪。

「萬一你室友是白人，並拿到了獎學金，而你沒有呢？」我們邊繼續吃晚餐，我邊問史柯蒂・奈爾，「那你難道不會把帳算成反正她就是比較應該得到，或是運氣好嗎？」

「大概會吧。」她回答說。

我很欣賞史柯蒂・奈爾的地方在於，她很誠實。這基本上像是坦承說，她認為其他白人在隊伍中就該緊接在她後面，或者甚至是在她前面，但黑人一定是靠插隊。而這就是十足的隱性偏見。

在我們的另一段交談當中，史柯蒂・奈爾怒批芝加哥的黑人社群對貧窮、嗑藥和暴力坐視不管。

「你憑什麼認為，他們對其中任何一點坐視不管？」我問道。

「因為他們沒有解決啊。」她反駁說。她的言下之意是，問題是由黑人社群所造成，要解決也是他們的問題。我問史柯蒂・奈爾，她認不認為鄉村白人鐵鏽帶的失業和藥物濫用是白人的錯。她惱羞成怒地堅稱：「那不一樣！」

是嗎？針對這點主要的偽善，塔－奈希西・科茨點出了帶有偏見的白人是如何對現實錯誤感知：「**黑人勞工受磨難，是因為那一直都是我們的命。但白人勞工受磨難，就是事情在本質上出了差錯。**」這就是終極歸因謬誤在我們的深層隱性偏見裡作祟。

而且再度為了怕各位認為，我單單是在批判史柯蒂・奈爾，所以要把話講清楚，我們全都在這麼做。近來有場我想要去發言的大會，而我並沒有受邀，但有四位白人男性和一位黑人女性受邀了。我猛然驚覺到，自己認為黑人女性只因為是黑人才受邀。但提醒各位，我壓根就沒想過，四位白人男性只因為是男性才受邀。我自動就認定，白人男性跟我是同等勝任，但黑人女性則不盡然。她占到位置不僅是因為跟我是同等勝任，也是因為她的種族。這就跟史柯蒂．奈爾對她室友所做的事完全一樣，固著的偏見以細微或沒那麼細微的憤慨來插一腳。

同樣地，我有不少「心懷善意」的白人朋友會哀嘆，自己沒有錄取研究所或某份工作，是因為「他們八成轉而選了有色人種」。但他們當然是支持平權作為的優秀自由派，所以在憤慨的抱怨後，就會趕緊補上一句像是「但那是好事」。我確定我也幹過這種事。又來了，其他的白人大概有數十甚或數百位獲選，而不是他們，卻未經查驗就認定，為數更多的白人是真的勝任，某一位有色人種則只是或主要是因為種族才雀屏中選。

「**我認為我們在美國並不自由。**」刑事司法改革的倡導者布萊恩．史蒂文森說，「**我認為種族不平等的歷史造成了我們的負擔。我們有依膚色來不當對待人的可怕歷史。這番種族差異的敘事被教化成替這樣的不當對待找藉口，我認為它製造了某種煙霧，而且我們全都把它吸進體內。**」

無意識地感知到黑人比較危險（比方說），當然是有別於以顯性的方式想要打壓所有的黑人，因為你相信他們在根本上就是集體低人一等。「**人會有隱性的種族偏見，而沒有顯性的偏見。**」約翰．鮑爾告訴我。然而，他繼續說道：「**有意識和無意識並非一刀兩段。**」鮑爾解釋說，展現出顯性偏見的人，也很可能顯示出高度的隱性偏見。我們吸收到無意識裡的社會偏見，是顯性偏見與恨意充斥在歷史中所殘留下來的傳承。假裝不是如此，要不是出於自我保護的白人玻璃心，就是在否認。

心理學家瑪札琳．貝納基是內隱關聯測驗的共同開發者，並在哈佛主持內隱計畫。對於無意識偏見、顯性仇恨和普遍社會間的關係，她建議了有助益的思考方式。「**要是認為成見若不是以顯性的方式說出口，就不可能反映出成見，那就是不老實，甚至是明目張膽地跟證據唱反調。**」貝納基跟內隱關聯測驗的研究同事安東尼．格林華德與布萊恩．諾塞克（Brian Nosek）寫道。貝納基反而提議我們去思考「文化的拇指紋」。

「**我們會在本身的意識沒有察覺下行動，受到驅使以特定的方式來行事，或許不是因為我們顯性的成見，而是因為我們的腦袋裡可能承載了文化的拇指紋。**」貝納基告訴全國公共廣播電台（NPR）的尚卡．韋丹坦（Shankar Vedantam）。而且歧視方面的研究清楚顯示出，拇指紋會留下非常確鑿的印記。

在民權和反歧視法中，有意的歧視叫做「差別待遇」，基本上就是指雇主、企業或政府單位因為性別、種族或宗教等等，而以顯性、明知的方式來有所不同地對待個人或群體。但在一九七一年時，最高法院在格里格斯訴杜克電力公司（Griggs v. Duke Power Co.）案中裁決，一九六四年的《民權法案》（Civil Rights Act）「**所嚴禁的不僅是公然歧視，還有形式公平但實為歧視的做法**」。換句話說，歧視不一定是有意才違法。

又來了，或許我們可以主張，在某種道德或哲學的層次上，顯性歧視比較糟糕，但在格里格斯案中，民權的倡導者成功主張說，歧視的衝擊就跟歧視的意圖一樣或更重要。在偏見方面，我們或可提出同樣的主張。的確，顯性的偏見是公然為之，但最重要的是衝擊，無論是根源於隱性的偏見或顯性的恨意，都是同樣惡性。

深藏在腦子裡的不察恨意還是恨意，就如同小癌症還是癌症，你連體內有一點點都不會想要。

幸好研究人員提出愈來愈多的證據，證明介入會有用。於是在反制仇恨上，我們就來到了方程式的下一個部分，我稱之為「連結思考」——以有意識的努力來抵銷杏仁核裡所嵌入的刻板印象。研究人員普遍把這點稱為「去除偏見」（debiasing），並且正得到大有可為的結果。

試想這項研究：紐約大學的心理學家丹尼爾．尤肯（Daniel Yudkin）和傑伊．凡巴韋要受試者在線上和其他人玩遊戲。在特定情況下，受試者會看到其中一個玩家偷另一個玩家的錢，而他其實是研究團隊的一員。此時受試者可以選擇懲罰小偷，把小偷的錢拿走一些或全部，並把那個玩家逐出遊戲。研究人員所操縱的是小偷的身分認同。有時候受試者相信，小偷跟受試者是同一支美式足球隊的球迷，但有時候小偷是敵隊的球迷。或者有時候受試者和小偷是來自同一國，有時候不是。或許不令人訝異的是，基於我們已經學到的事，尤肯和凡巴韋發現，人對外群體的成員會懲罰得比較嚴格，對內群體的成員則會手下留情。無論是何者，都是在明確劃分群體。但更加有趣和令人鼓舞的是，當研究人員要受試者在決定懲罰前反思一下時，他們的偏見基本上就消除了。他們對每個人都施以同等的懲罰，而不管小偷是屬於內群體，還是外群體。

在另一場實驗中，普林斯頓大學的心理學家蘇珊·費斯克（Susan Fiske）則是用簡單的策略來消弭人的偏見。當費斯克對白人參與者秀出不知名黑人臉孔的照片時，他們的杏仁核活動便不出所料地飆高。可是當費斯克指示受試者猜猜看，照片裡的人最愛吃什麼青菜時，不管所看的是白人還是黑人，他們的杏仁核活化程度都會保持一樣。光是想到這些不知名的人可能愛吃什麼青菜，而必須投入過程來試著採取對方的觀點，就足以把偏見給打破。

而且還記得在研究中，伊莉莎白·菲爾普斯和團隊曾對人秀出隨機的紀念冊照片，上面的白人和黑人全都是中性的臉部表情？觀察到大部分的白人受試者看到黑人臉孔的照片後，杏仁核都發亮得比較多，伊莉莎白·菲爾普斯和團隊便嘗試了不同的實驗。他們對白人受試者秀出備受喜愛的名人臉孔，白人和黑人都有。而這次他們的杏仁核活化就大幅降低了。所以換句話說，光是認得人，光是對「他人」有較多現實生活的接觸，就會改變大腦在回應時的活化方式。對於創造更多連結空間的重要性，進而幫忙培養連結思考，這是更重大的佐證。

當然，這些全都是在實驗室裡所做的研究，生活並不是受控的實驗。但我還要舉出一項研究，顯示出大有可為的跡象。假如承認自己有隱性偏見，我們就能有意識地訓練自己的心智來漠視它。塔瑪·韓德勒（Talma Hendler）和特拉維夫大學其他的神經科學家把受試者送到很炫的電腦前，讓他們得以自行監控本身的功能性磁振造影結果，並在本身的杏仁核活化速度接受測試時即時觀察。在稍微的指導和大量的鼓勵下，當他們看到用來挑動恐懼機制的刺激，同一時間又在螢幕上看到自己的杏仁核發亮時，人就能刻意降低本身的杏仁核刺激。光是得到那樣的反饋，就有助於人調節本身的無意識心智過程。

這項研究所指出的發現，以及神經科學家在過去幾十年來從大量的研究中所得的結論是，我們的大腦有如電腦，是由硬體和軟體所構成。杏仁核是硬體的一部分，在所有的人身上執行的基本功能都一樣，有如電腦裡的處理器或記憶卡，而且我們全都是向同一家店購買。但我們各自的杏仁核學到的是恐懼，還是恨意，則是由我們的生活和周遭社會所寫入的特定編碼，而這就是治療師雅典娜·史代克（Athena Staik）所稱的「軟布線」（soft-wired）資訊。這代表它可以重新編程。這麼做則要從察覺開始。

尤肯和凡巴韋表示：「承認自身的實情是讓事情變好的第一步——我們是透過群體隸屬的有色鏡片來看待和思考世界。」所以解答並不是去忽視偏見，一如「色盲」的主張或是身分認同政治所遭到的攻擊，而是要承認它，並持續設法去有意識地反制。我們不會在一夜之間就改變刻板印象的思考，肯定也不會只因為去想像了某人最愛吃的青菜就長期改變偏見。但靠著協同一致的逐步努力，我們定能大有斬獲。

在一九九〇年代末，有一群科學家試著證明同性戀基因的存在。當時我還是幼齒的行動人士，邊從事LGBT人權運動，邊把大學念完。這些科學家本身是同性戀，並相信證明同性戀不可變就能克服平權法所遇到的阻力。只不過有個問題。「沒有人會選擇要當同性戀」的觀念，並非隱性根源於人人平等的信念，而是自卑情結，並推論應該要基於憐憫，而不是原則來伸張權利。這並非正義。例如宗教肯定無關基因，而且通常是有意識地選擇，但從來沒有人會主張，我們不該保護宗教自由。

到了最後，同性戀基因研究引爆了事先就存在的辯論，尤其是同性戀人士的生物價值，並注入到當時在科學上很流行的觀念裡，那就是我們人類的性格不但能歸結到生物性上，而且是固定與硬梆梆的生物性。社會有數世紀都是圍繞著主觀恨意來建立，並日益試著以客觀的方式用垃圾科學來把那股恨意合理化，主張特定的社群在生物性上動輒涉及犯罪、淫亂和貧窮，然後主張恨意本身並非出於主觀和道德，而是也受到生物性所預定，是對世界與生俱來的反應。

因此在不正義和不平等充斥的美國社會，到處都有某甲或某乙試著要「證明」，這樣的不正義和不平等有「天生」的根源，以便為我們其他人在失衡的現狀下長存與繁榮的角色卸責。**的確，在某種程度上，我們的心智先天就有仇恨的本事。但我們恨誰和怎麼恨是由社會「軟布線」到系統裡。而且在這當中，我們得選擇要做什麼。**就像我身為同性戀，不單是某種未知的生物偏向、社會壓力與反向局勢的交互作用。我每天都得選擇，我要怎麼當和扮演超讚的同性戀，以及要做到什麼程度。你也得選擇要不要恨我。這是由你來決定，怪不了神經生物學或社會。

我和史柯蒂．奈爾的晚餐快結束時，她和我湊巧在「究竟是天生如此，還是後天養成」的問題上陷入了激烈的辯論——不平等有多少是固著在人性裡，對上有多少是由社會和我們的偏見所「軟布線」而來。

「你起碼必須承認，我們這個國家有種族主義的問題，而且我們持續在系統性地虧待黑人。」

我對史柯蒂・奈爾說，「假如你不承認這點，那就永遠不會去解決。」

「我們不是在一九五〇年代。」史柯蒂・奈爾回答說，「也不是在一九六〇年代。我們甚至不是在一九七〇或八〇年代。這就是現在。」

「你認為黑人的財富為什麼會比較少，畢業率會比較低？」我問道。

史柯蒂・奈爾的回答很果斷：「我認為那是他們需要在本身的社群內去因應的事。」

我指出在統計上，白人高中輟學生的平均淨值比黑人大學畢業生還高，這只有兩種可能的解釋。我說：「要不是在某種隱藏的無意識種族主義上，我們的社會有更久、更大的問題沒有處理，就是這些懶惰的黑人純粹是不夠努力嘗試，而這就是為什麼他們會窮。」

「我不認同這點。」史柯蒂・奈爾回答說。

「哪點？哪部分？」

「都是。」她說。

「那又怎樣？」我追問說。

「我認為你必須去看環境，以及這些環境的焦點在哪。」史柯蒂・奈爾回答說。

「你是說，那是他們的錯。」我說。

「不。」史柯蒂・奈爾說，「我是說，你去看看嘻哈音樂的文化。我有嘻哈音樂，我愛嘻哈，我愛都會音樂。可是對比鄉村音樂的歌曲，他們的流行音樂中所存在的文化則是貶低女性，鼓勵對警方施暴，鼓勵對彼此施暴！」

「鄉村音樂的歌曲中沒有厭女嗎？」我問她。

「舉一首出來。」她說。

「我不曉得。我講不出來。」我招認說，「我不懂鄉村音樂的歌曲。」

「你講不出來！」她勝了。

「提醒你，我也舉不出嘻哈歌曲。」我補充說。

「好吧，唔，有個很大的差別。」史柯蒂・奈爾繼續說，「那種流行音樂、那種環境裡的恨有時候是在反映現況，要不然它就不會流行了。你不會有特定的歌曲……」她的語氣弱了下來，接著她補充說：「從八〇年代以來，情況就是這樣發展！」

唔，情況是在發展，但也許不是史柯蒂・奈爾所想的那樣。一九九九年時，社會心理學家凱莉・弗瑞德（Carrie Fried）專就這個問題發表了創新的研究。她借用了金斯頓三重唱（Kingston Trio）一首冷門民謠的歌詞，歌名是〈壞人包大了〉（Bad Man's Blunder），講的是年輕人蓄意開槍射殺員警的經過。弗瑞德在紙上印出一段歌詞，把它拿給研究的受試者，大部分都是白人。有半數的受試者獲得告知，歌詞是出自鄉村歌曲。有半數則獲得告知，歌詞是出自饒舌歌曲。這便造成了天壤之別。比起認為它是鄉村歌詞的受試者，認為自己是看到饒舌歌詞的受試者則把歌曲評為嗆人與危險得多。換句話說，左右對音樂的觀感和整個「文化」的並不是客觀的現實，而是無意識的偏見。

「**種族是觀念，而非事實。**」歷史學家內爾・歐文・潘特（Nell Irvin Painter）解釋說。然而什麼才是事實，那就是我們過去和當前的歷史與心智，是受到國內獨特的種族觀念與表現所形塑而不可挽回。隱性偏見也是事實，我們可以看到它在我們的大腦和反射作用裡，在我們的認知和體制裡作祟。而且假如我們不去看到自己的偏見、社會上所有的偏見，並拿出辦法，我們就得面臨風險——這些偏見會受到操縱、扭曲，轉向更加黑暗的目的。事實上，要思考和領略無意識的偏見或許很難，但在系統性的層次上加劇和利用這些偏見的後果，可能會真的很可怕。

第五章
當恨變成大流行：集體屠殺

原諒不是要遺忘。原諒是要免於仇恨。

——薇拉瑞・考爾（Valarie Kaur）——印度裔美國律師、紀錄片導演

我在二〇一六年十一月步出盧安達基加利（Kigali）的機場時，空氣聞起來像是在燒垃圾。我聽說假如是在二十二年前去那裡，它聞起來就會像是肉體在腐爛。

當然，身為美國人，我當時不會去那裡。美國大使館的每位工作人員、其他各國的外交人員和國內其餘大部分的外國人都跑了。一九九四年，為期百日當中，在盧安達占多數的胡圖族（Hutu）約莫殺害了八十萬在國內居少數的圖西族（Tutsi）。事實上，盧安達的集體屠殺常被形容為世界史上最快的集體屠殺，平均每天要謀殺令人屏息的八千人，而且有很多是自己的朋友和鄰居下的手。套用研究集體屠殺的學者丹尼爾・葛德哈根（Daniel Goldhagen）的話，數十萬個普通人成了「自願的劊子手」，參與集體屠殺的胡圖人據估至少有二十萬名。當仇恨如野火般刻意散

布到全國各地時，就會發生這種事。

一旦邪惡達到大量、大流行的規模，那些不是直接受害的人大部分都會裝聾作啞。假如集體屠殺不是發生在我們本人身上，我們會感到難過，但並不會覺得有連結，宛如是跟我們、我們的歷史、我們的恨意毫不相干。尤其是西方人都太常認為，集體屠殺是某種不尋常的事，只會在不尋常的地方，發生在不尋常的人身上。我們認為它絕不可能發生在自己身上，或以為我們不可能造成這種局面。我們錯得一塌糊塗。

盧安達的集體屠殺展開時，圖西人約翰・吉蘭內薩（John Giraneza）是二十歲。約翰成長於盧安達東部的布格塞拉區（Bugesera District），從村裡開車約一小時就會到該國的首都基加利。他們村落周圍的地帶叫做魯韋魯區，是個青翠的山谷，得名自與蒲隆地交界的魯韋魯湖（Lake Rweru）。盧安達的鄉間是鮮明對照的典型，翠綠的酪梨、芒果和柑橘樹一叢叢地冒出芽，有如另一番綿延不絕的塵土地貌所形成的幻象。我們是開車去約翰的村落，陪同的嚮導索蘭芝・伍韋拉（Solange Uwera）是年輕的盧安達女性，成堆的辮子有時候盤在頭頂，有時候則放下來披在背上。我們在往布格塞拉的路上經過村落時，成群的小小孩在田野和街道上跑來跑去。我留意到，男生和女生全都是剃光頭。在盧安達弄頭髮很貴，索蘭芝的辮子挺奢侈。

最後我們的司機駛離了幹道，沿著泥土路顛簸了好幾公里，所經過的成列女性都穿著鮮豔的肯特（kente）布包裙和圓領衫，大大的尼龍袋則平衡地頂在頭上。索蘭芝告訴我，裡面裝的大概是豆子或米。其中一位女性在腰間綁上了額外的布，我看到寶寶的頭從背後探出來，隨著她邊走邊輕輕地上下晃動。接著我們經過了駱駝身邊，我就像個在遊獵的小朋友，興奮地比手劃腳，趕緊拿出手機來拍照。沒想到索蘭芝和司機也是，他們笑著告訴我，就這件事來說，他們從來沒在盧安達或撒哈拉以南的任何非洲地區看過駱駝。他們不曉得牠在這裡到底要幹嘛。基於顯然滿荒誕的精神，我決定講那個笑話。在電影《動物方城市》（*Zootopia*）裡，有一隻樹懶告訴另一隻樹懶：「三峰的駱駝叫做什麼？……懷孕了！」索蘭芝沒笑。她把它翻譯給司機聽，他也沒笑。顯然駱駝在盧安達很好笑，但我並不好笑。

駱駝在盧安達的鄉間難得一見，母牛則是隨處可見，包括在每個人的心裡都是。在我來自的美國，一．九九美元就能買到大量生產的牛肉，儘管充斥著化學藥劑，所以我起初很難領略到牛隻在盧安達的重要角色。該國以母牛為中心的文化，簡直到了歷史和史詩等級。

「盧安達人對牛隻的執迷可追溯到歷史上，男人的財富和男子氣概就是看他擁有長角牛的數目。」盧安達的英語日報《新時報》（*New Times*）在報導中寫道。母牛曾是唯一可接受的嫁妝，而且至今仍是送朋友時最好的禮物。盧安達人不僅會為母牛取名字，有些人甚至會以像母牛的特質來為子女取名字。有小朋友的名字像是穆甘因卡（Munganyinka）（「她跟母牛一樣珍貴」）、贊因卡（Zaninka）（「帶母牛來」），以及我最愛的札穆科夏（Nzamukosha）（「我會拿她來換母牛」）。我從《新時報》的報導中得知：「這些名字全都是用來呈現牛隻在盧安達文化中的重大意涵。」

在訪談期間，在我所造訪的每個鄉間村落，每個人都在集體屠殺的脈絡中談到了母牛。某個圖西人擁有的母牛是如何多到讓人嫉妒，或者圖西人是如何把母牛送給胡圖人鄰居，以試著防止胡圖人把他給殺了。在盧安達，母牛既是強而有力的象徵，也是強勢貨幣。

約翰・吉蘭內薩所出身的圖西族家庭有養母牛，而且是很多母牛，超過了兩百頭。以村裡的標準來說，他父親非常富有。約翰的父親也有很多太太，確切來說是十位，各有自己的住家。以西方的標準來說，那些住家並不高檔，但跟大部分的胡圖族家庭比起來，則是一樣好或更好，而胡圖族家庭還只有一間房子。

約翰的父親所生的子女並不像他擁有的母牛那麼多，但也不少了。約翰一字排開有三十六個兄弟姊妹，是來自十個太太和其他一些女性。約翰的生母並不是他父親的其中一個太太，而且在約翰出生後，她就離開了。約翰的父親留下了他，交給十個媽媽來撫養。在用餐時間，他和一大票手足首先會去一位媽媽的家裡吃，然後去另一家、再另一家，直到吃飽為止。到了晚上，他愛睡哪一家都行。這聽起來真的像是相當好玩的童年，或是電視實境秀。由於我確定各位也會不禁去想，所以附帶一提，約翰的父親會按照預定的輪值班表，在各個太太的家裡住上兩晚。

約翰的日子過得挺好，直到突然生變。約翰的父親在集體屠殺的醞釀初期即遭到了殺害，而且在集體屠殺的第二天，他剩下的家人也遭到了宰殺。

這是場不分青紅皂白的殺戮。我聽說在盧安達犯下集體屠殺的不單是胡圖族轄下的軍隊，或者甚至是聯攻派（interahamwe），也就是胡圖族平民極端份子所訓練而成的武裝民兵，還有胡圖族的平民在後院拿起大刀就近距離把鄰居給砍死，近到足以讓凶手和受害者四目交接。

對於胡圖人當真把朋友給殺了，我在去盧安達前心想，一定不會是真的如此。在我的想像中，歷史學家所指的應該相當於，我突然攻擊住在街道前方的那個人，他是我路過時會固定打招呼的人，但我並不知道他的名字，或是他的任何事，所以我們嚴格來說不算是朋友。這本身當然就可怕得很了。但我不久後就得知，在許多案例中，胡圖人和他們所殺的圖西人真的是朋友，而且還是摯友。我見了好幾位胡圖族的行凶者都是圖西族朋友小孩的教父母，每週會一起吃家族晚餐。事實上，在某些胡圖－圖西族的混合家庭裡，有人還是遭到自己的先生或太太所殺害。

雖然我保證，我在派對上真的很風趣，但每當我在交談中提起盧安達的集體屠殺時，沒有人認為自己真能宰殺鄰居，更不用說是家人。跟我聊天的人有很多都反對酸言、霸凌和政治不文明，但起碼能體認到，同樣那股恨意的種子就藏在自己的內心。靠著足夠的思量，他們可以想像到，極端的生活環境有可能把自己變成像阿爾諾那樣的種族主義份子，或是像巴薩姆那樣的恐怖份子。但宰殺鄰居？會這麼做的人一定是禽獸，對吧？

說實話，像盧安達的集體屠殺這種大規模的殘暴會讓人這麼難理解，就是因為有這麼多「正常」到不行的人不但對恐怖裝聾作啞，還常常主動、甚至是熱衷參與。在盧安達，有數十萬人遭到殘殺，有數十萬人遭到強暴和傷殘，有數百萬條人命遭到摧殘與流離失所，並不是因為有少數邪惡的禽獸幹了難以啟齒的惡事，而是因為大體上還不錯、甚至是慈愛的人卻幹了難以啟齒的惡事。我見了其中許多人，而他們並不是禽獸。

同樣令人錯亂的是，殺戮並不能歸因於胡圖人失去了理智，使控制不住的暴怒大舉發作。儘管快，這場屠殺仍持續了一百天。我見到的胡圖族行凶者告訴我，在造成恐怖的期間，他們並沒有喪失意識或良知。在當下，他們都知道自己做的是錯事。有些行凶者甚至幫忙搭救和藏匿了圖西族的小孩或朋友，同時卻去殺其他的圖西人。有胡圖族的幫派份子對記者敘述說：「假如不幸看到了熟人，例如像是踢足球的伴，我就會心裡糾結成一團，而把他留給附近的同夥。但我必須默默這麼做，不能把善心表露出來。」他的「善心」可以對他呼喊，然而他也可以殺個不停。

曾任美國駐聯合國大使的薩曼莎．鮑爾（Samantha Power）把她談集體屠殺的著作取名為《來自地獄的問題》（*A Problem from Hell*）。但法國哲學家尚－保羅．沙特（Jean-Paul Sartre）固然寫過「地獄即他人」，美國劇作家田納西．威廉斯（Tennessee Williams）卻主張「地獄就是你自己」。美國倫理學家內爾．諾丁斯（Nel Noddings）警告說：「邪惡沒有令人反胃的惡臭，也不會以可觸及的冷酷與黑暗來宣告自身的存在。我們不是倒楣地掉進去，它也沒有誘捕（魅惑）我們。我們反倒是常常存心與它勾結。」

這種大規模的殘暴事件會發生，只可能是因為有很多在根本上算是正派的人類參與，以及其他許多正派人士沒有介入。一旦搞懂這點，我們就會領悟，集體屠殺令人驚駭，不只是因為它發生在他們身上，也是因為它可能也會發生在我們身上，而且我們可能同樣容易就成為受害者或行凶者。

在每場集體屠殺中，都有一些人會加以反抗。有很多人都知道的保羅．魯塞薩巴吉納（Paul Rusesabagina）是胡圖人，在基加利高檔的米勒科林斯飯店（Hôtel des Mille Collines）擔任門房，幫忙藏匿及保護的圖西人和胡圖人超過了一千兩百位。他的故事就是電影《盧安達飯店》（*Hotel Rwanda*）的原型。當然也有其他人出手搭救，但確切的人數不明。在集體屠殺中，遭到殺害的胡圖人據估有兩萬五千到四萬五千人。但其中有很多人遭到殺害，純粹是因為屬於不支持極端主義政府的溫和派，而不是因為介入去援救圖西人。其他人遭到殺害，則是因為長得像圖西人的樣子。

截至二〇一六年，以在集體屠殺期間出手搭救的人來說，獲得印證的不到五十例。知道這些勇敢的靈魂存在，固然令人振奮和有啟發性，但在一九九四年，以胡圖人在盧安達的總人口達五百九十五萬人來說，他們所占的比例極低。同樣地，在大屠殺期間，對於納粹殘暴對待猶太人，主動反抗的人在整個平民人口中據估只占了1%的一半。

我們或許全都喜歡去相信，要是在歷史上面對那一刻的人是自己，我們就會做對的事。我在莫頓博物館跟史柯蒂・奈爾・休斯交談時，她就是如此。**但問題是，數字卻一再鮮明地顯示出，大部分的人並不會。**

盧安達的相關問題是：對那些想要阻止恨意在我們的文化中散布的人來說，集體屠殺帶來了什麼啟示？好人怎麼會這麼願意接受招募，去為仇恨的利益服務，連在後果這麼極端時也是？我想要了解，這麼強烈的恨是如何系統性地把整個社會給吞沒，以及要如何才能系統性地防止它散布，集體屠殺能告訴我們什麼。我所得知的是，長期醞釀的憤慨，加上公然的非人化宣傳，以及官方允許暴力，都助長了恨意引爆。集體屠殺不會就這麼自動爆發，連快速延燒到這麼凶猛的盧安達集體屠殺也一樣。火焰是受到策略性、社會性地煽動。而且在盧安達對美國和世界其他地方的啟示上，我發現深為麻煩的是，恨意現今正在這麼多的地方以這麼相似的方式死灰復燃。

在二〇一六年的美國總統大選期間，我見了年輕的圖西人雅尼克．托納（Yannick Tona）。他從盧安達的集體屠殺中存活下來，靠獎學金去念了德州基督教大學（Texas Christian University）。雅尼克立刻就以預示的口吻開啟了我們的交談。「**噢，天哪，你們在做的事就是我們在國內集體屠殺前二十五年所做的事，或是集體屠殺前十年。**」雅尼克說。在學校書店的休息區裡，他幾乎是從所坐的沙發上跳了起來。「**也許跟我們國內當時的程度不一樣，或是沒那麼極端，但大抵就是這樣，而且我就說了：『這個國家是怎麼回事？』我在這住愈久，對它就愈感到鬱悶。像是『噢，天哪，這比我想的還糟』。**」

在盧安達的集體屠殺中，雅尼克的大家庭有四分之三的人遭到宰殺。他現在是在警告我們，同樣的事有可能在美國發生。也許盧安達、納粹德國、柬埔寨和前南斯拉夫並非怪異的反常，而只是證明任何國家的任何文化都可能變成禽獸的例子。

我並非在暗示，我認為集體屠殺的風險在美國是近在眼前。只不過最起碼，美國人應該會嚇到，從盧安達的集體屠殺中存活下來的人所聽到的是，使自己的國家燃起烽火的同類恨意正在此地噴發。而對於當地所呼喊出的恨意正在上升，歐洲人應該也會如此。畢竟歷史上最慘烈的集體屠殺並不是發生在非洲或中東，而是在德國。盧安達的集體屠殺充分說明了以操弄的方式讓社會群體互相拚鬥的危險，而在美國和全球各地散布恨意的思想領袖卻是拚了命在做同樣的事。這可能真的會造成災難性的後果。**對於我們或許認為本身的恨意形式微不足道，卻如何能變得致命，它也是個啟示。**

胡圖人和圖西人之間的憤慨，多是導因於殖民上的胡亂干預。胡圖人和圖西人長久以來都是在身分認同上有所區別的群體，胡圖人十之八九務農，圖西人則是放牧牛隻，因此所享有的地位較高。但群體間的衝突是直到一八〇〇年代末才加溫，當時德國和比利時的殖民強權先後掌控了當地。事實上，在《盧安達故事》（*We Wish to Inform You That Tomorrow We Will Be Killed with Our Families*）裡談到盧安達的集體屠殺時，作者菲力普．古勒維奇（Philip Gourevitch）解釋說，在遭到殖民征服前，胡圖人和圖西人所達到的通婚程度是讓「民族誌學者和歷史學家認同，無法適切地把胡圖人和圖西人稱為有所區別的族群」。如聯合國對集體屠殺的報告所述：「在殖民年代前，圖西人在社會系統中普遍是位居較高的層級，胡圖人則較低。不過靠著可能的社會流動，獲得大量牛隻或其他財富的胡圖人便能同化到圖西族的群體中，窮困的圖西族則會被視為胡圖人。」

在所謂「瓜分非洲」（Scramble for Africa）的期間，歐洲各國覺得大可私自把該洲分食，而包含盧安達王國（Kingdom of Rwanda）在內的區域最後就「交」給了德國。基於深為高高在上和根本就是種族主義他者化的扭曲歷史，德國人正式指定圖西人比胡圖人要優越，並授予圖西人較大的地方統治權和經濟特權。一次世界大戰後，國際聯盟（League of Nations）把盧安達「交」給了比利時。比利時人不但維持德國人所訂下的族群權力區分，還陰險地更進一步發了身分證，把盧安達人標示為胡圖族、圖西族，或是在國內占不到1%的矮小少數部落特瓦族（Twa）。德國人和比利時人把族群的區別變成了經濟與政治上的重大區分。

盧安達的身分認同政治史所呼應的歷史在於，社會群體的身分認同在世界上的其他地方是如何受到發明和採用，以便為強權的利益服務。舉例來說，在統轄以色列國土的總體性上，猶太復國份子的藉口有很多都是集中於似是而非的宣稱，那就是在以色列國成立前，歷史上並沒有巴勒斯坦的身分認同。言下之意是，民族要是沒有把自己歸類為民族，就不該擁有自身的政治主權。同樣地，東帝汶民族的文化認同，有部分是體現為對葡萄牙殖民和後來印尼占領的反動；衍生的獨立身分認同就是在對這種壓迫的反動中定義出來，並與對政治獨立的渴望同時增長。還記得人類或許本來就有部落意識，但那些「部落」的形塑方式，以及如何與其他群體對立，常常是源自對部落意識有目的的政治操弄。

殖民強權在盧安達的所作所為，導致了長久的社會動盪。「從比利時的殖民統治在五〇年代末式微以來，盧安達的胡圖人就斷斷續續在殘殺圖西人。」古勒維奇寫道。盧安達在一九六〇年代為獨立而奮鬥的期間，有數萬個圖西人遭到殺害，剩下的圖西族人口據估有40%到70%逃離了國內，有很多都是跨境去了烏干達。

一九五九年，胡圖族所領導的獨立運動，接掌了新獨立的盧安達。多年以來，圖西族的流亡者一直嘗試要入侵並推翻胡圖族政府。盧安達愛國陣線（Rwandan Patriotic Front）就是其中之一，它在一九九〇年時入侵盧安達，控制了國內東北部的一些區域。

對無知的旁觀者來說，胡圖族對圖西人的集體屠殺儼然純粹是失心瘋自動爆發。確切來說，後來下令殺戮的極端胡圖族政府就是試著把它描繪成這樣。但從一九七三年靠政變掌權以來，盧安達的胡圖族總統尤維諾・哈比亞里馬納（Juvenal Habyarimana）和太太阿嘉莎（Agathe）就策劃要殲滅圖西人。阿嘉莎・哈比亞里馬納所協調的胡圖族極端份子團體把集體屠殺計畫得很縝密，包括招募和訓練聯攻派的民兵在內。一九九二年時，胡圖族的極端份子針對集體屠殺計畫進行演練。他們在國內各地殺了好幾百個圖西人。約翰・吉蘭內薩的父親就是其中之一。

約翰當時十八歲。「我放學回家時，在路上遇到了一群攻擊者。」約翰回憶說。他們對我說：「我們會攻擊你家，把你給殺了。」當天晚上，那群人來到約翰家，用大刀宰殺了他父親，但並沒有傷害其他家人。約翰的父親隔天早上過世時，集體屠殺全面開展的下一個階段正在啟動。

由國家所發動的宣傳日益鎖定了圖西人。有一家很紅的廣播電台在流行音樂裡摻雜了無數小時關於盧安達愛國陣線的歹毒謊言，並透過聯想把圖西人全部貼上inyenzi（蟑螂）的標籤。在極端主義的報紙上，胡圖族行動人士刊登了「胡圖族十誡」清單，所包含的陳述像是「每個胡圖人都該知道，所有圖西人在做生意時都不誠實。他唯一的目標就是讓所屬的族群至上」。胡圖族極端份子既在為集體屠殺的機器上發條，也在挑起謀殺的心態。

一九九四年四月六日，總統哈比亞里馬納的座機遭到擊落，使總統送了命。宣傳的電台廣播立刻怪罪到圖西人身上。座機是遭誰擊落，其實還有爭議，但宣稱是圖西人下的手，成了引爆殺戮的火花。在數小時內，總統衛隊就下令胡圖族極端份子所掌控的軍方和聯攻派開始大開殺戒。宣傳的電台發出了公開的命令，要胡圖人去找圖西人，並「就地把他們圍起來殺掉，因為他們就在那裡」。

到了四月七日，才過了一天，約翰・吉蘭內薩照料完牛隻返家時，就發現剩下的家人遭到了殘殺。政府軍、聯攻派和村裡的其他胡圖人聯手發起了攻擊。約翰躲在山上時，看到攻擊者反覆強暴他的兩個姊妹。攻擊者事後還把木條分別往女孩的陰道裡猛戳，直到刺進頭骨為止。另一群攻擊者則是把約翰的一個弟弟就地活埋，然後在土堆上站崗，以確保小孩不會死裡逃生。「我們的家都被放火燒了。」約翰在深呼吸之間緩緩回憶說，「手榴彈在爆炸。母牛在哀號。」

事情結束時，約翰的十個媽媽和二十七個兄弟姊妹全數遭到了謀殺。約翰無能為力去阻止宰殺。殺手人多勢眾，武裝精良，並受過良好的訓練。約翰只能躲起來，萬般痛苦地目睹慘劇發生。後來他進一步往山上逃，試圖尋找其他的圖西人。他想要組成圖西人團隊來反擊。

有很多胡圖人和圖西人理直氣壯地怪罪是宣傳釀成了集體屠殺。但它為什麼會這麼有效？族群間的仇視固然明顯是禍延國家數十年，但事實在於，大部分的胡圖人並非一開始就是熱衷的劊子手。**我見了許多參與殺戮的胡圖人，他們告訴我，他們並不恨自己所謀殺的人。**其中一人就是雷納德・魯科戈扎（Leonard Rucogoza）。

我被引見給他是在圖西人瑪莉・伊薩吉利薩（Marie Izagiriza）的客廳裡，她跟約翰・吉蘭內薩住在同一個村落。在集體屠殺中，她失去了先生和八個子女中的五個。雷納德宰殺了瑪莉的先生，然後把她兩個六歲和九歲的子女推落井裡，然後就地站崗，以確保他們沒有逃走，而是會慢慢餓死。直到那一刻前，他們的家人都很友好，包括會一起過節和吃慶祝大餐。如同約翰・吉蘭內薩的父親，瑪莉的先生很富有，他擁有很多母牛。事實上是多到還送了兩頭給一些鄰居，包括雷納德在內。

我們一起坐在瑪莉的家裡時，瑪莉告訴我：「我以前從來不覺得胡圖人和圖西人之間有恨。」

雷納德是其中一個怪罪電台宣傳的人，說它教唆「我們該把圖西人殺掉」。他堅稱：「在整段時期，我都不覺得恨圖西人。」

我倒抽了一口氣。「是真的嗎？」我試著藏起譏諷說道。

「真的。」雷納德說。接著他舉出了另一項助長殺戮的動機：「我覺得，你知道，我該殺掉他們。我們所受的教唆是，假如殺了圖西人，你就能拿走他們的財產。你該把他們殺掉，這樣就能隨意拿走他的家當。」雷納德殺了瑪莉的先生後，便拿走了這家人的母牛。

有很多胡圖族的行凶者和其他跟我談過的胡圖人也試著告訴我，**殺戮是受到貪婪而不是仇恨所激發**。瑪莉－珍・韋瑪納（Marie-Jeanne Uwimana）就是其一。

集體屠殺展開時，瑪莉－珍是十歲。她跟父母和妹妹住在離約翰・吉蘭內薩家一公里半左右的地方，不是同一個村落，但近到足以聽過約翰家，而他也聽過她家。雖然日後約翰和瑪莉－珍會變得更加親近，但要到集體屠殺把他們的人生都撕裂之後才會。

瑪莉－珍的父親是農人，她的美好童年回憶就是幫忙他賣酪梨。瑪莉－珍還記得，她父親晚上回家時，都會帶新東西給她和妹妹，那些東西則是從他幫忙去宰殺的圖西人家裡偷來的。她父親所殺的一個圖西人是家族友人，常把地交給瑪莉－珍的家人耕種。

我問瑪莉－珍，她認為父親為什麼會去參與殺戮。

「想像一下把常給你生計的人殺死。」她告訴我。她招認說，「他們受過殺人訓練是實情，」無論是正式透過聯攻派，還是透過宣傳，「但那些參與集體屠殺的人多半是受到貪婪所驅使。」瑪莉－珍斬釘截鐵地說。

話雖如此，我卻忍不住心想，情況是否並非如她所解釋，因為當小偷要好過當禽獸。貪婪怎麼能解釋雷納德為什麼會殺死兩個年輕的孩子？或是暴行普遍施加在並未掌控財產的女性身上？

集體屠殺開始時，德州基督教大學的圖西族學生雅尼克．托納才四歲。他跟媽媽和三個手足躲在祖母家，連同姑姑和叔伯，總共有十六人。最後他們逃離了家中，認為最好的賭注就是成對躲藏並試著逃走。結果，活下來的只有雅尼克、他的母親、姊姊和叔叔。

雅尼克告訴我，他祖母陪著還是嬰兒的弟弟在後院藏身。可是寶寶哭了。

「他一歲大，只是在發出嬰兒的哭鬧。」我們在大學書店的門廊上聊到時，雅尼克說。

胡圖族的攻擊者聽見了他弟弟的哭鬧，循聲找到他祖母和小弟弟。

「我祖母……遭到強暴。」雅尼克說得很淡定，但睜大的雙眼中滿是淚水，「而我弟弟……他們把他抵在牆上毆打，打碎了他的腦袋，並強迫我祖母喝血。」

接著他們就把他祖母給殺了。

雅尼克告訴我，攻擊者「是世代都跟我祖母家比鄰而住的鄰居」。

我在盧安達的時候，有一次去造訪納塔拉瑪（Ntarama）的教會。約翰和瑪莉－珍都是在布格塞拉區長大，而該村就在通往當地的路上。集體屠殺展開時，周圍地區的圖西人跑到教會尋求庇護。但如同其他的僑民，義大利天主教的神職人員也逃離了該國，留下信眾自我防衛。

成千上萬人把自己鎖在納塔拉瑪的小教會裡，希望能一起抵擋胡圖族民兵，或者冀望上帝反正就是會伸出援手。所有的嬰兒都在平常當成主日學校的小型附屬建物裡避難。胡圖族民兵用手榴彈在主日學校建物的那側炸出了洞，然後抓住嬰兒的腿，把他們的頭往室內前方的牆上砸，一個殺完再一個。如今一片被血染汙成暗色的磚塊仍留在牆上。

在集體屠殺中，貪婪看起來肯定是扮演了要角，而且整體上對經濟的憤慨，肯定助長了胡圖人所感受到對圖西人的諸多族群摩擦，但盧安達所發生的事並不能光用貪婪來歸結。**集體屠殺是把外群體加以他人化的完美風暴，令人驚駭地印證了為了極端致命的目的，有多輕易而舉就能針對受到妖魔化的社會群體，挑起受害者競爭、憤怒與作嘔的強烈感受。**

在故事中至關重要的是，**靠著宣傳和訓練民兵，政府確立了殺掉圖西人是胡圖人的責任。**政府確立了新的社會常規，使胡圖人覺得責無旁貸要遵從。就如同在一七五〇年代、一八五〇年代和一九五〇年代，種族歧視和暴力是北美的常規。暴行在盧安達成了常規，這便解釋了為什麼像雷納德·魯科戈扎這種「正常人」能殺害自己並不恨的人。**雷納德和普遍的人類都很容易去遵從**

社會常規，而深為麻煩的則是常規本身就帶著恨意。

為了幫助自己想通，暴行如何能變成這樣的常規（事實上根本就變成如此平常），我去請教了哲學家伊莉莎白・閔尼奇（Elizabeth Minnich）。她是史上其中一位最著名哲學家的學生與弟子，那就是把世人對邪惡的理解整個翻轉過來的漢娜・鄂蘭（Hannah Arendt）。

鄂蘭是一九〇六年在德國出生，並逃過了大屠殺，最後在美國落腳。在一九五〇年代，她出版了兩部重要的作品《極權主義的起源》（*The Origins of Totalitarianism*）和《人的條件》（*The Human Condition*），都是以自由為主題，探討自己與個人、社會和政權的關係。但到了一九六一年，漢娜・鄂蘭才變得家喻戶曉。那年《紐約客》雜誌派她去耶路撒冷報導大審，對象是希特勒在大屠殺期間的副手阿道夫・艾希曼（Adolf Eichmann）。為了把歐洲數百萬的猶太人趕進集中營，並把大部分人加以殺害，後勤就是由艾希曼所設計和管理。

鄂蘭向美國和全世界報導的內容令人震撼。她說，艾希曼並不是禽獸，而是十分一般的人，想都不想就奉命行事。但假如艾希曼不是禽獸，你怎麼能解釋他的禽獸行徑？在提出答案時，鄂蘭發明了「**邪惡之平庸**」的說法。她所指的並不是邪惡的艾希曼犯行平庸，而是他很平庸，普通人所做的事卻非比尋常地嚇人。

對於艾希曼的平庸，鄂蘭寫道：「全然無所用心造就了他成為那段時期最重大的罪犯之一，跟愚蠢絕非同一回事。」艾希曼「無力思考，這一點令人費解，卻貨真價實」。鄂蘭尤其強調的是，艾希曼似乎絲毫沒有去質疑納粹黨為暴行所確立的新常規。就如同圖西人在盧安達遭到非人化的對待，常規是經過逐步地仔細散布。鄂蘭主張，個人有責任要挑戰社會常規，在必要時加以違抗。她把這樣的獨立心思稱為「不借助欄杆的思考」。但鄂蘭主張，泰半時候，我們都是以在一段難走的階梯上緊抓欄杆的方式來緊抱著常規。

伊莉莎白・閔尼奇的研究重點在於，嘗試去解構這種緊抱欄杆的思考模式。閔尼奇在她的著作《平庸之邪惡》（*The Evil of Banality*）中寫道：「從首次遇到誇張的不正義以來，我就日益覺得了解思考是我最迫切的道德與政治追尋，而對無所用心也是，對諸多形式的平庸也是。」

現為美國大專院校協會（Association of American Colleges and Universities）資深研究員的閔尼奇幫助我了解她所謂的「粗放型邪惡」，以便跟出於絕望或激情的個人犯罪區分開來，像是搶銀行或殺害情人。「基本上，邪惡有兩種。」她從北加州的家裡打電話告訴我，「一種是集約型，開始和結束都挺快，一旦有人違反常態而犯罪，我們就會大為震撼。」集約型犯罪包括隨機的身體攻擊和謀殺。閔尼奇解釋說：「另一類邪惡是粗放型，涉及大規模的犯罪，下手的不是個人或小群的違法份子，而是整個社群或社會。」

她的重點在於，集約型犯罪擺明了有錯，任何目睹罪行的人都會深惡痛絕，粗放型邪惡則不然。她說，拉開距離，「粗放型邪惡或許的確會使我們震撼與驚恐，但事實卻是它在當下算是正常。」

閔尼奇說到這點時，我起了雞皮疙瘩。不論從哪一方面來看，將集體屠殺視為正常，這種觀念起初似乎很扯，但後來我意會到，她所指的正常是屬於正常化、建立社會常規的層面，就像史柯蒂．奈爾和我在維吉尼亞時所爭辯的歧視常規。

「一旦啟動，暴力就會使行凶者產生演化。」閔尼奇繼續說道，「為了引發更大的暴力，讓施加暴行變得更容易，也更有可能，社會常規、體制和文化全都會改變。」

心理學家唐納．達頓（Donald Dutton）是集體屠殺的另一位專家，他的診斷也是如此。他寫道：「對受害者的行為在之前會被視為不可想像，現在卻變得可以接受和『正常』。殺掉受害者最後便成了『當為』之事。」

如研究集體屠殺的學者詹姆斯．沃勒所說：「非比尋常的邪惡行凶者之所以非比尋常，只在於他做了什麼事，而不在於他是誰。」

在一九九五年的波士尼亞集體屠殺後，克羅埃西亞的作家史拉玟卡．德古麗琪（Slavenka Drakulic）觀察了戰爭犯罪審判庭，表示：

你坐在法庭裡日復一日看著被告，起初會像普利摩．李維（Primo Levi）那樣不禁想說：「這還算不算是人。」不，這不算是人，回答起來真是太容易了。但隨著日子過去，你會發現罪犯變得日益是凡人。不久後，你會覺得自己對他們還滿熟識。你看著他們的臉，不管是醜還是好看，打呵欠、作筆記、抓頭、摳指甲的小習慣，使你必須自問：萬一這算是人呢？你愈認識他們，就愈不禁納悶，他們怎麼能犯下這樣的罪，這些服務生和計程車司機、老師和農夫就在你前面。而且你愈意會到戰犯或許

是普通人，就愈怕自己變成那樣。當然，這是因為後果比他們是不是禽獸還嚴重。假如犯下戰爭罪的是普通人，就代表任何人都有可能犯罪。

我在反思集體屠殺可以變得有多正常時，想到了美國的歷史。在殖民年代和立國的早期歷史期間，集體邪惡也是常規，從大規模宰殺原住民到大規模奴役非洲人。後來在一八七七到一九五〇年間，至少有三千九百五十九個黑人在種族恐怖私刑中遭到殺害。保羅・羅布森（Paul Robeson）和其他的民權行動人士主張，依照聯合國的公約，這已經符合「集體屠殺」的定義。這些私刑不僅是令人羞愧地在私下執行，更是公開的慶典。「**常常是數以千計的大批白人聚集起來，見證事先計畫好、罪大惡極的殺戮，賣點則是冗長的拷打、殘害、肢解和／或燒死受害者。**」平等司法倡議（Equal Justice Initiative）在對美國私刑的廣泛記載中報導說。

塔斯基吉大學（Tuskegee University）的社會學家史都華・托奈（Stewart Tolnay）和貝克（E. M. Beck）在他們談南方私刑的著作中報導說：「**白人報刊會替這些嘉年華找藉口，並當成盛會來宣傳。有小販在賣吃的，印刷業者製作的明信片會放上私刑和屍體的照片，受害者的身體部位則會被收集起來當成紀念品。**」如同在私刑中實際動手的白人，觀眾裡的白人很可能自認是好人。實地帶小朋友去看的白人家長很可能自認是好家長。他們參與了既成的常規，並使它長存。這並未使他們變得無辜。以那個一時一地來說，它是使他們變得「正常」。

人們連對危險的常規都渴望遵從，我所指的真的就是如此，心理學家史丹利・米爾格蘭（Stanley Milgram）在一九六〇年代所做的一組著名實驗，就展現了它令人震撼的駭人威力。在漢娜・鄂蘭報導阿道夫・艾希曼據稱有多正常後，困擾的米爾格蘭決定來測試人對於權威人物下令施暴的服從程度。

當受試者為了米爾格蘭的研究而抵達時，就會兩兩配對，並以抽籤來認定由誰當「教導者」、由誰當「學習者」。只不過籤其實經過內定：受試者一定是「教導者」，米爾格蘭的一個研究助理一定是「學習者」。各受試者會看到「學習者」被送進房間，綁在椅子上，而且手臂上貼了電極。接著受試者會被帶進隔壁房間，裡面有一台機器儼然是會對「學習者」發出電擊。機器上「標示著從十五伏特（微擊）、三百七十五伏特（危險：重擊）到四百五十伏特（XXX）」。機器其實是假的，實際上毫無作用，但受試者以為它是真的。

身為「教導者」的受試者應該要把單字配對表教給「學習者」，然後進行隨堂考。每次「學習者」一答錯，就有人要受試者電擊。大部分時候，學習者都故意答錯。而假如受試者拒絕電擊，他們就會受到催促，像是「實驗要求你繼續」，甚至是「你別無選擇，只能繼續」。

米爾格蘭假設，也許有10%的參與者會卯起來把電擊度弄到據稱會致死的四百五十伏特。結果，實際這麼做的人高達65%，而且每個受試者至少都弄到了三百伏特。最終米爾格蘭執行了十八個版本的研究，結果全都類似。

但那是當時，對吧？遺憾的是，非也。從一九六〇年代起，美國學術研究的倫理標準變得更嚴了，有部分就是因為像米爾格蘭這樣的研究。但在二〇一七年的波蘭，有一群研究人員基本上就是複製了米爾格蘭的實驗，而我猜那裡並沒有嚴格的標準。在那場實驗中，90％的受試者都願意以最高的伏特電擊別人。

米爾格蘭主張，他的研究透露出有這麼多人如此熱切地服從權威。在他之前，另一位研究人員所羅門・阿希（Solomon Asch）的研究曾受到米爾格蘭援引，其中顯示權威人物甚至不必直接要人遵從，單靠同儕壓力就夠了。在一九五〇年代，阿希做了劃時代的實驗，一如米爾格蘭的研究，在社會心理學上是數一數二的研究，廣受引用。各受試者都被帶進房間，他們以為裡面的人是其他的受試者，但實際上是研究團隊的一員。阿希要他們看的三條線明顯長度不同，然後第四條線顯然是跟頭三條中的一條一樣，而且是只有一條。

每個人都應該要說出它跟哪條相符，基本上就是個愚蠢的簡單任務，正確答案其實顯而易見。可是當房間裡的暗樁刻意給出錯的答案時，受試者有32％的時候也會答錯。橫跨十二場類似的實驗，有25％的受試者是壓根不遵從，但有75％的受試者至少答錯了一次。

他們的心裡在想什麼？他們有沒有察覺到自己在遵從常規，只是在人云亦云？或者他們是否誠實地認為，自己是在給出正確的答案？阿希的實驗過了半世紀後，精神科醫生格雷戈里・柏恩斯（Gregory Berns）和艾默理大學（Emory University）的團隊複製了阿希的研究，並以功能性磁振造影機來掃描受試者的大腦。在這個案例中，他們是要比較一塊塊形似俄羅斯方塊的東西——兩個不同3D物體的圖形。受試者獲得告知，要在腦海裡轉動物體，以研判它們是一樣，還是不同。正確答案又是超級明顯。可是當房間裡的共謀給出錯的答案時，受試者有41%的時候也會答錯。

柏恩斯心想，假如受試者在說謊，大腦中與有意識欺騙有關聯的部分就會發亮。可是並沒有，發亮的反而是大腦中與視覺感知和空間察覺有關聯的部分。換句話說，受試者並沒有在說謊。資料顯示，他們的腦海是真的修改了實際上的感知來遵從群體：假如群體中的其他人堅稱看到的是三角形，順從群體的受試者也會等於是「看到」三角形。同一時間，與群體唱反調的受試者則是在右杏仁核呈現出大腦活動，表示有情緒耗損，甚至是潛在的恐懼，而與捍衛本身的信念有所關聯。

引人注目的是，當柏恩斯和團隊所採行的實驗版本是用電腦，而不是真人研究員去測試受試者時，杏仁核並不會發亮。研究團隊下結論說，造成情緒困擾的關鍵，並不是普遍表明立場，而是與同儕唱反調。心理學家克里斯欽·柯蘭道爾（Christian Crandall）和艾美·艾許曼（Amy Eshelman）研究了一百零五種在不同的假想情境中所表現出的不同成見，像是工作歧視或對仇恨式的玩笑發笑，並發現成見與需要首要群體的社會認可高度相關。這顯然可能會在潛意識裡發生。

要把話講清楚的是，我們的遵從傾向不一定是壞事。社會靠的就是遵從度。假如固定有25%甚或10%的人決定不服從紅綠燈，我們就會遇到嚴重的問題。我們想要抗拒的是遵從有害的常規。

在盧安達，有些人是帶著不凡的勇氣來行事。在全女子的聖瑪莉學校（Sainte Marie School），民兵命令她們依族群來區分，胡圖族和圖西族的學生卻拒絕聽從，於是一起表明立場的女生全數遭到了殺害。在集體屠殺的過程中，胡圖族女性約瑟芬．杜薩米納瑪（Josephine Dusaminama）把十三個圖西人藏在家裡，然後暗中用船把他們跨境載到剛果民主共和國。另一位胡圖族女性奧莉芙．穆坎庫西（Olive Mukankusi）搭救了三個圖西人，把他們藏在自家後院用來釀香蕉啤酒的地窖裡。穆坎庫西知道自己所冒的險，她告訴全國公共廣播電台：「我準備好要與他們同死，不管我或我的家人會發生什麼事。」

在這些時刻，要怎樣才可能使更多人展現出這種不遵從的勇氣？這個問題沒有簡單的答案，但有一條線索可能是在研究集體屠殺的學者爾文．史陶布（Erwin Staub）所發現的事裡。**出手搭救的人有很多本身就是位處社會邊緣，像是具有多族群傳承的少數宗教或民族成員。**舉例來說，在盧安達的集體屠殺期間，盧安達居於少數的胡圖族穆斯林，大部分不但沒有參與殺戮，還幫忙藏匿和搭救圖西人，不論對方是不是穆斯林。

社會心理學家奧瑞里亞．莫克（Aurelia Mok）和麥可．莫里斯（Michael Morris）舉出了強力的研究證據來佐證史陶布的觀察。他們給亞裔美國人的受試者看3D物體配對，就像在柏恩斯的功能性磁振造影研究中那樣，兩種俄羅斯方塊的形狀明顯就是完全一樣或不同。而且一如柏恩斯、阿希和米爾格蘭的研究，莫克和莫里斯要研究人員假扮受試者，然後給出錯的答案。還記得在阿希的研究中，對於明顯不正確的答案，有75%的受試者至少順從了一次。

但莫克和莫里斯得到了不同的結果。他們發現，亞裔美國人的受試者展現出「偏低的雙文化身分認同整合」時，代表他們並未把亞裔和美國人的身分認同視為充分相容，並整合成單一的社會身分認同，那就比較有可能抗拒同儕壓力，並給出正確答案，無論暗樁做了什麼。這說明如要防止自身歧視或仇恨各種的身分認同群體，方法其實並不是去假裝那些不同的身分認同不存在。我們從中得到的啟示，並不在於我們需要一些感覺像是邊緣人或沒有把文化隸屬感充分整合成無縫整體的人。確切來說，偏低的雙文化身分認同整合，是跟焦慮和鬱悶的分數較高有關聯。**啟示在於，我們需要打擊負面的他者化，而不要強迫同化或遵從。**我們還是能有群體，唯有當人們互相拚鬥，優勢強者與底層弱勢對立，才會產生問題。

人類學家珍妮．貝奈特（Jennie Burnet）建議，**培養相互人性與尊重的價值也能反制仇恨。**貝奈特發現，盧安達的情況肯定就是如此。她廣為訪問了出手搭救的胡圖人。「他們幾乎全都說，那是任何正派的人類都會做的事。」貝奈特報告說。他們全都把自己視為「某種人」。

有一位出手搭救的人告訴她：「有些人為什麼會去援救別人，第一個理由是他們明白每個人就像是自己。也許是因為他們很清楚，假如今天是他遭到獵殺，隔天也可能換你遭到獵殺。假如今天是他死，明天就可能是你死……我們明白，沒有人有權凌駕另一個人的性命。」

另一位出手搭救的人說：「心腸狠毒的人不救人，可是心腸慈悲的人明白，人類就是人類，便去把那個人救下來。我們就是這樣來救人。」

另外有好幾項研究顯示，在集體屠殺中出手搭救的人比一般人要有同情心和利他精神。

「非人化並不是談論方式，而是思考方式。令人難過的是，我們太容易就會陷入這種思考方式。」哲學家大衛．李文斯頓．史密斯寫道。可是如伊莉莎白．閔尼奇所教導，挑戰不只是要把一組欄杆換成另一組，像是以某種統一施行的團康式同化屁話來抹殺個人性。問題反倒是，民眾和社會要怎麼幫忙養成獨立思考的習慣。從學校、教會到國家，我們如何利用共聚一堂的空間來同時理解，我們是如何全都彼此連結，並在此同時學習要怎麼獨立思考。這是艱鉅的任務。

在村落附近的山丘高處，約翰．吉蘭內薩發現了其他逃走的圖西人，他們也想要挺身反抗。可是他們沒受過訓練又武裝貧乏，而且過不久，胡圖族民兵就發現約翰和他那群人了。圖西人拚盡了全力戰鬥，但大部分都遭到了宰殺。約翰的頭部中彈，腿則被大刀嚴重砍傷。他摔在地上，失去了意識。胡圖族民兵認定約翰死了，便把他留在其他的屍體當中。最後另一群圖西人來到現場，留意到約翰還在呼吸。他們把他帶去基加利的醫院。約翰持續昏迷了一百三十五天。到了集體屠殺結束後的幾週，他才醒過來。

他活了下來。盧安達有十分之七的圖西人就沒那麼好運了。而且在集體屠殺後，盧安達的孤兒有九萬五千人。

約翰從昏迷中醒來時，什麼都沒了。他的家人大部分都死了，財產則全數遭到摧毀或掠奪。只有二十歲的約翰成了盧安達人所謂的「街頭男孩」——在基加利晃盪的無家小朋友。「我住在尼安扎（Nyanza）的垃圾場，在那裡吃垃圾。」約翰告訴我。旅館和醫院會把垃圾包在大型防水布裡丟棄，約翰和其他的街頭男孩就把防水布掛在樹間遮風蔽雨，然後從垃圾裡翻找廚餘。他就這樣活了十四年。

「日子太難過了。」約翰邊說，眼睛邊看著地上，「我企圖自殺了十次卻沒成功，因為上帝知道，我今天會跟你在這裡。」他抬頭看著我，又大又圓的眼睛在難過中帶著笑意，「非常辛苦。」他說，「可是我的心總算療癒了。」

集體屠殺過了一年後，被大家稱為狄歐牧師的主教葛夏葛薩．狄歐（Gashagaza Deo）成立了盧安達更生團契（Prison Fellowship Rwanda），是反對暴力和提倡和解的團體。狄歐牧師成長於剛果民主共和國，他的圖西族家人則是在一九五九年逃離盧安達。集體屠殺在一九九四年結束時，狄歐牧師去盧安達找其他親人，但他們都遭到了殺害。他哭了三天，然後聽到有聲音說：「不要哭。你來當我的和解使者。」

狄歐牧師是帶著笑容告訴我這件事，代表他知道我或許認為他很扯，但在這個篤信宗教的國家，沒有人聽到上帝的訊息會不大驚小怪。

狄歐牧師進到了盧安達的監獄裡，一方面認為或許會找到殺害他家人的兇手，一方面也是在測試他所收到的訊息。最後他對獄中的胡圖人傳起了道。他們要狄歐牧師來為他們祈求原諒。而且他說，他們也要他來幫忙。

有一名集體屠殺份子問道：「假如有一天我獲釋了，我怎麼能住在自己家裡，而受害者卻沒有棲身之處？」於是和解村就誕生了。

二〇〇五年，狄歐牧師和盧安達更生團契興建了第一所和解村，住宅社區裡有一半是集體屠殺的行凶者，有一半是倖存者。狄歐牧師的觀念散布了出去，最後盧安達更生團契蓋了八個這樣的村落。

當一處和解村開始在約翰家曾經住過的地區興建時，社區的成員把約翰的事告訴了狄歐牧師，並聽說他現在住在街頭，就快活不下去了。狄歐牧師和團隊便動身去找約翰。

「他們開始來探望我。」約翰回憶說，「不過在頭幾天，我卻試著躲起來，怕他們是陪著警察來。」在基加利，警方會固定去騷擾和逮捕遊民。

但不久後，約翰就意會到，天天都回來四處打聽他的人是來自自己的村落。「後來我們就開始互動了。」約翰說。

狄歐牧師與和解村給了約翰房子，以便在新村落有免費的地方住，就在他家的舊房子附近。約翰很懷疑。你不會嗎？另外，他並不想跟胡圖人有所牽扯。他怕死他們了。

在他出於絕望而總算軟化，搬進和解村後，晚上都會把大刀擺在床邊，深信會有一個胡圖族鄰居試著在他入睡時來謀殺他。他就是這麼怕他們，並帶著可理解的憤怒。

約翰所住的和解村是上百間左右密密麻麻的鐵皮屋，牆是用抹上混凝土的泥磚所做成。各戶都是三或四房，之間有牆和門口，但沒有門。在我去參訪的屋子裡，門口大部分掛了床單。屋子有茅坑，但沒有自來水。村落的中心附近有井，大家可以把裝滿井水的五加侖黃色塑膠油桶扛回家裡。

地板是泥土。院子是泥土。街道是泥土。學校沒上課時，村落裡的小朋友就會湊成小群體，在泥土上玩耍、用棍子去戳土、跪在上面爬行，靠這些活動度過白天大部分的時間。我想到了薇拉，但願她就在村落裡跟著我，這樣她就能意會到自己有多幸運，等我下次在玩具店拒絕買第N個填充動物給她時，就不會哀哀叫了。

我拜訪約翰時，帶去村落裡的足球是他們擁有的第一顆球。它花了我六美元，有半數的盧安達人則是靠不到兩美元來過一天。

而且國內有將近九成的人會參加禮拜。在搬進和解村後不久，約翰就開始去參加狄歐牧師所主持的禮拜儀式。去了一個月，約翰便聽到狄歐牧師演說。「他說假如你不原諒，你就不會得到上帝原諒。」約翰回憶說。這就是了。約翰下定決心，自己準備好了。「**我一把那句『我原諒了』說出口，我的心就潔淨了。**」他告訴我。而且他說，他從把周遭的胡圖人視為潛在的殺手，變成了把他們視為好人。

「是真的嗎？」我狐疑地問道。

如同阿爾諾・米凱利斯和巴薩姆・阿拉米，他的轉變快成這樣，讓我很難應對，更有甚者的是因為，約翰經歷過極端的恐怖。基於約翰受磨難的程度，我連要理解都沒辦法。為了他，以及所有失去摯愛和自身性命的圖西人，這都使我感到火大。約翰應該且必須去原諒任何人，這聽起來似乎一點都不公平。如同我朋友阿米娜托・索烏說過的話，面對那種仇恨，恨也許不但是情有可原，而且才正義。

假如不恨了，你是英雄，還是遜咖？而且表示像約翰這樣的人該為了扛起原諒的擔子，而受到讚揚並奉為楷模，這會不會很荒謬，甚至可能是冒犯？我忍不住心想，住在他周遭的胡圖人每一天都該趴在他跟前道歉，歌頌約翰這麼寬宏大量，把太多的擔子往身上扛，讓殺手就此脫身。

原諒是複雜的事。哲學家尼采寫過，原諒是軟弱。作家奧德麗·羅德（Audre Lorde）更進一步表示，原諒是不正義：「期待黑人和第三世界的民眾在人性上教育白人。期待女性教育男性。期待男女同志教育異性戀世界。壓迫者則堅守立場，並逃避自身作為的責任。能量不斷在耗損，而它或許更適合用來重新定義我們本身，並設計切實可行的假想情境來調整當前情況和建構未來。」

我本身確實意會到，憤怒會使那些懷抱憤怒的人生病。它會削弱身體的免疫系統，導致血壓、緊張和焦慮上升。然而在我感覺起來，原諒有時候像是不正義的錯亂，並假裝成精神上的恩典；期待受壓迫者原諒壓迫者，感覺起來就像是要受壓迫者又扛下另一份擔子。

所以我在聽約翰講他的故事時，這種原諒的事感覺起來就很混亂。我跟約翰提了。他的回應則是聳聳肩，彷彿是說我愛怎麼想就怎麼想，但這樣對他來說才對。約翰補充說，影響他的不只是狄歐牧師的講道。「也值得一提的是，他們〔更生團契〕為我做的事促成了我去改變。」更生團契社群的成員對約翰敞開了心房，進而幫助約翰對社群敞開了心房，包括胡圖人在內。

此時胡圖族女性瑪莉－珍·韋瑪納走了進來。約翰認識她時，她還只是個住在隔壁村的小女生。

「就是在禮拜儀式的期間，我聽到了她的名字。我變得無比好奇，便去問人她家住在哪。」

約翰說起了瑪莉－珍．韋瑪納。一講到這段故事，他便有點害羞，近乎是難為情。很清楚的是，即使在比較年輕時，他們的年齡差距更顯眼，但約翰對瑪莉－珍．韋瑪納已產生美好的憧憬。

他繼續說道，有一天晚上，「上帝讓我見到了瑪莉－珍」。他指的似乎是在夢裡，但不管怎樣，這份憧憬也沒有引起別人的側目。

約翰決定要追她。三天後，他就求婚了。約翰和其他人告訴我，這種閃電式追求在盧安達很常見，尤其是在鄉下。而且在經歷這麼大的痛苦後，我明白你會想要往愛情衝過去。但我發現，有另外一點細節幾乎是不可能理解：瑪莉－珍的父親所帶領的胡圖族民兵宰殺了約翰的家人，而且約翰心知肚明。

瑪莉－珍也知道她父親跟謀殺約翰的家人有所牽連，但她並不知道細節。不管怎樣，她都沒有讓這件事阻止她。「我立刻就認為，他是要來求婚的。」而且她答應了。

但她也告訴他，她必須跟家人談談。

「我把念頭跟家人分享，他們都不敢相信自己的耳朵。」她敘述說。她母親和姊姊把她父親到底做了什麼告訴瑪莉－珍。她們把一切都告訴了她。話雖如此，她並沒有退卻。家人懇求她不要跟約翰結婚，他向她求婚只是為了復仇，並且會以不當對待她來報復。

在不借助欄杆來思考的非凡例子中，瑪莉－珍說：「我告訴他們，假如我父親殘害了約翰的家人，要怪的也不是我。我下的結論是，這是我父親的事，不是我的事。」

瑪莉－珍說，她告訴自己：「假如他真的愛我，什麼事都阻止不了我跟他結婚。」

一如美國的女權人士羅蘋・摩根（Robin Morgan）所寫道：「恨是一概而論，愛是別無分號。」要挑戰和放開各種認定，靠的就是愛。而且不管我是如何譏諷約翰對瑪莉－珍的閃電式追求，看到他們在一起心就融化了。

二〇一六年秋天，我前往盧安達會見瑪莉－珍和約翰時，他們的家就是約翰獲贈的那一間房子，位於狄歐牧師的和解村。他們結婚十年了。他們萌到翻的四個小小孩一直試著要躲在桌腳後面，偷瞄拿著iPhone和筆記本的高大白人女子。同一時間，約翰和瑪莉－珍對彼此顯而易見的感情則是純然令人神往。

瑪莉－珍告訴我，她母親和姊姊「對我們一起幸福生活的情況感到吃驚，這是超乎她們想像的事」。

可是我不禁想到，瑪莉－珍的父親呢？瑪莉－珍試著找他。她相信他住在烏干達，試圖逃離自己因為在集體屠殺期間的罪行而受到的迫害。每當她認識的人要去烏干達時，瑪莉－珍就會把她對父親下落所知的少許細節寄給他們，請他們試著去找他，勸他回家。「我並不恨他。」瑪莉－珍告訴我。「我沒辦法恨他。」她解釋說，他是好爸爸，並且就她所知是個好人。

那約翰呢？他恨岳父對他造成這麼多磨難嗎？約翰堅稱不恨。他似乎學到了一種感化的愛，真能做到的人或許寥寥無幾。「我真的好愛他。」約翰告訴我，「唯一的問題是，我沒有強壯的腿。要是有的話，我甚至會把他抬起來，好讓他看看我有多愛他。」約翰熱衷地把手臂舉到空中，以顯示要是可以的話，他會把瑪莉－珍的父親抬到多高。

「容易莫過於譴責壞份子，困難則莫過於去理解他們。」十九世紀俄國大文豪杜斯妥也夫斯基寫道。去愛殘殺你全家的壞份子，似乎直截了當就是不可能。

此時約翰的整張臉都洋溢著笑容。「對於把我的愛妻生下來的人，我是真的愛。」他聲稱。「我覺得約翰和我會永遠生活在一起。」瑪莉－珍邊告訴我，邊對先生回以笑容，「大家該知道的是，所有的人類都會以同樣的方式受到對待。我渴望看到大家像我們這樣相親相愛。」

學者史迪芬・包姆（Steven Baum）把他的著作《集體屠殺心理學》（*The Psychology of Genocide*）獻給了那些在殘暴期間出手反抗和搭救的人，並以德文的說法稱之為alles goeie mensen，照他所翻譯就是「那超越恨意而活的好人」。約翰和瑪莉－珍學會了超越恨意而活。他們的故事在世界上的任何地方都會很暖心，但在恨意曾經燒得這麼熾烈的國度裡，瑪莉－珍和約翰就像兩隻鳳凰從餘燼中躍起，並在羽翼下承載著盧安達未來的希望。

而在集體屠殺過後，盧安達的情況如何？不全然像瑪莉－珍和約翰這麼好。雖然在許多方面大有進展，但摩擦和憤慨依舊。

集體屠殺是結束於保羅・卡加梅（Paul Kagame）所率領的盧安達愛國陣線部隊推翻了胡圖族政府，並建立由盧安達愛國陣線所統轄的聯合政府。卡加梅從二〇〇〇年起就擔任總統，並在二〇一七年贏得了壓倒性的連任。有的人把他譽為救星，有的則斥之為暴君。為了促進和解，政府所採取的步驟有的備受讚揚，有的則飽受批評。

集體屠殺的元凶遭到了國際刑事法院（International Criminal Court）審判。但對於其他數十萬名涉嫌參與殺戮的人，政府則是成立了gacaca法庭。「gacaca」大致可譯為「坐下來討論重要議題」。法庭的擔子過重，而且並不完備；有很多遭控的行凶者在等待審判時就死了。可是除了決定那些遭定罪者的罪行和刑度，gacaca法庭還訂立了公開程序，好讓社群成員聽取他們摯愛的人發生了什麼事，並讓普遍的社群投入究責與療癒。

有很多圖西族的倖存者告訴我，因為有gacaca的程序，他們才找出家人的遺體是埋在哪。胡圖族的行凶者則告訴我，它迫使他們負起責任，不只要入獄服刑，還要全盤面對自己的所作所為，以及自己所害過的人。名叫費德利克・卡吉格威莫（Frederic Kazigwemo）的胡圖族男子對我解釋說：「在gacaca法庭當中，有胡圖人在集體屠殺期間是一起行動。他們拒絕說出自己拿了圖西人的財產。以我來說，我就批判了他們，因為我有看到他們。於是我就說：『你們有拿這個！你們有拿這個！我有看到你們！』」

不過，比較有爭議的是政府所設立的ingando——為促進全國團結，並消弭族群區別所設計的全國再教育營。胡圖族受刑人出獄後就必須入營，而國內大部分的胡圖族和圖西族年輕人也要。但政府的計畫是，每個盧安達人最後都要去。構想是要創造空間來讓胡圖人和圖西人一起學習彼此連結，並打擊集體屠殺的宣傳中所散布的有害觀念，「大家同餐共食，吃睡都在一起，這樣就會把信心建立起來……我們事實上是可以一起生活的。」全國團結和解委員會（National Unity and Reconciliation Commission）的會長曾經如此解釋。

然而，有些人批評ingando是挺盧安達愛國陣線的宣傳計畫，「是國家的危險之舉，因為要引燃和維繫集體屠殺，就少不了政治灌輸和由政府來掌控資訊」，福特漢姆大學（Fordham University）教授暨人權律師齊．姆巴可（Chi Mgbako）寫道。而且政府宣揚泛族群的民族主義有它麻煩的層面。如姆巴可所主張：「ingando危險是因為，它是要抹除『差異』，而不是教導去容忍『差異』。」有一位盧安達記者告訴姆巴可，營隊基本上就是在「洗腦」，而且對，讓人把共善、甚或是國家擺在族群認同之前很重要，但記者補充說：「叫人不要認同自己的身分，這件事本身就錯了。」

加上還記得研究顯示出，那些保有本身顯眼身分認同的人比較容易去抗拒集體迷思嗎？我們必須培養群體的連結，靠的不是把同質的身分認同強加在每個人身上，而是要建立共有的人性感，不只是尊重，還要主動欣賞每個人的差異，尤其是因為那些差異有助於我們抗拒危險的集體迷思欄杆。

盧安達政府是否只是在強加其他類型的危險遵從？舉例來說，為了努力擊敗胡圖族的極端主義政府並接管國家，反叛的圖西族部隊在集體屠殺期間也曾施以殘暴，如今在盧安達把這點指出來卻是犯罪。胡圖人對圖西人施加的那些暴行，無可辯駁是惡劣了好幾級，但假如你去盧安達的集體屠殺紀念碑和博物館，工作人員現在都會正式談到「圖西人遭到集體屠殺」，以符合政府的政策。而且如《紐約時報》所報導，在學生舉報教授說了批判保羅．卡加梅的話後，某大學教授便遭到判刑而入獄五年。

我所來自的國家從未投入全國性的尋找真相與和解程序，以彌補它在族群清洗上的立國之罪，以及奴役和種族隔離之罪，所以我沒有立場在此說三道四。有鑑於它的歷史，我認為盧安達所取得的進展很了不起，而且儘管並不完備，影響似乎是十分正面。我見了若干圖西人跟把他們摯愛的人給殺害的胡圖人當鄰居，像是雷納德．魯科戈扎和瑪莉．伊薩吉利薩，他們一起和平生活，甚至慢慢就小心翼翼地恢復了友誼。這真是不可思議。

話雖如此，盧安達仍是個警世故事，不僅在於人有多輕而易舉就能受到挑釁而施以可怕的暴力，也在於政府、反對團體、媒體和社會的其他層面，有多容易就能折損我們不借助欄杆來思考的能力。這就是為什麼我們各自固然都能並且應該扮演好自身的角色來支撐文明、消弭恨意和拒絕欄杆，但在打擊大流行時，必備的要件仍是要了解恨意如何以公然和隱蔽的方式系統性地培養出來，以及恨意在我們的體制裡能嵌入得有多深。

第六章

恨的系統：大局

恨生出恨，戰爭製造出更多戰爭。邪惡的連鎖反應必須打破，否則我們就會墜入遭到殲滅的黑暗深淵。

——小馬丁．路德．金恩｜美國民權運動領袖

一九一六年，葛瑞絲．貝爾．哈迪森（Grace Bell Hardison）在北卡羅萊納州出生時，美國的黑人並沒有投票權。事實上，女性都沒有。連第十五修正案在一八七〇年通過後，也只有非裔美國男性得到了投票權。所以是直到一九二〇年採行了第十九修正案後，女性才得以投票，包括像葛瑞絲這樣的黑人女性在內。

儘管有這些憲法上的保證，但葛瑞絲在一九三四年達到投票年齡時，黑人選民遭到褫奪公權的情況還是很普遍。在南方的許多州，包括葛瑞斯住了一輩子的北卡羅萊納州在內，政府都規定選民要做識字測驗。這對黑人來說會比較難通過，因為他們在教育系統裡受到了歧視。而且各州是採用人頭稅，選民必須繳費才能投票，又是旨在把黑人選民褫奪公權的障礙，因為絕大多數的

黑人都窮到不行。

這些法律是用來阻絕黑人選民，假如還不夠清楚，其中包含了「祖父」條款。假如你的父親或祖父在一八六七年之前就能投票，那你的人頭稅與識字測驗就免了。在一八六七年之前當然沒有黑人選民，第十五修正案還沒通過。這就是鑽漏洞，使不識字的貧窮白人還是能投票。它也是絕佳的例子，讓我們看到，號稱種族中立的法律一旦套用到時代背景裡，如何變成極端歧視。

同一時間，不顧這一切而真的設法成功登記去投票的少數黑人公民則會發現，自己的名字登上了當地的報紙。經此通告，當地的三K黨幫派接著就會出現在他們家，以暴力威脅他們。舉例來說，在一九二二年時，三K黨的成員據報飛過了堪薩斯州托皮卡（Topeka）的上空，把明信片扔到黑人鄰里，警告他們別去投票。假如黑人真的照樣設法去嘗試投票，他們往往就會發現，三K黨的威脅是說到做到。

一九六五年的《投票權法》（Voting Rights Act）應該要把這點全部矯正過來，特別是廢止識字測驗，並更普遍地禁止各州或聯邦政府所制定的任何投票法具有歧視種族或語言少數的意圖或效應。而且該法明訂，當社區中的非白人人口有超過五成在登記投票時受阻，聯邦就要加以督導。如此一來，司法部就能針對廣為遍布的褫奪公權來緊盯著在歷史上曾施行過的各州。

所以問題就解決了，對吧？不盡然。在扭轉公共常規，以及訂立至關重要的督導和問責上，《投票權法》的確帶來了很大的不同。但那並不表示選民遭受的壓制停止了。

舉例來說，在一九八〇年代，共和黨全國委員會設立了全國選票安全工作小組，要沒有當班的員警配備上膛的左輪手槍，去黑人社區的投票所巡邏。該黨在一九八二年因違反《投票權法》而遭到提告。但接著才過了四年，共和黨全國委員會所流出的備忘錄上卻詳載著，路易斯安那州的新「選票安全」方案會如何「壓低黑人的票數」。的確，共和黨員有政黨惡鬥的動機來壓制民主黨員的票，但他們原本也能試著去壓制白人民主黨員的票。之所以特別選擇壓制黑人的票，可以說是有其他的偏見和盲從參了一腳。在社會的歷史不關心黑人和他們的權利下，或許共和黨員便自以為能得手。質疑白人選民的正當性似乎會很可笑，但對於去質疑黑人選民的正當性，有誰會大驚小怪？他們的人性已經被美國的社會和政治質疑了這麼久，更不用說是投票權了。這種亂成一團的法律、常規和因果就是系統性的恨。

二〇一三年，對於《投票權法》中使它的選舉作業要受聯邦督導的條款，阿拉巴馬州的謝爾比郡（Shelby County）提告要廢除。該郡贏了。謝爾比郡訴霍爾德案（Shelby County v. Holder）這項具有里程碑意義的裁決，使《投票權法》的主要部分土崩瓦解，審判長約翰·羅伯茲（John Roberts）則宣告：「國情已變。」

對，但變了多少？一年後，阿拉巴馬州通過了嚴格的規定，所有的選民都要出示身分證明。接著在州內黑人最多的各郡，有八成關閉了監理所，使黑人居民更難取得現在投票時必須要有的身分證明。《投票權法》要是還全面生效的話，所不允許的就是這種招數。

這一切把我們帶到了二〇一六年，北卡羅萊納州嘗試對葛瑞絲·貝爾·哈迪森褫奪公權。市長候選人寄到葛瑞絲家裡的郵件遭到退回而無法投遞，因為葛瑞絲是用郵政信箱來收件。但共和黨的行動人士把退件當成了證據，試著要把葛瑞絲從選舉名冊中徹底剔除，連同北卡羅萊納州另外一百三十七位遭到類似鎖定的選民，其中有三分之二都是像葛瑞絲這樣登記為民主黨員的黑人。所幸葛瑞絲反擊了，並且透過家人和當地的全國有色人種協進會（National Association for the Advancement of Colored People）分會，受到了媒體、甚至是當時的總統歐巴馬所關注。「**很遺憾，我到了一百歲還必須經歷這樣的折磨，《投票權法》的立法都過了五十多年。**」葛瑞絲在致歐巴馬總統的信上寫道，「**我也很失望，其他的非裔美國選民正以同樣的方式遭到鎖定。**」

這跟恨有任何相干嗎？現今把黑人選民褫奪公權的勾當是糾結串連著過去的奴役與事實，亦即黑人有數個世紀都不受認可為完整的人類，更遑論是有平等民權的公民。再來就是，無論或許有什麼其他的藉口或解釋，排擠都以其他的形式插了一腳，從誰受到了暴力威脅，到誰的正當投票權受到了絲毫質疑。葛瑞絲和我有同樣確切的投票權，但葛瑞絲所面對的投票障礙卻比較大，就是因為有系統性的恨。

在二〇一六年的總統大選中，葛瑞絲·貝爾·哈迪森真的設法去投了票。車子停在投票所，她坐在副駕駛座上，選務人員把選票拿給她，畢竟她有一百歲了。葛瑞絲坐在車子裡，身上自豪地貼著「我投票了」的貼紙，照片迅速傳遍社群媒體，原因自不在話下。但照片只呈現出葛瑞絲的個別戰果。它沒有呈現出的是所有系統性的阻礙，使葛瑞絲和這麼多選民必須見招拆招，而且還在阻止許多人投票，尤其是有色人種。

對於懷恨的他者化與不平等可以如何嵌入，並受到政策和體制所促進，投票只是其中一個例子。我們在每件事裡都看到同樣嵌入的懷恨史，從學校、醫衛到刑事司法系統，甚至更多體系，而且不只是歧視黑人或女性。舉例來說，我們會看到，在美國的體制和常規裡，系統性的恨也使得鄉村社區的貧窮與勞動階級白人所受到的偏見長存。

我們不能光把體制偏見推給在那些體制裡工作的個人。那肯定是個因素，像登記為選民的拉丁裔有18%舉報說，投票所的人員告訴他們不能投票。但系統性的恨也是系統本身的產物，無論是有意還是無意，因為這些系統是在反射與複製過去的恨。種族主義、性別歧視、恐同、恐伊斯蘭、歧視身障人士、經濟菁英主義，以及其他形式的恨，形塑了我們的政策、作業和常規，使恨更進一步長存。為了打擊系統性的恨，我們必須更懂得識破恨意，而這可能會相當困難，因為系統很複雜。

「**我們的分析式心智對於複雜的系統鮮少顧及全觀的看法。**」德州農工大學（Texas A&M University）布希政治暨公共服務學院（Bush School of Government and Public Service）教授瓦拉莉・哈德森（Valerie Hudson）在《性與世界和平》（*Sex & World Peace*）一書中與共同作者寫道：「**例如花點時間來畫棵樹。你看到的是什麼？或許你所想的是高高的樹上有很多葉子，又大又直的樹幹上則有長長的樹枝。你會想到有時候比地面上的樹體還大的根部系統，也就是替樹維持生機的樹根嗎？**」作者認為，系統思考的重點就是「**要看到整棵樹**」。

根據《牛津英語詞典》，「系統」的定義是「一組一起運作的事物，屬於機制或互連網絡的一部分」，或是「複雜的整體」。例如投票權的法律、地方選務單位的作業、投票的相關大眾文化、對黑人選民施暴的歷史、美國在種族主義、白人至上及壓迫黑人的歷史……全體交互作用，環環相扣，形成系統。這套系統所形塑的不只是個人的投票形態，還有我們的民主整體性。這繼而意謂著，當我們看到像低投票率的問題時，就要明智地擴展我們的分析，以便看到其中不只是個人的行為與因素，還有系統的變項。

系統性的恨造成問題的另一個例子是，試想類鴉片的氾濫摧殘了許多小鎮和鄉村的白人社區。一九九六年，藥物奧施康定（OxyContin）首度由普度製藥（Purdue Pharmaceuticals）引進市場。自此之後，美國的用藥過量就一發不可收拾。二〇一五年，用藥過量是意外死亡的頭號死因，當時有五萬兩千四百零四個美國人死於用藥過量，來自處方鎮痛藥的就超過了三分之一。事實上，處方類鴉片的銷售量翻了三倍，即使所通報的疼痛並沒有增長。所以是怎麼回事？

我們可以怪成癮者本身。而且就跟黑人不現身投票一樣，個人的責任肯定是個因素。藥物濫用是個人的選擇，沒有人強迫成癮者把藥吞下去，或是把針扎進手臂裡。然而，其中也有系統性的局勢在插一腳。其一是醫生大規模開出過量的類鴉片止痛劑。而且要切記的是，假如因為種族偏見的關係，醫生開給非裔美國人的止痛劑不足，那表示開藥過量接下來就會不成比例地影響白人社群。在猶他州，州內的白人比例將近全國的150%，藥師每天開出的類鴉片處方達七千兩百份。在只有三百萬居民的州裡，這是每年超過兩百六十萬份處方。又是一個驚恐的例子？在有三百九十二個人口的西維吉尼亞州克米特（Kermit），有一家藥局在短短兩年內，就收到了近九百萬顆的氫可酮藥丸。像藥局和藥丸經銷商等體制業者大可發出警訊來介入，但它們並沒有。

而且那還不是全貌。開藥過量也受到了製藥公司積極宣揚類鴉片的神效所助長。它們甚至創立了非營利機構，像是美國疼痛管理學會（American Academy of Pain Management），並用啟人疑竇的研究來為醫生訂立守則，鼓勵他們更積極開藥。保險公司也扮演了某種角色。由於類鴉片普遍比其他類型的疼痛治療要來得便宜，像是物理治療、針灸和按摩，所以保險業者會對止痛劑處方核付，同時限縮承保有效與健康的另類治療。這個問題普遍到使三十七州的檢察總長在二〇一六年九月時，致函給保險業同業團體的負責人，敦促保險業者改變這點。

而且聯邦政府還推了問題一把。從二〇一四年起，醫療補助（Medicaid）和醫療保險（Medicare）不經意激勵了醫院對貧窮與年長的病患開出類鴉片。政府是用病患滿意度調查來研判對醫院的核付率，而其中所納入的提問就有「病患是否覺得疼痛問題獲得緩解」。當病患回報疼痛有得到管理時，醫院就領得比較多，所以專家才說，這些核付調查的提問推升了類鴉片處方的數量。二〇一七年，政府停止把疼痛管理的提問納入醫療補助和醫療保險的核付評估中。但美國政府還是沒有積極列管類鴉片藥物，而且就總體的業界濫用而言，政府其實是裝聾作啞，有部分就是因為這些大企業砸下了大錢來遊說與造勢。

但那並非全部。經濟也扮演了某種角色：類鴉片的成癮和過量率在高失業率的白人社區裡最高。全國經濟研究所（National Bureau of Economic Research）在二〇一七年的研究發現，當郡的失業率上升時，類鴉片的過量使用和致死率也會上升。聯準會主席珍妮．葉倫（Janet Yellen）在國會的聽證會中說到這股氾濫時，就承認過這層關係：「我確實認為，它跟壯年勞工的勞動力參與率下降有關。」

特別是，類鴉片危害最烈的郡，都是眼見工作遭到《大西洋》所謂「這個最近期、後北美自由貿易協定（NAFTA）的去工業化年代」所掏空的鄉村白人社區。結果就是，所有種族和族群的預期壽命普遍都有所提升，但在奇高無比的藥物過量率驅使下，白人的預期壽命近來卻下降了。

又來了，這一切與恨有何相干？它並不像是鄉村白人社區的醫生和藥師對鄰居懷恨，對吧？但這項危機集中於這些社區的事實，跟系統性的偏見與恨大為相干。可以說是因為種族主義加上菁英主義，我國首重的不只是為白人創造就業，而且是為受過教育的中產階級與上層階級白人創造就業。像北美自由貿易協定這樣的政策，使企業及其菁英主管和投資人賺飽了荷包，卻在某些方面消滅了超過一百萬份工作，導致經濟不平等惡化。假如我們真的重視鄉村的勞動階級白人，就不會通過對他們傷害這麼大的政策。而且甚至到了這時候，假如我們關心鄉村白人不下於關心富有的白人沿岸菁英，我們就會早點留意到他們正死於藥物氾濫，並盡一切的力量來矯正它，而不是通過政策來使它惡化。

甚至是想想，我們當中有人會試著小心翼翼地不要說出任何反黑人或反同的話，卻隨意且習慣性地貶抑鄉村白人。我在無比興高采烈地傳閱死蠢蛋斯坦地圖時，背後的心態肯定就是如此。而且我也會坦承，我曾逾越該有的分寸，以高高在上的姿態，使用像是「偏僻小鎮」和「落後地區」的說法來指稱貧窮的白人社區。

在二〇一六年的共和黨全國代表大會中，挺川普的主題歌是由白人南方鄉村歌手克里斯·簡森（Chris Janson）所寫。他在二〇一五年曾寫過名為〈白人垃圾〉（White Trash）的歌，其中一句歌詞是：「**唔，假如是他們說了算／他們就會把我們扔掉。**」傑德·凡斯（J. D. Vance）在他的回憶錄《絕望者之歌》（*Hillbilly Elegy*）裡敘述說，很多鄉村白人完全相信，自由派菁英對他們就是這麼想。

但不光是自由派。二〇一六年，《國家評論》（*National Review*）的凱文·威廉森（Kevin Williamson）在寫到美國鄉村白人的類鴉片危機時，說：「**這些失調、萎縮社區的實情是，它們活該去死。**」這種文化輕蔑可以說推了系統性的類鴉片危機一把。美國恨貧窮的黑人和貧窮的白人，雖然程度不同、形式不同。

恨所形塑的系統會生出恨的結果，除非我們加以阻止。如葛瑞絲·貝爾·哈迪森所示範，我們所具備的槓桿能撬動系統。而且一起施力的人愈多，所能拉動的槓桿就愈大。但我們必須先要看到它才行。

還記得在心理學家穆扎費·謝里夫的實驗羅伯斯山洞裡，他把夏令營的男生分成兩組，並能一下就使他們彼此敵視，然後又團結起來嗎？原來在羅伯斯山洞前，謝里夫就做過兩場實驗，而且結局大為不同。第一場是在一九四九年，羅伯斯山洞的五年前，第二場是在一九五三年，羅伯斯山洞的前一年。謝里夫認為兩場實驗都失敗了，因為儘管研究團隊有最大的企圖要讓頭兩場實驗的男生彼此抨擊，但到最後遭到抨擊的卻是第三組人：實驗人員。在兩場研究中，男性都變得對據稱是輔導員和營隊幹部的人起疑，因為男生看到了「輔導員」在用錄音機和記事板大刺刺地觀察他們。

舉例來說，在一九五三年的研究中，在謝里夫和團隊有意使各組男生彼此敵視的階段，研究人員蓄意破壞了一組的營地，期待男生會怪另一組，但男生卻認清了自己是受到謝里夫的團隊所操弄。他們告訴另一組，並一起去投訴。更有甚者，男生開始懷疑起營隊是某種實驗，向研究人員發問說，他們為什麼在做筆記，以及為什麼有麥克風掛在食堂的天花板上。當其中一個男生發現了研究觀察的幹部筆記時，他們的懷疑也獲得了印證。謝里夫很快就撤掉了研究。

在分析全部三場研究時，社會心理學家麥可．畢利格（Michael Billig）提出了重要的論點——謝里夫的實驗裡包含的不只是兩組，而是三組。實驗人員本身是一組，並且是最強而有力的一組，實際操作並控制了更大的營隊系統，目標擺明了就是要引發衝突。在最終版的研究裡，謝里夫成功搞懂了要怎麼把研究觀察做得更細微，在製造衝突的同時，又使男生意會不到自己正受到操弄，實際上就是使他在整個事件背景裡的系統角色隱而不顯。就像現實社會中的系統在引發恨意與衝突時，我們甚至不會留意到。

謝里夫的總體研究有兩個重點。其一是，我們以為是自然衝突的事，常常是靠製造衝突來獲取既得利益的勢力，有意要群體互相拚鬥的結果。另一點是，這些操弄，以及系統受到建構去促進恨意的方式，可以細微到極難偵測出來。在謝里夫的頭兩場研究中，小朋友很火大自己受到了操弄，整個營隊都是騙局，因而使他們停止了彼此對抗，轉而去對抗系統。這就是我們全都需要去做的事——變得敏銳察覺，意識到體制、常規和原本隱而不顯的社會機制，是如何形塑一套系統，要我們互相拚鬥；我們必須對它深感火大，去攻擊這些系統，而非彼此。但我們得先揭露系統性的恨，這樣才有助於團結一致來反對它。

在我的第一段職涯裡，我是擔任社區組織人員，因為看到我們的經濟、社會和政治問題後，很清楚它必須有某種大規模改變，但只有在龐大的人群一起揭露及反對仇恨下才有可能。白人家庭和黑人家庭不成比例的財富差距，美國企業把黑戶移民誘來國內、然後拒給基本權利的手法，女性在薪資和升遷機會上是如何不如男性，這些都是單靠個別出擊解決不了的問題。

在當社區組織人員時，我第一件真正的案子是幫助企業和政府單位裡的ＬＧＢＴ遊說雇主訂出同居伴侶福利計畫，使ＬＧＢＴ員工能把伴侶納進健保和其他的職場福利中。這不是單靠個人就能做到的事，他們沒辦法在企業和政府的政策上逐一去創造例外。可是當他們聯手為本身的情況去施壓時，員工就能贏得改變。這些勝利很重要，但連它們都只是限於一次改變一家雇主。推動婚姻平等的理由有很多，其中之一是要讓每個人得到平等的福利，而且不只是逐一針對公司或地方政府，更是要一網打盡。但這就要靠更多人來推動。

社區組織的前提是相信，只有透過集體作為來推動集體解方，才能解決集體問題。連結言論、連結空間和連結思考是本書通篇的解方，我們在走向恨的相反時，有部分就要靠它，但我們也需要大局式的解方來廣泛改變政策、體制和文化常規。這就要動用到「連結系統」。我們需要制定法律和體制作業，更廣泛地推行社會與文化常規，以認可我們在根本上是一律平等，同時幫助我們尊重和適應彼此的差異。這看起來像是無所不包，從廢除使不平等和不正義長存的法律，通過支持包容與融合的政策，確保眾人獲得平等的薪酬及社群獲得平等的資源，到改革激起分化與恨意的體制。

試想校園種族隔離與不平等的系統性問題。回想在維吉尼亞州的法姆維爾，史柯蒂・奈爾・休斯和我去莫頓博物館時，我們學到了布朗訴教育局案的歷史，以及在面對法院強迫校園種族融合時，白人是如何拚命想辦法要保住種族隔離。這不只發生在南方。隨著愈來愈多的非裔美國人逃離南方，並在一九〇〇年代初的大遷移期間搬到北方，北方的白人也搬進了全白人的郊區和遠郊，因為他們不想住在黑人家庭隔壁，也不想讓自己的小朋友在校內遇到黑人小朋友。

在政府和銀行政策鼓勵下，這波「白人外流」重塑了數代的公共教育。所以就如同布朗案的判決規定要正式融合，白人也力行自我種族隔離，以試著避開布朗案的可及範圍。同一時間，南方的公立學校則一度成了美國最融合的一些學校，主要就是因為聯邦法院的命令。「可是從二〇〇〇年起，從密西西比州到維吉尼亞州，法官免除了數百個學區的法院強制融合命令。」公益新聞組織ProPublica報導說。而且在不受督導下，這些區有很多都是掉頭就往種族隔離邁進。

結果在現今的美國，每十個黑人與拉丁裔學生中就有超過一個是念所謂的「隔離學校」，註冊的白人占不到1%。附帶一提，這些學校大部分都不在南方，而是在東北部和中西部。而且在全國各地，由於所謂的隔離學校都是在窮到不成比例的社區，也由於學校的經費多半是透過當地的房地產稅來分配，所以隔離學校拿到的經費都比富有的白人學校要少。

要切記的是，黑人家庭被擠到貧窮的鄰里，不只是因為收入不平等，也是因為房地產稅是以住家的價值來決定，而那些價值則受到了美國數十年的紅線（redlining）政策所影響，由銀行和政府聯手來把黑人家庭打入特定的鄰里，然後使這些鄰里的房地產貶值。結果就是，舉例來說，才隔了幾公里，康乃狄克州格林威治（Greenwich）的富有學區每年花在每個小學生身上的錢就比康乃狄克州布里奇波特（Bridgeport）的貧窮區要多上六千美元。同一時間，就全國而言，「在校園變得比較融合的年代，黑人與白人學生的成就差距曾大幅縮小，等它變得較不融合，便又擴大了」。

教育學者強納森．柯索（Jonathan Kozol）報告說，常有人針對校園不平等來問他：「這種問題真能靠錢來解決嗎？」然而，會這麼問他的人常常就是一年會花上幾萬美元把自己的小朋友送去私校的人，想必是因為他們其實衷心相信，錢比較多就會使學校比較好。教育系統的問題肯定是有多重面向，但無庸置疑的是，假如沒有受惠於平等的資源，我們就不能指望小朋友受到平等的教育。

我對白人朋友指出這個議題時，他們常會說：「唔，那我該怎麼做？把小朋友送去爛學校？」而且我聽到會這麼說的不只是白人保守派，白人自由派也是。這些人以住在種族和經濟多元的社區而自豪，卻把小朋友送去絕大多數學生都是又富又白的私校。當我拿這點來逼問時，有一位白人自由派朋友曾經這麼說：「我不會為了我的政治神主牌而犧牲子女。」可是那種論調不但無視白人父母在致力於改變上所能扮演的角色，還有他們這麼做所秉持的許多重大理由。另外，在複雜的系統中，只因為無法把問題一網打盡地矯正過來，不代表我們就不該盡其所能去矯正問題。

種族和族群多元對社區很棒。有一項研究發現，社區的族群多元會提升房價，並減少犯罪。另一項研究發現，美國的城市變得更多元後，也變得更安全了。在美國最大的城市裡，犯罪率「是隨著非白人的人口百分比和同志的人口百分比上升而減少」。在郊區所發現的事也一樣，「郊區居民一多元化，犯罪率便降低」，另一位學者寫道。加上全國各地的民調資料都顯示，住在種族包容社區的人比較快樂、比較樂觀，也比較不緊繃，全都相當於所過的日子比較健康，比較有收穫。它有點像是逃離的白人只是在拿石頭砸自己的腳，連同他們的子女和我們其他人都受到波及。藉由在種族和社會經濟上都要求校園融合，家長就能幫忙為所有的小朋友改善系統。

假如那似乎像是某種天馬行空的白日夢，內布拉斯加州奧馬哈（Omaha）的學區奧馬哈公立學校（Omaha Public Schools）則為希望提供了某種具體的證據。「當法院下令的校車接送在一九七六年展開時，『白人外流』也如火如荼地展開了。」調查記者雪倫・勒納（Sharon Lerner）寫道，「在接下來的四年間，奧馬哈公立學校的學生數從五萬三千八百二十五人銳減到三萬八千人。」

自此之後有其他的學區設立，其中多區嚴格來說是劃在奧馬哈的市界內，卻是由郊區或獨立機關來掌控。舉例來說，西側區「整個都位於奧馬哈和奧馬哈公立學校的分界內，就像是梵蒂岡在羅馬裡面」，勒納寫道。西側區是在布朗訴教育局案即將裁決前所設立，涵蓋了奧馬哈一些最貴的住宅和值得誇耀的學測（SAT）分數，並且是全白人的獨立學區。同一時間，非裔美國人在內布拉斯加州的全州人口中雖然只占了不到5％，但奧馬哈公立學校的學生現在有半數都是他們，或者應該說是在該區決定拿出辦法前。

二〇〇四年，對各區間的不平等忍受已久的奧馬哈公立學校行政人員和社區領袖留意到，內布拉斯加州有條冷門的法律，使奧馬哈公立學校有可能去接管和掌控別區。面對極端的威脅，十一區帶著遲疑聯手創立了「學習社區」。聯合方案要共享稅收；在二〇一〇到二〇一一學年，透過學習社區的分配，比起透過本身的房地產稅，奧馬哈公立學校多進帳了三千兩百萬美元，有八個區拿到的金額則是變少了。

另外，方案使一區的學生有可能去學習社區內的另一區就讀，只要這麼做會增進該校的社經多元性。這就使奧馬哈公立學校的貧窮學生得以去像西側這樣的區就讀，但也使郊區的富裕學生得以去奧馬哈公立學校就讀。有一位白人女生就決定這麼做，因為她意會到，上全都是白人小朋友的學校，並不會讓她為二十一世紀的生活做好準備。她告訴勒納，她所選擇的奧馬哈公立學校高中，「有來自四十個不同國家的學生」。那位學生最後拿到了可口可樂一萬美元的大學獎學金，就是因為她所寫的論文「談的是替來自亞洲、墨西哥和蘇丹的同儕課輔」。

奧馬哈的實驗不是沒有挑戰或爭議。在較富有的區域，有很多人都對方案感到憤慨，並持續抗爭。在法律戰進行時，代表奧馬哈公立學校的律師對記者雪倫·勒納說了個故事。在學習社區的辯護發言過後，有白人家長跑到律師跟前說：「假如我理解正確的話，你是在告訴我，我的小孩有十根蠟筆，那些小朋友沒有蠟筆。而且你要我們把一些蠟筆送給那些小朋友。現在這大概才算是公平。但身為家長，我絕不會支持任何拿走我小孩蠟筆的事。」我們在她的抱怨中所聽到的話就是愛爾麗・羅塞爾・霍克希爾德的「深層故事」，彷彿矯正學校的經費失衡是類似於有人插隊，靠損害白人來讓自己往前。這位媽媽沒有想到的是，她的小朋友一開始為什麼會有較多的蠟筆。

儘管有這樣的反對，學習社區背後的社區領袖和行動人士還是成功對富裕區造成了壓力，並讓它們簽了字。現在各校都搞懂了要怎麼一起努力，學生也有所連結。對於系統性的挑戰可以如何當成機會來把眾人聚集在一起，而不是加以分裂，奧馬哈的集體作為和它所達成的最終連結系統是強而有力的例子。

依照定義，集體作為必須靠群體，但一個人肯定能拋磚引玉。這有個很棒的例子，那就是納希德・阿拓爾・澤爾（Nahed Artoul Zehr）的工作。她是巴勒斯坦的基督徒，六歲時移民到美國，如今在田納西州的納許維爾（Nashville）帶領穆斯林人權組織。

納希德有宗教學的博士學位，學術生涯包括在美國海軍戰爭學院教授伊斯蘭教和《古蘭經》。但在終身職學術界的階層中力爭上游時，納希德感覺到少了什麼。她想要有更大的影響力，來為普通人陶冶對跨信仰的了解，尤其是面對美國的反穆斯林論調升高時。替本身的長老教會教友舉行了四週「了解伊斯蘭教」的工作坊後，納希德便從學術界辭職，成為信仰文化中心（Faith and Culture Center）的執行董事，以透過組織來提倡對穆斯林和伊斯蘭教信仰的了解。

納希德很快就意會到，納許維爾的非穆斯林大部分都沒有親身認識任何穆斯林，使他們的看法比較容易受到負面的刻板印象而不是事實所塑形。我們在通電話時，納希德告訴我：「我發現，當你和跟你不像的人同處一室，聊一些往往跟宗教其實毫不相干的事時，典範就會改變。它是跟你身為人類的共有經驗相干。」

為了幫助更多的穆斯林和非穆斯林分享經驗，納希德訂立了一系列晚餐計畫，讓眾人一起用餐聊天。它很簡單。但光靠著彼此見面聊聊，納希德說，身為人類的「眾人就把經驗完全翻轉了過來」。

後來有一天，納許維爾有一群福音派的基督教牧師來找納希德，請她幫忙。他們聽到教友針對穆斯林說了一些懷恨的話，但牧師對伊斯蘭教其實沒有認識到足以有效回應。而且他們所知道的常常是謠言，而不是事實。「我們把這群人聚集在一起，有納許維爾的穆斯林領袖，以及一些跟鎮上不同的福音派教會有關的人。」納希德告訴我，「我們基本上就是在實施建立關係的計畫。」其中牽涉到引導對伊斯蘭教和基督教的討論，像是女性在伊斯蘭教還有在基督教中的地位。

但還有，納希德說：「我們一起分享了餐點，共度一些閒暇時光。而且超棒。」

納希德回憶起在早餐期間交談的好玩時刻。他們聊到了聖訓，也就是穆罕默德一生的重要故事集，它形塑了穆斯林是如何了解本身的信仰。「我想不起來這是怎麼發生的，但後來我們突然開始聊起了自己最愛的作家。」納希德說，「我不曉得我們是怎麼從這聊到那的。」她繼續說道，但基督教領袖和伊斯蘭教領袖突然在餐桌上結交了起來，共同都愛威廉・福克納（William

Faulkner）。「接著我們開始聊起了最愛的電影。」她笑著補充說，「我們聊起了共通之處，我們全都關心的事。」

他們漸漸了解到，我們全體的共通之處比任何差異都要來得多與重要。還有，就是要如何建立關係。現在牧師正把計畫擴展成要納入本身的教友。有些福音派教會的成員會去納許維爾的清真寺參加週五禱告，而且他們會一起用餐，以連結來創造出更廣大、系統化的做法與文化。

遺憾的是，綜觀世界史，有些宗教團體和體制推了恨意一把，並加以縱容，無論針對的是其他宗教，還是其他種族、性別或族群。而且令人難過的是，現今還是太常有這種情況。舉例來說，烏干達的福音派基督教會便推動要把國內的同志社群入罪，包括提議對同志性愛處以死刑。在緬甸，佛教僧侶則是帶頭對國內的羅興亞穆斯林人口暴力攻擊。

然而，在打倒恨意的觀念和常規，以及幫忙把教友和更廣泛的社群帶往更好的方向上，宗教領袖和體制在過去和當前也扮演了無價的角色。例子包括美南浸信會在美國的民權運動中扮演了帶頭的角色，馬哈拉特猶太學院（Yeshivat Maharat）是第一所任命女性為拉比的猶太學校，聖公會成了第一個任命公開出櫃同志主教的大型基督教派，習經院（Al Fatah Pensantren）是全員跨性別的印尼伊斯蘭學校，教宗方濟各把移民的人權和環境正義當成了現代天主教聖職的核心任務。

信仰體制所具有的本事，要不是促進會助長恨意的信念，就是當成文化轉型的空間來尋求恨的相反。就如同企業有令人驚歎的本事來促進連結——因為我們工作的地方常比鄰里、學校和教友來得多元，也因為企業所創造的廣告、產品和服務有助於定義我們這麼多的文化。所有的體制都有機會成為問題的一部分，或是解方的一部分。

而且如納許維爾的例子所示，系統性的變革總是會涉及個人與體制的交互作用。系統性的變革所涉及的不單只是個人的領導，連出自強而有力的個人也一樣。有個很好的例子是二〇一七年九月時，在美國空軍官校的校區裡，預校的留言板上被發現有亂寫一通的種族汙蔑言詞。空軍官校的校長傑·席維利亞（Jay Silveria）中將在回應時，把四千位軍校生和一千五百位職員全部集合起來，發表了慷慨激昂的演說，以鮮明的字眼來譴責恨意。「**假如那些用詞使你激憤，那你的觀念就對了。**」席維利亞說，「**不只是身為空軍人員，身為人類，你也該感到激憤。**」而且在表示失之天真才會認為官校裡的每個人都對這幾種偏見免疫後，席維利亞鏗鏘有力地聲明：「**假如你不能以尊嚴和尊重來對待性別相異的人，那你就得走人。假如你以任何方式來貶低人，你就得走人。假如你不能以尊嚴和尊重來對待種族相異或膚色不同的人，那你就得走人。**」

它是大膽的演說，出自強而有力的個人主掌了強而有力的體制，肯定能標記為邁向體制與系統變革的重要第一步。但真正的體制改革所涉及的，不只是單一領導人的單一演說。一開始，席維利亞的演說固然理直氣壯地宣告了不容忍偏見，但並未因應這類偏見的產生方式，包括來自軍方本身的問題。假如席維利亞和連帶的美國空軍當真要根除體制中的恨意，他們就必須去質問空軍的政策與作業使不平等和不正義長存的深層方式。白人的空軍人員比有色人種的空軍人員晉升得頻繁。有不成比例的軍官是出身自比較優勢的經濟背景。父權制就嵌入在軍方科層的本質裡。而且在軍方普遍使用無人機來造成平民大規模傷亡下，恐伊斯蘭已成了武器，存心的「附帶損傷」則繼而助長了反美的恨意。

靠著把包括戰鬥角色在內的服役機會對女性開放，美國軍方在反制厭女和公然性別歧視的傳承上肯定是大有進展。但在二〇一六年時，美國軍方的性騷擾案卻來到了破紀錄的高點，將近是二〇一二年的兩倍。而且統計顯示，退伍軍人要為全國各地21%的家暴負責。軍方要因應系統性的恨，所指的不只是因應這些問題，還要因應根本上的現實，那就是軍事行動必定是以把「對方」給非人化為前提。

事實上，軍事訓練有很多是在幫助軍人去克服自己的天性，我們全都是天生不輕言去傷害其他人的人類。美國軍方的創傷後壓力症候群（PTSD）增多，似乎是跟把他人殺死的恐怖心理有關，尤其是大量殺人時。在探討非人化的著作中，大衛．李文斯頓．史密斯追蹤了創傷後壓力症候群的案件數是如何隨著武器技術的準確度和效能而增加。肯定會有人主張說，軍方的體制就是要鼓勵恨意，而不是去打擊懷恨的他者化與非人化。

傑．席維利亞中將的演說很英勇，我個人就想把其中某些話刺在前臂上。而且要是沒有高層的帶領，體制肯定改變不了，尤其是像軍隊這樣的科層體制。但其他很多兼而在社會系統內工作並直接受它影響的個人，以及議題與體制周圍的那些人，都必須加入努力改變的行列。真正大規模的改變有賴於高度的社會意志。而建立那樣的意志，有一個關鍵在於，不只要揭露系統性的問題，還要因應使恨意加劇的系統性誘因。除非解決乖張的恨意誘因，否則我們就會繼續分裂，永遠不會團結起來去推進變革。

面對體制所仰賴的是在我們之間釀成恨意，我們如何一起努力，推動立法與監管的變革？假如我們有任何希望來系統性地因應世界各地現今所面臨的龐大恨意危機，無庸置疑的是，我們就需要去因應媒體和政治在設計上激起與利用恨意的方式。

以一號事證葛藍．貝克（Glenn Beck）為例。我最早從社區組織跳到媒體時，福斯新聞的主持人葛藍．貝克是企業高層，他握有有線電視的頭牌節目，並且是歐巴馬政府陣營的頭號眼中釘。二〇一〇年，葛藍．貝克在世界最具影響力的人物中名列第四，排名緊接在教宗後面。靠著毫無歉意地販賣仇恨，他建立起了龐大的應援團。例如在他的全盛時期，他聲稱歐巴馬比理查．尼克森（Richard Nixon）[1]腐敗，並說歐巴馬支持以等同於「九一一翻版」的政策來「幹掉一成」的美國人。

後來從二〇一四年起，他突然為這一切致歉了。我在兩年後去拜訪他時，他算是還在道歉之旅當中。離開福斯後，他開了媒體公司，辦公室就在休士頓外圍。

「我並沒有試著要製造分裂。」我們在他的辦公室裡，坐在巨大的奶油色皮沙發上時，葛藍告訴我，「可是你一穿上巴伐利亞短褲，它就會製造分裂。我以為會滿有娛樂效果的。」

---

1. 因水門案下台的美國前總統。

要聲明的是，我就有巴伐利亞短褲。我有一半的家人是來自德國。而且它也很舒服。但假如你是右翼的仇恨販子，會收集納粹的紀念品，像葛藍這樣穿著巴伐利亞皮短褲上電視，就是不明智的選擇，除非你是在試著吸引新納粹。而且別忘了，此人也說過，「社會正義」和「經濟正義」是納粹主義的代名詞。

不管是不是有意識的選擇，製造分裂的誘因就圍繞著他。莎拉．索比拉（Sarah Sobieraj）和傑佛瑞．貝瑞（Jeffrey Berry）在他們的著作《民憤產業》（*The Outrage Industry*）中解釋說，很久以前，傳播媒體試著依照聯邦法規在某種程度上的要求和更普遍的激勵，要在政治上做到中立與不帶偏見。但在一九八〇年代，解禁廢止了政府對內容的控管，例如數十年來規定傳播業者必須呈現相反的觀點。雪上加霜的是，競爭擴大和新科技所導致的環境，使現在「有線電視網得以產出以較少數、較同質的觀眾為目標的內容」。這代表電視網有藉口甚或是誘因，去迎合這些較少數觀眾的特定偏見，以得到他們注意。

「我要你知道的是，我不是在找藉口。」葛藍邊補充，我邊試著阻止自己翻白眼，「對於我說過的每個字，我都負全盤的責任，好嗎？」他聳了聳肩，「我要請求的體諒是，這不是我的意圖，但那樣的意圖並不會改變最終的結果。」我們都認同這點。

「**對貝克來說，正派是新鮮的調色盤。**」《紐約客》的尼可拉斯．施密德（Nicholas Schmidle）犀利地寫道，並點出葛藍的反轉只是另一記花招。但對於貝克所請求的體諒，我們暫且就給他。見鬼了，他最近說的話有很多還滿讓我喜歡。像是：「**我們在政治上不會站在一起。但我們在原則**

上可以站在一起。終結恨意正當其時，否則我們就會毀了自己。」我也可能把這刺在前臂上。

但問題是，現在幾乎沒有任何人在聽。他的媒體公司快破產了。而且在川普上任的隔天，推特上有人指控貝克造就了川普時，葛藍．貝克寫道：「**問題是我們學到了什麼，以及能怎麼把分裂治癒，而不要造成更多的損害。**」他只得到三十八次轉推。

我們不能忽略的事實在於，媒體販賣仇恨並不是少數「害群之馬」大嘴巴的產物。我們在通電話時，莎拉．索比拉告訴我：「**我認為真正重要的是，大家要了解到，這不是現代社會崩解的某種反映。**」索比拉說，媒體變成現今這樣是因為，「**它反映了行業的宗旨與政治經濟根基**」。

假如行業的基本結構和經濟誘因可以調整，顯著的改變或許就會隨之而來。畢竟這套戰術就有效讓葛藍．貝克停播了。像種族正義團體「改變顏色」（Color of Change）等組織便找上了在貝克節目裡打廣告的公司，後來則是在比爾．歐萊利（Bill O'Reilly）節目裡打廣告的公司，構想是可能招致的難堪會讓品牌把廣告給撤掉。而且，廣告收入流失是福斯新聞把兩個節目都停掉的一大理由。

另外，假如你去看宗旨不同的媒體，它們壓根就不誇大。索比拉所指的是全國公共廣播電台和公共電視台，由政府和慈善捐款所資助的非營利機構。而且早在川普對「假新聞」的假斷言之前，對媒體的信賴固然就在走下坡了，但全國公共廣播電台和公共電視台仍持續名列最受美國公眾信賴的體制。

我們的社會曾經支持法規要求一定程度的平衡，並遏止徹頭徹尾的訐譙，因為媒體人物應該要文明行事的觀念是廣受認同的常規。我們可以讓這條常規復活。另外，我們可以而且必須探討的是，新的科技平台有潛力來讓新的商業模式變得可行，並削弱販賣仇恨的威力，以確保「事實」和「理由充分的主張」在新聞和社群媒體裡播得比抹黑和謊話要多。

舉例來說，有鑑於惡意的假新聞報導在整個社群媒體上草率散布，而影響了二〇一六年的大選，學者約翰・波什維克（John Borthwick）和傑夫・賈維斯（Jeff Jarvis）便就媒體所能採取的補救之道發布了清單。其中包括貼文和鏈結要來自品牌公開的正當新聞來源，使用戶知道自己是在分享可信的資訊。而且查核事實肯定需要擴大，或許是由獨立的兩黨傘形組織來負責。我並不是說，這會有任何一點很容易。我是說，我們有很好的理由要相信它有可能。

而且在應對媒體恨意誘因的同時，我們還必須抑止政治人物的惡鬥。他們也使恨意在我們的選舉和政治系統內不但有系統性，而且很成功。

當民權運動使顯性的種族主義在競選中成了禁忌，美國的白人政治人物就變得很懂得運用「種族狗哨」——用字遣詞似乎是中性，卻是以帶有偏見的訊息來編碼，以挑撥並點燃白人的種族憤慨。就如同只有狗才聽得見狗哨，這個觀念就是只有某些選民才聽得見種族狗哨。他們會聽出重點，在此同時又能宣稱訊息似乎不屬於公然的種族主義。

加州大學柏克萊分校的法學教授伊恩・漢尼・羅培茲（Ian Haney López）所寫的《狗哨政治》（*Dog Whistle Politics*）就是這套戰術的歷史。「狗哨政治的故事始於喬治・華萊士（George Wallace）。」他說。華萊士是史上聞名的盲從份子。他在一九六三年就任阿拉巴馬州州長的那天，曾在州首府的台階上怒吼：「現在要種族隔離……明天要種族隔離……永遠都要種族隔離！」但他在一九五八年首次競選州長時，在種族問題上是個溫和派。他甚至獲得了全國有色人種協進會背書，他的對手則是獲得三K黨背書。

只不過在首次角逐州長落敗後，據說華萊士告訴競選團隊：「唔，孩子們，再也不會有其他王八蛋靠老黑來打敗我了。」華萊士確保了這點。漢尼・羅培茲寫道：「四年後，華萊士以種族反動派的身分競選，公開爭取三K黨的支持，並激烈投身於捍衛種族隔離。」他贏了。華萊士後來敘述說：「你知道，我一開始談的是學校、公路、監獄和課稅，卻沒辦法讓他們聽進去。接著我開始談起了老黑，他們便狂踏地板。」

事實上，共和黨聲勢大振。它有好多年都在南方一敗塗地，因此在全國選舉中也是。該黨意會到，以種族主義來煽動人心，便能贏得南方的白人選票。一九六三年時，保守派記者羅勃・諾瓦克（Robert Novak）報導說，在共和黨全國委員會後，黨內的領導階層有不少人、或許是過半都設想，種族危機有可觀的政治金礦可供開採，只要成為實質上的白人政黨，名義上不是沒關係。這麼做的戰略成了眾所皆知的「南方戰略」（Southern Strategy）。但要贏得全國選舉，在公然種族迫害不管用的北方各州也必須選贏才行，於是吹狗哨便應運而生。

李察・尼克森靠吹狗哨一路進了白宮。漢尼・羅培茲寫道，面對黑人社群的民權抗議，尼克森以「法治」的用語來宣揚「比較『靜默』的暴力形式，以捍衛種族現狀，並以大舉逮捕非法入侵和犯罪行為來取代私刑」。

隆納・雷根聽懂了尼克森的狗哨信號，並把它吹得更大力。一九八〇年，身為總統候選人，他的首場造勢是落腳在密西西比州的尼修巴郡園遊會（Neshoba County Fair）。一九六四年，三K黨惡名遠播地在該郡殺了三位民權勞工，安德魯・古德曼（Andrew Goodman）、麥可・史維納（Michael Schwerner）和詹姆斯・錢尼（James Chaney）。

在演說中，雷根表明自己支持「州權」，也就是聯邦政府應該要避免插手南方各州事務的狗哨代稱，隨它們高興愛對黑人怎樣就怎樣。雷根還以不符資格的黑人詐領公共援助的懷恨刻板印象來作文章，並在他的虛構故事中講到，「福利女王」有「八十個名字、三十個地址〔和〕十二張社會保險卡」。白人選民拚命無視於國內種族不平等的傳承，並相信功績制隊伍的深層故事，使他的種族主義式討好深具效果。在一九八〇年的大選中，民主黨員有22%把票投給了雷根。根據民調，那些人覺得「民權領袖推展得太快」，以及「政府不該花任何特別的心力去幫助（美國黑人），因為他們應該要自助」。

民主黨員也有下手。比爾・柯林頓（Bill Clinton）在造勢時，以「終結我們所知的那種福利」呼應了雷根。柯林頓甚至向「狡猾狄克」（Tricky Dick）尼克森借用了一些招數。柯林頓版的尼克森「法治」是「嚴懲犯罪」，他太太希拉蕊在一九九六年時則把狗哨吹得更大力，把黑人小朋友稱為「超級掠食者」，說「我們必須把他們管得服服貼貼的」。

當然，在吹狗哨的現代史上，川普把所有人都吹倒了。他意會到，有夠多的白人選民懷抱著夠多的恐懼、憤怒和種族憤慨，使他能把哨子換成號角。川普對墨西哥人、穆斯林、移民和女性公然懷恨的誇大言論儼然並沒有傷到他，而是真正幫助了他獲勝。對於偏見在美國究竟有多普遍，這件事是令人深感不安的跡象。有很多美國人或許寧願相信，川普是反常現象。但他順手就燒旺了長期受到媒體人物與政治人物系統性助長的憤慨，而且令人難過的是，它還很好賣。

川普以白人對失去文化霸權的恐懼來作文章有很多年了。在一九八九年的訪問中，他說：「從就業市場的角度來看，受過良好教育的黑人比受過良好教育的白人擁有更大的優勢。」關於這點，一九八九年時，白人男性的預期壽命中位數比黑人男性多了八．二年；白人家戶財富超過了十萬美元，黑人家戶財富則不到一萬美元；白人男性的平均失業率是4.1％，黑人男性則是8.55％。

他荒唐地宣稱，歐巴馬不是在美國出生。有許許多多的人認為這是怪異的噱頭，事實上則是同樣那套劇本的另一招。美國人固然普遍認為，「黑人和西語人士因為白人受到偏好而敗下陣來」是現今社會上比較大的問題，但川普的支持者大部分都相信，「白人因為黑人和西語人士受到偏好而敗下陣來」才是比較大的問題。

這個觀念並不是由川普所發明。二〇〇一年，在我祖父的葬禮過後，吃午餐時，我記得有個不太認識的白人男性親戚對我堅稱，「白人男性是美國現今最受壓迫的群體」。川普放肆操作的憤怒與恐懼就是來自那些抱持這種信念的人。

那我們要怎麼做才好？不但是為了恨意的系統性解方團結起來，還要克服使恨意的鼓聲響個

不停的誘因？因為比較容易的做法顯然是讓群體互相對抗，把「受害者競爭」的情結燒旺，找出代罪羔羊，將過錯推到他們頭上。這在美國肯定是有悠久的傳統。有許許多多的問題助長了憤怒與恐懼，真正的成因就在於複雜交集的系統性因素，而把它非人化與妖魔化常常比理解和解釋要來得容易。

人太容易就相信，貧窮與犯罪荼毒都市黑人社區是他們的錯，如史柯蒂・奈爾・休斯所主張，而不是把它視為暴力與壓迫、經濟歧視和白人外流數世紀下來的結果。就如同人太容易就相信，貧窮與犯罪荼毒鄉村白人社區是他們的錯，而不是歧視、健康系統的誘因乖張，以及製造業工作從那些鄉村城鎮大舉移到海外的產物。因為假如是他們的錯，那我們就沒什麼好去嘗試與了解，遑論是必須加以因應。**克服我們個人的歧視與偏見就夠難了，克服系統性的恨意會是更加艱苦的硬仗。**

然而面對這一切的障礙，不正義與懷恨的現狀不但這麼僵固，同時又隱而不顯，有一群群見識廣博與組織良好的人，已在美國的歷史上和世界各地一起眾志成城，改變了心靈與心智。眾人一起終結了美國的家財奴役制，通過了《投票權法》和《民權法案》。我們廢除了童工，不再把女性當成丈夫的法定財產，讓同性伴侶擁有平等婚姻權。在南非，集體行動終結了隔離政策。運動正在中國推進自由言論權，在泰國對抗工業汙染，在利比亞建立民主體制，在印度保護糧食安全與農民權利，並在巴西贏得土地改革。

在全球的每個角落，歷史上的每一刻，都有不知凡幾的人，曾為了重大的社會變革而一起奮

鬥不懈。不是因為它很容易，不是因為它很風行，甚至不是因為我們很清楚會贏。而是為了變革而奮鬥有其必要，並符合道德與正義。

一旦愈多人聯合在一起，為連結而不是分裂給出理由，並為了系統性的變革而加以推動和抗議，我們就愈能達成目標。系統性的現狀儘管複雜，仍有大小編組的人反正就是會找到彼此，找到共同的利益，並利用槓桿來改變，頂著不利的局勢，激進地翻轉系統與周圍的世界。

社會運動踐行者暨學者法蘭西斯・昆路德（Frances Kunreuther）提出理論說，要達成系統性的變革，第一步就是要「**把隱而不顯變成顯而不隱**」，以幫忙勾勒出系統性的不正義。它就在我們周遭，但假如不仔細看，我們就不會留意到。這就是為什麼重要的是，我們不但要了解系統性的恨，還要幫助他人比照辦理，指出刑事司法作業、移民政策、經濟安排和社會常規在某方面對有的群體不利，對有的群體則是不公平地助了一臂之力。這並不是無謂的抱怨。為了根除系統性的恨，並為所有的人打造出更公平正義的世界，它是戰略性的第一步。

好消息是，系統和社會常規不只是星塵的抽象聚結，而是由人類來創造和掌控。對，它們會形塑我們，但我們也能形塑它們，只要我們把自己視為屬於互連非常緊密的更大整體，有辦法去大規模改變。像投票這麼簡單的事看似個別的舉動，像是公民參與樹上的個別樹葉，在大格局裡是這麼無足輕重。但葛瑞絲・貝爾・哈迪森就是個榜樣，她到了一百歲還在為自己的投票權奮鬥：我們每個人都握有系統性的槓桿，可以一起加入並要求改變，它在我們的民主中是無價的天賦權利。

要是去看葛瑞絲在二〇一六年投票的那張照片，你會看到一位年長的黑人女性直挺挺地坐在車子的副駕駛座上，臉上掛著笑容，上衣則貼著「我投票了」的貼紙。你不會看到她所面對的那一切障礙。但你也不會看到，長久以來，過去和當前有這麼多人在對抗恨意及改革懷恨的系統，才得以讓葛瑞絲把那張選票拿在手上。

當你是運動的一份子，為了反系統性的恨與挺系統性的正義而奮鬥時，不但要看出改變的根源，還要成為它的一份子。從經驗上來說，不會有比這還強的榮耀或希望了。

結語

前進之路

我們要如何拿罪行向人問責，在此同時卻依舊對他們的人性接觸到足以相信，他們有改頭換面的本事？

——貝爾．胡克斯（bell hooks）——美國教育學家、女權運動人士

一九四九年，就在二次世界大戰與大屠殺的殘暴後，喬治．歐威爾（George Orwell）出版了《一九八四》。這本反烏托邦小說是把歐威爾的祖國英國想像成虛構的大洋國（Oceania），專制政權接管後便以情緒操弄來統治。個人思考屬於違法，但老百姓會不斷受到監控，以防萬一。大多數的人都樂意與政權配合，有一大部分就是因為錯誤資訊的宣傳、販賣恐懼，以及仇恨神祕的「對方」。

在大洋國，老百姓每天都必須出席「兩分鐘仇恨」（Two Minutes Hate），觀看把大洋國的敵人加以貶抑和妖魔化的影片。兩分鐘仇恨是以戲劇化的方式來製作，「醜惡、刺耳的話語有如某種沒上油就運轉的巨大機器」，並播放「一排又一排長相精實的人，都是面無表情的亞洲臉孔，

往上湧到銀幕的表面就消失無蹤，換成其他如出一轍的人」。它是在宣傳仇恨，連歐威爾對大洋國政權抱持著懷疑的沉穩主人翁都不由得淹沒在其中。每個人都是。歐威爾寫道：「**在仇恨進行到三十秒前，現場半數的人就爆出了控制不住的怒吼……恐懼和報復的醜惡快意，對殺人、虐待、用大鐵錘把臉砸爛的欲望，似乎如電流般傳遍了整群人，把人變成了猙獰、尖叫的瘋子，甚至有違自己的意志。然而，人所感受到的怒火是抽象、沒頭沒腦的情緒，可如噴燈的火焰般從一個對象轉移到另一個身上。**」

二〇一三年，學者暨歐巴馬政府的前官員凱斯・桑思汀（Cass Sunstein）把葛藍・貝克在福斯新聞的節目形容為堪比歐威爾的「兩分鐘仇恨」。二〇一六年，另類右翼刊物《布萊巴特》（*Breitbart*）表示，攻擊川普的記者和名人等同於天天在上演「兩分鐘仇恨」。同一時間，川普總統的推特動態也等於是定期發布的「兩分鐘仇恨」。

在《一九八四》裡，「兩分鐘仇恨」的重點是要讓人對影響自己的實際問題分心，也就是自家政府和它的壓迫作為，並把他們的注意力和憤怒導向別的地方。在反思歐威爾書裡的教訓時，喬治亞州有個學生告訴老師：「**我們的確需要公敵，但不是像那樣。犯罪或貧窮更應該是世人要努力對抗的公敵。**」萬一我們的恨不只造成了暴力、痛苦和分裂，還阻擋了我們去解決使所有人都受害的實際問題呢？

我開始寫這本書的日子是在二〇一六年佛羅里達州奧蘭多夜店的大型槍擊案後，並發現自己把它寫完的日子是在二〇一七年內華達州拉斯維加斯戶外節慶的大型槍擊案後。奧蘭多的槍擊案在當時被認為是美國史上最慘重的大型槍擊案，有穆斯林美國男子在「拉丁之夜」的ＬＧＢＴ夜店內開火，因此大部分的受害者都是拉丁裔酷兒。拉斯維加斯的槍擊案則是白人男子用軍用級的武器，在四百公尺外從飯店客房的窗戶掃射參加鄉村音樂秀的群眾。

在某些方面，諸如下手的人和他們鎖定的社群，這兩起犯罪不同到了極點。對於要怎麼減緩這種犯罪，左派和右派各有主張。右派想要對穆斯林進入美國設限，左派想要禁售攻擊性武器。但我們似乎全都認定，不管這些特定行徑的動機為何，恨意與暴力的根源在根本上就是無可避免與避無可避。

在奧蘭多的槍擊案後，歐巴馬總統稱之為「邪惡、懷恨的行徑」。川普總統也把拉斯維加斯的槍擊案稱為「純然邪惡的行徑」。對於搞不懂要怎麼解釋的事，我們十之八九就會貼上邪惡的標籤。但起碼在西方文化裡，邪惡最純然的代表大概就是魔鬼了，而且在《聖經》裡，魔鬼並非生來就邪惡，而是墮落的天使路西法（Lucifer）。根據約翰福音第八章四十四節，他「不守真理」。事實上，諾斯替教徒（Gnostics）相信，魔鬼其實是在基督「解開自己身上的影子」時所創造出來。

基督教有很多事一向讓我很欣賞，其中之一就是我們全都是罪人的觀念。它同時是告誡與鼓勵，提醒我們全都帶有陰暗與光明，必須力求成為自身更好的天使。佛教也強調這種善惡的二元性，如日本佛教大聖日蓮所寫：「背善云惡，背惡云善。」

然而，撇開我們最高的精神或哲學志向不談，事實在於，我們十之八九會從極度非黑即白的角度來思考善惡，而且我們喜歡認為自己是善、他人是惡。這就是為什麼像阿爾諾・米凱利斯和巴薩姆・阿拉米等人的故事會這麼讓人不爽，因為我們在他們身上發現，跟自己沒兩樣的普通人居然做了罪大惡極的事。這正是為什麼漢娜・鄂蘭和伊莉莎白・閔尼奇對邪惡及其假定平庸的理論會這麼令人不安，因為我們不想面對的事實在於，我們身上存有與邪惡的潛在勾結，更不用說是邪惡的本事。這也是為什麼盧安達的恐怖會這麼無可想像，因為我們不想相信，我們可能會去做任何人類在現實上大部分都做得到的事。體認到自己身上的惡和別人的善，可能會深深折損自身的安全感。另一方面，這則是把自己和周圍的世界變得更好的第一步。

我終於明白，**恨全都是以他者化的心態為前提**。我們全都會把自己送上假裝聖潔的優越高台，並系統性地把他人非人化，這就是恨的基本根源。我們會有意識和無意識地在大大小小各方面，不斷用顯性和隱性偏見的有色鏡片來過濾周圍的世界。這會教唆合理化，以及對廣為遍布的不正義裝聾作啞，像是棄守得不到醫療照顧的全體社群，或是深陷內戰的全體國家，因為它們是落在我們的道德關切面之外。

我們認為自己是好人，卻看不見那個道德關切面是如何受限於恨意，受限於在社會上誰重要、誰渺小的歷史、習慣和文化。無論是否有意，我們全都買帳了。所以我們會對企業的貪婪無度搖頭，會對上街遊行的新納粹揮拳，卻沒有夠多的人會坦承，他們是在反映我們全體創造出來的社會，遑論承認他們是在反映我們自己。

美國和世界各地都有恨的危機，假如不先學會看到它，我們就無法開始加以因應，把隱而不顯變成顯而不隱，揭露我們周遭和心裡不經意、隱性、刻意和有意識的懷恨形式。「真正的改變是要有系統性並涵蓋自我，會敦促我們看到自己在龐大、複雜問題上的角色。」二〇一七年十月時，作家阿南德．葛德哈拉德斯在首屆歐巴馬基金會高峰會（Obama Foundation Summit）的演講中說道。托爾斯泰寫過：「**人人都想著要改變世界，卻沒有人想著要改變自己。**」我們必須雙管齊下，以免為時已晚。

我在寫這本書時，好心的朋友一直在詢問我的狀況。他們以為我對恨研究得愈久，就會愈感到鬱悶。但對我來說，這趟旅程最大的驚奇就是我有多樂觀與振奮。對，恨是很深奧，既複雜與惱人，又醜陋與悲哀。但在任何既定的個人、社群、體制或系統上，它都不是無可避免。世界的懷恨歷史是伴隨著超越那層恨的故事：在集體屠殺後找到和平，在壓迫後賦予自由，甚至是在可怕的不正義過後，只朝平等踏出一小步。世上與生俱來的恨不會比我們腦袋裡的多。改變確實有可能。

我現在知道這點，不僅是因為我念了心理學、生物學與神經科學的研究，也是因為我見了像是阿爾諾、巴薩姆、約翰、瑪莉－珍和其他這麼多的人，他們對世上的仇恨探測到最深，並照樣設法找到出路。假如連他們都能停止去恨，我們其他人肯定就有希望。

所以，恨的相反是什麼？就如大屠殺的倖存者暨作家埃利．維瑟爾（Elie Wiesel）所說：「**愛的相反不是恨，而是冷漠。**」恨的相反也不是愛。你不必為了停止恨人而去愛他們。你甚至不必喜歡他們。你也不必認可他們的看法。巴薩姆非常清楚，他還是普遍把以色列人視為敵人，但在此同時，他再也不恨他們了。

恨的相反也不是某種冷靜中立派的籠統中間地帶。你還是可以保有自己強烈的信念，同時強烈反對其他人的信念。但面對與你意見不同的人，依舊以禮相待，尊重對方。最終來說，恨的相反是強而有力的美好現實——我們人類全都是在根本上相連與平等。恨的相反是連結。

九歲左右，我曾在夏令營期間去野外見習。當時我們去某處的林地健行，我不記得究竟是去了哪裡。但在一道道陽光灑落在頭頂樹葉的間隙下，我每走兩步就會看到一絲細細的東西沿著小徑垂吊並閃閃發光。我問輔導員，這些絲是什麼，她告訴我，它是宇宙互連織網的一部分，細絲把我們全部與其他各種生物連在一起。我要在此坦承，我是備受呵護的小孩，那時就跟現在一樣很好騙，但不管理由為何，我還是相信她了，而且是到深信不疑的地步。連到了現今，我瞥見蜘蛛絲在陽光下閃耀時，還是會想像它是纖細卻強韌的繩索，來自我們互連的人性，在蒼穹間表現出我們的哲學與精神真理。另外，假如小到不行的蜘蛛能織出那麼長的線，並從一棵樹擺盪近兩公尺到另一棵，先進的人類靠著我們的大腦袋和智慧手機，難道不該有辦法連結嗎？

儘管某人還是有點相信，蜘蛛絲是宇宙的存在之線，但這些不單是她對和平與愛的老套說詞。了解和表達我們的平等互連是終結恨意的務實道路。它的意思就是小馬丁·路德·金恩所說的「相互關連的現實結構」，以及約翰·鮑爾所說的「宣告共有、共同的人性」。而且它就是世上各種大小宗教所教導的事，只不過令人難過的是，它似乎不是所有的信徒都充分領略到的事。這種連結感不單是某種隨便說說的抽象概念，也不是某種無關痛癢的老套說詞，而是為擺脫恨意和邁向正面、建設性的替代方案來尋找出路的翻轉工具。**我們可以用使恨意長存的方式來適應彼此和普遍的社會，或者我們可以靠選擇連結來散播包容、平等與正義。**

這並不表示連結是容易的選擇。事實上，全世界似乎是在逆向操作。我固然保證過，沒有一個人是與生俱來就恨跨性別人士、黑人、窮人、共和黨員和民主黨員，但我們的部落意識傾向的確使我們一下子就會緊抓著社會的現存成見不放，並進一步鑽進仇恨的歷史習慣裡。除此之外，我們現有的系統與體制會激發恨意，無論是透過媒體和選舉時的販賣恐懼來散播憤慨，還是透過放肆的販賣仇恨或透過偏見式執法和隔離社群等較不公然的機制來把刻板印象傳布出去。我們必須改變的不只是自己的心靈與心智，還有我們周遭的體制、作業、系統和文化。

第一步是去挑戰自己內心的恨。我們需要變得對自身的恨更有意識，而且是所有的形式、所有的人，並努力去掌握和挑戰自己的觀念與認知。在此同時，假如我們想要阻止社會上的恨，我們就必須支持把我們聚集在一起、而不是使我們分裂的政策和體制。而且當我們決定建立連結，當我們在連結系統所促成的連結空間裡共聚一堂時，我們也需要以不同的方式對彼此說話——要帶著連結言論的寬大、敞開心胸、和善與同情心，而不是恨意。

就是這樣。這就是我們必須做到的一切。這並不表示就這麼簡單。

近來很流行談論「醒悟」，但實際上，我不確定有任何人真的是充分醒悟，可能的例外則是貝爾．胡克斯。我們頂多是處在不斷覺醒的狀態。好比說歐巴馬入主白宮時，我就覺得比較「覺醒」。在體力確定的加持下，連同全面邁向進步的必勝感，我可以俯視著快沒體力與快沒時間的恐龍，也就是像西恩・漢尼提這種舊的文化戰爭式右翼，並遞出善意的橄欖枝。我是全心全意要贏得漂亮。直到我們落敗為止。

川普當選時，感覺起來就像是世界突然遭到恨的小行星撞擊。它並不是說我天真到去認為，恨已全部從我們的歷史和心靈上消失，而是說蟄伏中的恨比我所意會到的要多，而且我沒有料到恨會這樣逆襲。然而在反移民、穆斯林、跨性別人士和女性的公然恨意令我火大之際，我卻因為懷恨而去恨懷恨份子。原來「自我修為」不是做到了就好的名詞，而是必須一直去做的動詞。就如同恨的相反不是目的地，而是旅程。

就個人來說，我並沒有搞懂要怎麼停止去恨，更不用說是要怎麼始終如一去追求有意義、互相尊重的連結。我不斷猛然驚覺自己在恨某人或某事，並且不是以恨花椰菜的隨便程度，而是以更顯著和更嚴重的方式。從被慢吞吞的駕駛惹毛而認為他是亞洲人，到說川普的選民也許大部分都是可悲的種族主義份子，以及不禁心想我剛剛見的跨性別人士是不是「真的女人」。我自身的恨不斷以大大小小的方式散發出來。換句話說，我並未到達某種開化的境地。我這才意會到，自己需要把燈打開，開始以不同的方式去留意事情，並試著有所不同。

針對社會在恨的歷史與習慣上所累積而成的潮流，逆轉恨意這件事是進行中的逆勢抗爭。我們必須一直下工夫，一而再、再而三。以我的進度，假如我在死前醒悟，那就算走運了。但起碼我在嘗試，而且我認為那才是重點。如喜劇演員約翰・福傑桑（John Fugelsang）所說：「要記得，假如你要對抗恨意，那稍微沾到時就不要哀哀叫，只要在它黏住前洗掉就好。」散發、洗刷、沖掉、重複，並希望漸入佳境。但起碼是部分的解方，而不是存心或天真地讓問題長存。

在我歷來最愛的其中一則演說裡，作家大衛・福斯特・華萊士（David Foster Wallace）說了個寓言。兩隻年輕的魚往前游時，遇到一隻較年長的魚往反方向游。較年長的魚游過時，對較年輕的魚說：「孩子們，早。水怎麼樣啊？」兩隻年輕的魚一直往前游了一段時間，有一隻魚才總算轉頭向另一隻魚問道：「水是什麼鬼東西？」

恨一向是我們存在的基本，一直在文化和政治的表面冒泡，並潛伏在內心深處。但我們一向不會留意到它。而且假如我們甚至沒留意到它就在我們身上，我們就留意不到它在我們周圍的社會魚缸裡。決定轉身離開恨意，並朝它的反方向前進，是日常決定與日常舉動，我們必須不斷反覆為之，並盡可能戮力以赴，儘管有一切的障礙。但好消息是，此舉有可能成功。不妨去看看成為和平行動人士的恐怖份子，或是成為佛教徒的白人至上份子，或是學會向受害者道歉的霸凌者。

某一個春天的晚上，我發現自己就在我所請的私家偵探相信薇琪・拉許所住的城市附近。我剛演講完，要前往飯店，此時我意會到，私家偵探電郵給我的城鎮只要三十分鐘就到了。於是我把地址輸入衛星定位系統，發動車子。

一路上，我都試著說服自己，我尋找薇琪純粹出於無私，但壓根就不是。我想要知道她還不錯，日子過得不錯，我並沒有毀了她的人生。我固然肯定是想要道歉，因為這麼做是對的事，而且我告訴自己，我其實不在乎她原不原諒我，但那全然不是真的。我想要得到原諒。我想要對得起良心。

私家偵探設法找出了薇琪的幾點細節。她有弟弟妹妹，而且就我們所知，她媽媽是受過高等教育且備受敬重的專業人士。我們完全搞不懂薇琪為什麼搬了那麼多次家，以及她為什麼把合法姓名改了至少兩次。但我們搞懂的是，她現在跟女性結了婚，從事科技業。而且據稱是住在外環的城市郊區，此時我正循著地址前往。

我靜靜地開車，把收音機關了，每隔幾公里左右就把汗愈流愈多的手掌往褲子上抹。車外開始下起小雨，我拐個彎來到了據稱是薇琪所住的街道。在街區的末端，右邊是有小庭院的氣派雙拼平房。我一路上的計畫是，把車靠邊停好，直接走到門前，按下門鈴，招認一切罪行。但我卻直接開了過去，心驚膽跳到沒有停下來。在足足那麼多年前，我不害怕去捉弄薇琪，現在卻害怕道歉？

我退縮了。我在街區繞了六圈，放慢速度，試著凝視窗子，不管看到什麼都好，我希望瞥見有人看起來像是快樂、健康的薇琪。但我什麼都沒看到。而且我突然意會到，這種行為有如我在五年級當時尾隨薇琪到洗手間外面。我覺得卑劣又討厭，而不只是有點可悲，於是我就開走了。

一天後，回到了家，我寄了信給薇琪。我總算在臉書上找到她時，也在上面發了信給她。而且我道歉了。我在信末寫道：「我不期望你會接受這樣的道歉或是回這封信。我只是要你知道，我很掛念你，希望你正過著美好的生活，超脫了我使你所蒙受的一切醜陋。」就這樣了。我所能做的一切就是這樣了，對吧？

接著我決定再做一件事。我女兒告訴過我，學校裡的小朋友是怎麼稱她為蛇髮女妖，使她覺得有多糟，但也很憤怒，因為他們全都認為她很惡毒，而使她想要更惡毒。於是我要薇拉坐下來並告訴她，我當過霸凌者。我告訴薇拉，我對薇琪做了什麼，我有多後悔，甚至到現在都覺得有多糟。而且我告訴她，要不去想和說惡毒的事，我還是很吃力，但我正努力嘗試不要惡毒，而她也能努力嘗試。我們可以一起嘗試。薇拉把頭靠我肩上，緊緊抱住我，使我熱淚盈眶。

在我們談心的幾天後，我發現了薇拉在念二年級時所畫的圖。它是一棵漂亮的大樹，葉子也許有上百片，每片各用了十多種綠來上色。樹枝下站了對伴侶，是一男一女。男的穿著晚禮服，女的穿著長長的紅色洋裝，脖子上繞著珍珠。而且他們在接吻。男的是深褐色皮膚，女的是淺桃色皮膚。

薇拉在圖的背後寫道：「**我想大部分的人都會把人畫成自己的膚色。例如好比說我是白皮膚，今天我則畫出了我第一張的黑人圖。我想黑皮膚或白皮膚的人應該會畫黑人和白人。要記得我們全都是永遠團結在一起的力量，而且我們的心中全都有愛，就算看不到它，我們也必須幫助那些人把它發揮出來。**」

我並不是說，假如我的小孩畫的是白人，那就會使她成為種族主義份子。但在某種程度上，她似乎了解自己在畫中的選擇是與更大的不正義議題有關，並且有意識地決定要拿出辦法來。她不過是個八歲的孩子。老實跟各位說，每次薇拉在鬧脾氣不去睡覺，或是在校車上說了惡毒的話而惹出麻煩時，我都會感到徹底絕望。但就在那一刻，薇拉給了我希望，不僅是對她，也是對我們所有的人。

後來我收到了薇琪的回信。她透過臉書給我的訊息很淡漠，甚至是排拒。她說她不記得我了，也不確定自己是不是我在找的人，只不過我當然並不懷疑就是她。接著她寫道：「我盤算過該不該回這封信，並且認為該，只為了防止你去傷害別人。」

「**像這樣的訊息並不能赦免你過去的作為。**」薇琪繼續寫道，「**要做到這點，唯一的辦法就是去改善世界，防止別人以類似的方式來行事，並培養同理心。**」這不是原諒，但正是我所需要的連結。

而且要聲明的是，薇琪，我真的很抱歉，我也真的在試著盡我的本分來幫助別人做得更好。

誌謝

我在開頭要說的是，跟我在格外洩氣的時刻當中或許說過或想過的話相反，我並不恨每個鼓勵我寫這本書的人。我現在唯一怕的是，凡是我在這裡忘記謝到的人，還是會認為我是個爛人。但言歸正傳。

在普遍鼓勵我發聲上，尤其是這本書，給予支持的良師益友名單可以自成一冊。但未逐一羅列的名單中必須包括Kelly Stoetzel、Chris Anderson、Joshua Prager、Pat Mitchell、Rebecca Traister、Sarah Ellison、Shonda Rhimes、Katy Perry、Puja Dhawan、Cindy Hwang Chiang、Chely Wright、Stacy London、Glynnis MacNicol、Rachel Sklar、Marissa Graciosa、西恩・漢尼提、Jean Hardisty、Jennifer Romolini、Anjali Kumar、Kate Gardiner、Alyssa Mastromonaco、Courtney Martin、Lindsey Taylor Wood、Susan McPherson、Claudia Schulman、adrienne maree brown、Emily May、Jessica Bennett、Sarah Sophie Flicker、Nell Scovell、Michael Skolnik、Rachel Griffiths、Sheryl Sandberg、Monica Lewinsky、Heather McGhee、Cleo Wade、Michelle Ringuette。此外，要

不是眾人不斷鼎力相助，我就不會有現在的職涯與平台，像是Megyn Kelly、Alisyn Camerota、Jeff Zucker、Amy Entelis、Rebecca Kutler、Julie Burton、約翰．奈分格、Seth Pendleton、Lauren Fritts、Emma Sprague、Tara Setmayer、Matt White、Chris Hayes、Jehmu Greene和Kit Laybourne。特別要深為感謝的是Urvashi Vaid和Geraldine Laybourne，我現今的為人與發聲就是拜他們所賜。沒有你們，我就不會走到這步。

有若干人員讀了本文非常粗略的初稿，並給了無價的建言，包括Puja Dhawan、Gabe Gonzalez、Meg Harkins、Frank Harkins、Urvashi Vaid、Cleo Wade、麥特．柯哈特、dream hampton、Melinda Kohn、Don Kohn、Jeff Welcker、Gloria Welcker和Paul Hansen。Mina Cikara、Amy Cuddy、Andrea Varadi、Maytha Alhassen、Nicholas Carlisle和Gloria Steinem幫忙我整理了定稿的重要方向。我很感激所有那些在本書中發表高見並親自發言支持的人，包括Elizabeth Gilbert、Adam Grant、DeRay Mckesson、Anand Giridharadas、西恩．漢尼提、Donna Brazile、Wendy Davis和Sarah Silverman。當然，我要深深感謝我所訪問的每個人，他們的話語和睿智使我和本書都大有長進。特別要謝謝巴薩姆．阿拉米、達琳．朱貝、約翰．吉蘭內薩、瑪莉－珍．韋瑪納、Francoise Uzamukunda、索蘭芝．伍韋拉、史柯蒂．奈爾．休斯、阿爾諾．米凱利斯、彼特．席米、珍妮佛．庫波塔、納希德．阿拓爾．澤爾、羅勃．史坦柏格，以及我所有的酸民，信不信由你。祝各位在生活中事事順心。還要祝過去遭到我下手所害的薇琪如今一切快樂。

要是沒有金錢和物質上的支援，我就真的寫不成這本書了，給予支持的有Ruth Ann

Harnisch、Lauren Embrey、Pat West、Suzanne Lerner、Mary Ford、Ana Navarro、Susan Danziger、Laine Romero-Alston、Richard Healey、Cynthia Renfro、Sharon Alpert與Nathan Cummings Foundation、Luz Vega-Marquis與Marguerite Casey Foundation，尤其是Cathy Raphael打從一開始的開始就在支援我。我朋友Frank Harkins、Diana Kane和Paul Takeuchi則在美術上提供了無價的協助來做出這份成品和更多設計。

Amy Gash和Algonquin的整個團隊是深為美妙、給予支持又有耐心的人馬，我對此深懷感激。救命的Emily Larelle做了女隨從的工作，幫忙把本書和它的願景傳遍天下。Emily Loose像是真人版的鎮靜劑，本書的每一行都展現了她條理分明的心思和審慎的編輯，我很感激找到了她。在一長串的作家經紀人中，我的作家經紀人Emma Parry是唯一設法讓我把書完成的人，所以要向她脫帽致敬。她撫慰人心的英國腔肯定是幫上了忙。而且我應該要謝謝所屬代表團隊中的其他人，包括3 Arts的Kimberly Carver和UTA的Andrew Lear，只為了讓他們看到這段，並記得回電給我。

我很有福氣，有地球上最棒的父母。即使在我五年級後，他們帶我搬到了鳥不生蛋的地方，而使我大為光火，但我也發現了寫作是因應離群索居的方法。而且我認為那頗具成效。另外，從我出生起，我父母每天都當我最大的啦啦隊長，我所做的每件事都是因為他們教導我我做什麼都可以。我也很幸運，有陣容龐大的超讚姻親，最近都在替我打氣，並忍受我在家族度假期間卯起來寫作。我對大家感激不盡。

最後，但肯定不是如她們所說的最不起眼，真正使這本書問世的就是我的伴侶莎拉．韓森和我們的女兒薇拉．韓森－康恩。她們不但在寫書的趕稿期間天天都在犧牲，也對我表現了最深的和善、同理心與愛，希望這本書會使我們全都受惠於此。

附錄

牆上的裂縫——與莎莉·康恩會談

你是在川普剛當選後開始寫這本書，當時你覺得恨意正威脅著要淹沒自己和國家。你最近則覺得如何？

我為這本平裝版動筆是在二〇一八年秋天，匹茲堡猶太教堂生命之樹（Tree of Life）的大型槍擊案過後。當世界這麼黑暗時，有時候會覺得太陽不可能還有辦法升起。但我也相當幸運，在過去這年跟全國各地的讀者談論了這一切。我分享了本書中的故事與工具，他們則與我分享了自己是如何反擊，如何改變自己的人生。在巡迴打書的期間，我見到一位對宗教寬容的議題下工夫的女性。她告訴我，她是如何試著去接受自己對窮人原來帶著階級歧視與偏見。一位七十來歲的白人男性則是告訴我，他正在社區中心上要怎麼破除種族主義和厭女心態的進修班。這些只是無數希望火炬中的一部分。

所以你才能對希望保持聚焦，而不是朝對方開罵？

我無意暗示自己並不憤怒。但恨有別於憤怒。憤怒可以有建設性。對於我們周遭極端的不正義與不平等，我們應該要憤怒，而且會使我們想要為改變而奮鬥的就是那種正當的憤怒。以這層意義來說，憤怒是積極。恨則是自滿。有時候我們使用某個詞，所指的卻是另一個詞的意思。但在本質上，假如我對你憤怒，我大概就會找你講話，分享我覺得怎麼樣，並試著加以解決。但假如我恨你，我絕對不會想要再找你講話，更不用說是去試著改變現況了。

當某人的信念冒犯到你的每一分存在時，要不對他大吼有時候真的很難。那是憤怒，還是恨？

自己到底感覺如何，只有自己才能知道。但在改變其他人的看法時，恨是沒有約束力的無效手段。在我見過的所有人，以及讀過的所有研究中，甚至是把最極端的懷恨生活給拋到腦後的人，沒有一個人改變是因為遭到恨而為之。或是因為有人對他們大吼到夠多。我們需要以尊重、人道、在情緒上正確的方式來打動人。包括本書的例子在內，所有的研究和集大成的智慧都顯示，這樣才會真正促成改變。

但打動懷恨的人不也是在給他恨的平台，並在某種意義上認可他嗎？

我不必為了試著了解你的信念而去認同那些信念，甚至是認可你的感覺。以尊嚴來對待他人，並不是在給他們恨的平台，而是在創造翻轉的可能性。社區組織有句話說：「人在哪，就去哪見他。」加上我們必須記住，沒有人生來就是種族主義份子、共和黨員或菁英的東岸自由派。我們是透過環境和經驗來形成看法。現在假如你害怕穆斯林犯下恐怖主義的行徑，我可以用一切的事實來回應，從九一一事件以來，白人的右翼極端份子其實是如何在美國犯下更多的大規模暴力。我也可以來談論，媒體卻是如何以多三倍的篇幅來報導穆斯林極端份子所犯下的暴力。但你還是會有那種感覺。無論該或不該，你都會覺得害怕。我必須去那裡見你，但這並不表示我就該把你留在那裡！

但假如有人因為本身的信念或存在而遭到攻擊，不反擊不就是軟弱，並讓懷恨者贏了嗎？

這要看你對「贏」是怎麼定義。我認為在面對前所未見的攻擊時，堅守價值才是道德勝利，以及我們任何人所能做到最勇敢的事。我相信每個人都值得受到尊重，連我極不認同的人也是，並不是因為他們是憑本事贏來，也不是因為他們表現得如何，而是因為要存在下去。而且在我看來，假如我捨棄那些價值，並說因為對方先下手了或下手更重，所以我現在要去恨，那我就是在讓他定義價值，不只是他的價值，還有我的價值。我就給了他更大的權力——凌駕我的權力！

但我們近來太常表現得彷彿是，要為自己所相信的事挺身而出，就必須踐踏別人，不只是他們的信念，還有他們的整個存在。有時候恨似乎成了我們所要做的事，尤其是左派，以宣告自己是哪種人——我們是那種反懷恨並想要對抗它的人。我們在推特上大放厥詞，聲稱自己痛恨懷恨。指責別人缺乏同情心，比自己去實踐同情心，要來得容易。是比較容易，但終究沒有建設性，對他們或自己都是！

所以，對恨放手並致力於正面的改變，不但對「他們」有益，對自己也是？

有許許多多的研究顯示，恨對懷恨者的健康有害，對。而且說句實話，它感覺起來就是很糟，你心知肚明。但另外，當人致力於正視自己和別人的恨時，讓我體驗到的滿滿喜悅則大大鼓舞了我。我所見到的一位女性每個月都會跟在政治光譜上處在相反兩端的童年友人談話，針對不同的議題來閱讀立場相反的文章，並聊聊自己學到了什麼。我所請教的一位男性去聯絡小時候霸凌過的人，以藉此道歉並試著賠罪。有位年長的猶太女性告訴我，看這本書是她人生中第一次真的覺得同情巴勒斯坦人。有位年輕的女性招認說，她停止參加家族的節日聚會，就是因為她對家人的政治態度很反感，並討厭跟他們爭論。但現在她決定，最終要改變他們的看法，跟親戚重新連結就是她唯一的機會。而且當他們告訴我這些故事時，我從他們身上感受到的滿溢情緒就是鬆了口氣。恨是他們很感激再也不用扛起的擔子。

看你的書最令人大開眼界的收穫之一就是，幫助我們承認並正視自己的恨。

我們從心理學和神經科學中所知道的每件事都顯示，察覺是第一步。在實務上顯而易見的是，要是不知道自己有問題，就無從矯正問題。但在認知上也是，當我們學會看到或「掌握到」自己無意識的習慣時，接著才能試著去改變。特別是在我對企業聽眾、教友或大學生的演講會中，我都試著鼓勵每個人找出自己能做的三件具體事項，以便在自身的生活中促進連結，並對抗恨意。這些步驟可大可小。像是追蹤四、五位在政治分界上立場相反的評論員，並好好看他們的專欄，或是要在過去一年都是讀白人作家的讀書會改讀及討論有色人種女性所寫的書。或是致電所屬社區的清真寺、猶太教堂或福音派教會等你從來不會踏進的地方，問問看你能不能去參加禮拜，或者也許是社交活動。然後帶別人一道去。

也許你在工作上有職務要徵人，而你當然要為職務徵選到最優秀的人，但你在招募上有多包容？你可以試著去聯絡當地的ＬＧＢＴ社群團體或當地的退伍軍人組織，鼓勵他們的成員來應徵。也許它甚至代表要想想你所住的鄰里，你的鄰居是不是在外表和思考上全都跟你相近，或者你的小孩是不是只跟外表和生活上相近的小朋友一道去上學。在所有層次的生活、工作、社群、企業和政府中，我們都能鼓勵包容和連結的政策與做法，不只是因為這麼做在道德上是對的事（的確是！），也因為它是打擊恨意的關鍵方式。

你是如何保持正向？

我並非一直都是。我花了很多時間對我們人類能殘暴到多極端感到難過。但我會試著去找恨意牆上的裂縫。作曲人李歐納・柯恩（Leonard Cohen）寫過：「萬物都有裂縫，光就是由此透進來。」我想到了那位七十多歲去上進修班的白人男性，為的是學習覺察系統性的壓迫與不平等。我問他為什麼還要大費周章，畢竟他退休了，大可去打高爾夫或做點什麼。他告訴我，他想要成長、學習、改變，並「成為解方的一部分」。天哪，假如那沒有帶給你希望，那你最好去量量脈搏。我們周遭都有這些大大小小的裂縫，假如你去找，就能發現亮光。接下來，就要選擇由自己來當亮光。

附錄

讀完本書可延伸探討的問題

一、在《逆轉恨意》中，莎莉．康恩正視社群媒體上的酸民，並訝異地發現其中有些人並不是自己所以為的人。她得以找到一些共通點。針對網路上的交手對比現實生活中的交手，她的經驗告訴了我們什麼？

二、假如你認同我們是處在高度惡鬥的時期，你認為該負責的因素是什麼？社群媒體？政治？媒體？經濟？

三、康恩用自身的親戚在家族聚會中的例子來思索，要怎麼跟政治信念與自己非常不同的人展開交談。你在生活中有跟「對方」互動的地方嗎？你們會聊敏感的議題，還是會避開？對於這些交談要怎麼處理可能會比較好，你從本書中學到了什麼？

四、在跟神經科學家談過後，康恩學到了我們的大腦與生俱來就會創造內群體和外群體，但誰會歸到這些類別裡，絕非一成不變。我們的部落意識傾向，的確使我們一下子就緊抓著社會的現存成見不放。你認同系統性的變革有可能嗎？我們要從哪裡開始？

五、你是屬於什麼內群體？你曾把什麼人給他者化嗎？

六、康恩所請教的研究人員伊莉莎白．閔尼奇區別出了由小群體和個人所犯下的集約型邪惡，以及由整個社會和有時候是一時的常規所犯下的粗放型邪惡。你認為社會該怎麼應對粗放型邪惡的行凶者？你真能原諒的事有沒有限制？你認為盧安達的約翰為什麼能超越仇恨，有人殺害了自己家人，自己卻跟他女兒結婚？

七、《逆轉恨意》中所涵蓋的一個論題是無意識的恨或隱性偏見。你會去做康恩所做過的隱性偏見測試嗎？知道我們全都有無意識的成見，會使你覺得那些比較公開表露出偏見的人比較和善嗎？本書有沒有使你重新去評估本身的任何認定或信念？有哪些？

八、康恩也討論到「受害者競爭」的現象。擯上的兩方各自認為，自己所受的磨難比對方慘。他們深信，己方的作為只是在防衛，或是可接受的報復。你有沒有見過這種情形？它有沒有出現在你的職場上？你的人際關係中？我們的社會上？

九、在第三章裡，康恩討論了人類生性對歸屬群體的欲望是如何把人帶進和帶出仇恨組織。你有沒有被歸屬的欲望沖昏頭過，而使你後來做了後悔的事？

十、你認不認同憤怒和懷恨有差？妥協和讓步有差？

十一、康恩向她在五年級時霸凌過的同學尋求原諒。你認為她沒有得到原諒這件事會如何影響她未來的作為？她去請求原諒是否如奧德麗·羅德所表示，造成了受害者的負擔？原諒是為了誰，受害者還是加害者？

十二、你認不認同康恩所說，恨的相反是連結？你打算做什麼來抵抗恨意？

參考資料出處

前言

26 「沒有人生來就會……恨別人」｜Nelson Mandela, *Long Walk to Freedom* (Boston: Back Bay, 1995), 622.

27 阿林斯基說……「直搗不滿的痛處」｜As cited by Mark Leibovich in "In Turmoil of '68, Clinton Found a New Voice," *New York Times*, September 5, 2007, http://www.nytimes.com/2007/09/05/us/politics/05clinton.html.

32 「我們全都是非人化的潛在份子」｜David Livingstone Smith, *Less Than Human* (New York: St. Martin's, 2011), 25.

33 針對共和黨員……皮尤研究中心（Pew Research Center）調查了二十五年｜"Partisanship and Political Animosity in 2016," Pew Research Center, June 22, 2016, http://www.people-press.org/2016/06/22/partisanship-and-political-animosity-in-2016/.

33 美國的仇恨犯罪……增加了兩成｜Grant Smith and Daniel Trotta, "U.S. Hate Crimes Up 20 percent in 2016 Fueled by Election Campaign-Report," Reuters, March 13, 2017, https://www.reuters.com/article/us-usa-crime-hate/u-s-hate-crimes-up-20-percent-in-2016-fueled-by-election-campaign-report-idUSKBN16L0BO.

33 反猶事件就多了86％｜Doug Criss and Carma Hassan, "Anti-Semitic Incidents Rose a Whopping 86 % in the First 3 months of 2017," CNN.com, April 24, 2017, http://www.cnn.com/2017/04/24/us/antisemitic-incidents-reports-trnd/index.html.

34 有一個反川普的人卻推文說｜David Horsey, "Do Americans Hate Each Other Too Much to Find Common Ground?" *Los Angeles Times*, January 3, 2017, http://www.latimes.com/opinion/topoftheticket/la-na-tt-americans-hate-20170102-story.html.

第1章

沒有相應注釋的推文在此無法引證，是因為它們後來從推特上遭到了刪除，多半是在使用者的帳戶遭到停權，要不然就是停用了。

44 「莎莉·康恩是心理侏儒」｜Linda Likes Bacon (@LindaLikesBacon), "Sally Kohn is a mental midget," Twitter, November 11, 2016, 11:59 a.m., https://twitter.com/lindalikesbacon/

status/797166955937615873.

44 「從橋上跳下去」｜Linda Likes Bacon (@LindaLikesBacon), "GO JUMP OFF A BRIDGE," December 26, 2015, 3:38 p.m., https://twitter.com/lindalikesbacon/status/680895520542449664.

44 「你的狗很可愛……」｜Linda Likes Bacon (@LindaLikesBacon), "Your dog is cute. But you are freaking hideous," October 3, 2016, 3:24 p.m., https://twitter.com/lindalikesbacon/status/783070301521317888.

47 一九六七年對政治態度的研究｜Edward E. Jones and Victor A. Haar, "The Attribution of Attitudes," *Journal of Experimental Social Psychology* 3 (1967): 1–24.

47 做了一項研究，隨機指派史丹福大學的學生去｜Lee Ross, "The Intuitive Psychologist and His Shortcomings: Distortions in the Attribution Process," *Advances in Experimental Social Psychology* 10. 173–220 (New York: Academic Press. 1977).

48 湯瑪斯·佩迪格魯（Thomas Pettigrew）更進一步｜Thomas F. Pettigrew, "The Ultimate Attribution Error: Extending Allport's Cognitive Analysis of Prejudice," *Personality and Social Psychology Bulletin* 5, no. 4 (October 1979): 461–76.

49 根據二〇一六年的民調｜"On Views of Race and Inequality, Blacks and Whites Are Worlds Apart," Pew Research Center, June 27, 2016, http://www.pewsocialtrends.org/2016/06/27/on-views-of-race-and-inequality-blacks-and-whites-are-worlds-apart/.

49 在二〇一五年的民調中，有20%的黑人民眾表示｜Wayne Drash, "Poll: 1 in 5 Blacks Report 'Unfair' Dealings with Police in Last Month," CNN, November 30, 2015, http://www.cnn.com/2015/11/29/us/criminal-justice-racism-cnn-kff-poll/index.html.

49 黑人在犯罪中的占比普遍比較小｜David A. Harris, *Driving While Black: Racial Profiling on Our Nation's Highways*, an American Civil Liberties Union special report, June 1999, https://www.aclu.org/report/driving-while-black-racial-profiling-our-nations-highways.

49 心理學家蕾貝卡·賀堤（Rebecca Hetey）和珍妮佛·艾柏哈特（Jennifer Eberhardt）把……拿給一群白人紐約客看｜Rebecca C. Hetey and Jennifer L. Eberhardt, "Racial Disparities in Incarceration Increase Acceptance of Punitive Policies," *Psychological Science* 25, no. 10 (2014): 1949–54, http://journals.sagepub.com/doi/abs/10.1177/0956797614540307.

50 『身為黑人』所留下的種族汙名程度｜Jamelle Bouie, "White People Are Fine with Laws That Harm Blacks," *Slate*, August 7, 2014, http://www.slate.com/articles/health_and_science/

science/2014/08/racial_bias_in_criminal_justice_whites_don_t_want_to_reform_laws_that_harm.html.

50 白人共和黨員大約有五分之二｜Aaron Blake, "Republicans' Views of Blacks' Intelligence, Work Ethic Lag Behind Democrats at a Record Clip," *Washington Post*, March 31, 2017, https://www.washingtonpost.com/news/the-fix/wp/2017/03/31/the-gap-between-republicans-and-democrats-views-of-african-americans-just-hit-a-new-high/?utm_term=.eaa57241bfc5.

50 共和黨員有26%，民主黨員則有18%｜Blake, "Republicans' Views."

50 正確地認知領取福利的人大部分都是白人時｜Martin Gilens, *Why Americans Hate Welfare: Race, Media, and the Politics of Antipoverty Policy* (Chicago: University of Chicago Press, 1999).

51 就如哲學家大衛·李文斯頓·史密斯所說｜Smith, *Less Than Human*, 275.

52 「聖戰士將讓美國」｜Jason Burke and Rory Carroll, "Poor Bedouin Who Became a Butcher," *Guardian*, June 8, 2006, https://www.theguardian.com/world/2006/jun/09/iraq.rorycarroll.

53 「本性被想像成由自然種類的成員所共有。」｜Smith, *Less Than Human*, 275.

54 試想在二〇〇八年的總統競選期間，巴拉克·歐巴馬（Barack Obama）曾譴責｜Katherine Q. Seelye and Jeff Zeleny, "On the Defensive, Obama Calls His Words Ill-Chosen," *New York Times*, April 13, 2008, http://www.nytimes.com/2008/04/13/us/politics/13campaign.html.

54 希拉蕊指川普的選民為｜Dan Merica and Sophie Tatum, "Clinton Expresses Regret for Saying 'Half' of Trump Supporters Are 'Deplorables,' " CNN, September 12, 2016, http://www.cnn.com/2016/09/09/politics/hillary-clinton-donald-trump-basket-of-deplorables/index.html.

54 「我們各自迥異的痛有多如出一轍。」｜Anand Giridharadas, "Democracy is Not a Supermarket," *Medium*, October 31, 2017, https://medium.com/@AnandWrites/why-real-change-escapes-many-change-makers-and-why-it-doesnt-have-to-8e48332042a8.

55 「厭惡或敵意的態度」｜Gordon W. Allport, *The Nature of Prejudice* (New York: Addison-Wesley, 1979), 14–15.

55 「不尋常地抗拒理性的影響力」｜Ralph L. Rosnow, "Poultry and Prejudice," *Psychology Today* 5, no. 10 (March 1972): 53–56.

55 試想「熟人詐欺」的現象｜"Fleecing the flock," *Economist*, January 28, 2012, http://www.economist.com/node/21543526.

55 另一個例子是，在社會制約型恐怖份子對新血採用的五個階段中｜"Social Psychological Conditioning," ChangingMinds.org, http://changingminds.org/techniques/conversion/social_psychological_conditioning.htm.

56 「哈哈，我看到你耍了什麼花招……」｜Sally Kohn (@sallykohn), "Haha I see what you did there you so clever but if I were a dude I'd be straight bro but anyway," August 22, 2016, 5:08 p.m., https://twitter.com/sallykohn/status/767876138026856448.

58 「恨不是愛的相反……」｜Robert J. Sternberg, *The Psychology of Hate* (American Psychological Association, 2004), 38.

63 後來他有點吹噓地說｜Steven (@ArlingtonSteve), "Bitch," Twitter, July 8, 2016, 10:09 a.m., https://twitter.com/ArlingtonSteve/status/751463290052763648.

65 有超過半數的美國人預期，社會……會愈來愈不文明｜"Civility in America VII: The State of Civility," Weber Shandwick, http://www.webershandwick.com/news/article/civility-in-america-vii-the-state-of-civility.

65 在二〇一六年的研究中，賈斯汀·鄭（Justin Cheng）……｜Taylor Kubota, "Stanford Research Shows That Anyone Can Become an Internet Troll," Stanford News Service, February 6, 2017, https://news.stanford.edu/2017/02/06/stanford-research-shows-anyone-can-become-internet-troll/.

66 在另一場實驗中，研究人員發現，在互動式電玩遊戲中輸掉的男性……｜Caitlin Dewey, "Men Who Harass Women Online Are Quite Literally Losers, New Study Finds," *Washington Post*, July 20, 2015, https://www.washingtonpost.com/news/the-intersect/wp/2015/07/20/men-who-harass-women-online-are-quite-literally-losers-new-study-finds/?utm_term=.0d57ba3b9318

66 自尊感低的個人……｜Annerieke Oosterwegel, "Collective Self-Esteem, Personal Self-Esteem, and Collective Efficacy in In-Group and Outgroup Evaluations," *Current Psychology* 18, no. 4 (December 1999): 326–39, https://www.researchgate.net/profile/Annerieke_Oosterwegel/publication/225677411_Collective_Self-Esteem_Personal_Self-Esteem_and_Collective_Efficacy_in_In-group_and_Outgroup_Evaluations/links/0deec523b301bf3832000000.pdf.

66 行凶者真的會體驗到自尊感暫時提升｜Kelli Craig-Henderson, "Examining Hale-Motivated

Aggression," *Aggression and Violent Behavior* 7 (February 2002): 85–101, https://www.researchgate.net/publication/222022936_Examining_hate-motivated_aggression_A_review_of_the_social_psychological_literature_on_hate_crimes_as_a_distinct_form_of_aggression.

66 似乎會讓人比較容易「比本人要來得頻繁或激烈地自我揭露或演出」| John Suler, "The Online Disinhibition Effect," *Cyberpsychology & Behavior* 7, no. 3 (June 2004): 321–26, https://www.ncbi.nlm.nih.gov/pubmed/15257832.

70 梅根在二〇〇八年設立了推特帳戶 | Adrian Chen, "Unfollow," *New Yorker*, November 23, 2015, https://www.newyorker.com/magazine/2015/11/23/conversion-via-twitter-westboro-baptist-church-megan-phelps-roper.

71 蘇珊・貝尼希……她在為此所寫的內容裡提供了一套很棒的守則 | Dangerous Speech Project, https://dangerousspeech.org/.

72 它與民權自由派的立場若合符節 | Susan Benesch et al., "Counterspeech on Twitter: A Field Study," a report for Public Safety Canada under the Kanishka Project, October 14, 2016, https://dangerousspeech.org/counterspeech-on-twitter-a-field-study/.

72 貝尼希提供了動人的例子 | Susan Benesch et al., "Counterspeech on Twitter."

74 「被視為強而有力或令人生畏」| Susan Benesch et al., "Considerations for Successful Counterspeech," October 14, 2016, https://dangerousspeech.org/considerations-for-successful-counterspeech/.

75 大部分的美國人都說不喜歡抹黑的…… | "Putting a Positive Spin on Negative Campaigning," *All Things Considered*, National Public Radio, June 23, 2012, http://www.npr.org/2012/06/23/155636624/putting-a-positive-spin-on-negative-campaigning.

75 希拉蕊的競選廣告大約有三分之二是…… | Denise-Marie Ordway and John Wihbey, "Negative Political Ads and Their Effect on Voters," Journalists Resource, September 25, 2016, https://journalistsresource.org/studies/politics/ads-public-opinion/negative-political-ads-effects-voters-research-roundup.

第2章

77 「人會這麼固執地緊抱著恨不放，我所想像的一個原因是……」| James Baldwin, *Notes of a Native Son* (Boston: Beacon Press: 1984), 101.

83 「雙方往往都相信自己是受害者。」| Daniel Bar-Tal, Lily Chernyak-Hai, Noa Schori, and

Ayelet Gundar, "A Sense of Self-Perceived Collective Victimhood in Intractable Conflicts," *International Review of the Red Cross* 91, no. 874 (June 2009), https://www.icrc.org/eng/assets/files/other/irrc-874-bartal-chernyakhai-schori-gundar.pdf.

83 「為了唯一受害者的身分而爭鬥……」｜Daniel Bar-Tal and Phillip L. Hammack, "Conflict, Delegitimization, and Violence," in *The Oxford Handbook of Intergroup Violence*, ed. Linda R. Tropp (New York: Oxford University Press, 2012), 29–52.

90 心理病態據估只占了總數的1%｜Wynne Parry, "How to Spot Psychopaths," Live Science, October 20, 2011, https://www.livescience.com/16585-psychopaths-speech-language.html.

90 「發現心理病態的機率要高了四倍」｜"A Psychopath Walks into a Room. Can You Tell?" *All Things Considered*, National Public Radio, May 21, 2011, http://www.npr.org/2011/05/21/136462824/a-psychopath-walks-into-a-room-can-you-tell.

90 有許多恐怖份子……覺得本身的恐怖主義情有可原｜Paul Heroux, "Are Terrorists Insane?" *Huffington Post*, https://www.huffingtonpost.com/paul-heroux/are-terrorists-insane_b_976755.html.

90 布魯斯・霍夫曼（Bruce Hoffman）這樣描寫恐怖份子｜Bruce Hoffman, *Inside Terrorism*, revised ed. (New York: Columbia University Press, 2006), xv.

90 「「既非不理性，也不是孤注一擲……」｜Hoffman, 154.

91 「唯一的方式，只有這麼做才能說服以色列的決策者……」｜Hoffman, 155.

91 「在中東，自殺炸彈客……表達自我的感知脈絡」｜Scott Atran, "Genesis of Suicide Terrorism," *Science* 299, no. 5612 (March 7, 2003): 1534–39, http://science.sciencemag.org/content/299/5612/1534.full.

91 「假如能不靠暴力來實現目標」｜Hoffman, 152–53.

93 《以色列時報》（*The Times of Israel*）把卡蘭迪亞檢查站稱為……｜Dov Lieber and Luke Tress, "At Israel's Most Infamous Crossing, Even a Good Day Can Be Bad," *Times of Israel*, May 17, 2016, http://www.timesofisrael.com/at-israels-most-infamous-crossing-even-a-good-day-can-be-bad/.

93 「巴勒斯坦人的典型經驗……」｜Rashid Khalidi, *Palestinian Identity* (New York: Columbia University Press, 1997), 1.

94 影響深遠的心理學家艾里希・佛洛姆（Erich Fromm）｜Erich Fromm, *Man for Himself: An Inquiry into the Psychology of Ethics* (New York: Holt, 1990), 216.

95 如羅勃・史坦柏格所寫道：「佛洛姆表示……」｜Robert J. Sternberg and Karin Sternberg, *The Nature of Hate* (New York: Cambridge University Press, 2008), 46.

98 「人主動反對或敵視某人或某事」｜*Oxford English Dictionary*, https://en.oxforddictionaries.com/definition/enemy.

99 《紐約時報》報導說，阿比兒……｜Greg Myre, "Father of Dead West Bank Girl Seeks Peace With Israelis," *New York Times*, January 23, 2007, http://www.nytimes.com/2007/01/23/world/middleeast/23mideast.html.

99 以色列政府否認｜Dan Izenberg, " 'Compensate Killed Girl's Family,' " *Jerusalem Post*, August 16, 2010, http://www.jpost.com/Israel/Compensate-killed-girls-family.

99 「打中阿比兒的子彈是草率擊發」｜Izenberg, "Compensate."

99 以色列保安部隊殺了三百七十三位巴勒斯坦人｜"B'Tselem: 373 Palestinians Killed by Israeli Forces in 2007," The Electronic Intifada, December 30, 2007, https://electronicintifada.net/content/btselem-373-palestinians-killed-israeli-forces-2007/3302.

100 截至二〇一四年，貝塞林追蹤了快十四年的資料……｜"This Chart Shows Every Person Killed in the Israel-Palestine Conflict since 2000," updated by Max Fisher, July 14, 2014, https://www.vox.com/2014/7/14/5898581/chart-israel-palestine-conflict-deaths.

104 他是在巡邏一個檢查站時有所頓悟｜"Chen Alon: Tel Aviv," Combatants for Peace, http://cfpeace.org/personal-stories/chen-alon/.

104 「我認為這是一種知識的形式……」｜"... About Radical Intimacy and Missing Visions," Nachbarschafts und Gemeinschaftstheater, https://www.theater-rote-ruebe.de/lesenswertes/chen-alon/.

105 馬希・努爾（Masi Noor）發現，受害者競爭的解答是……｜Nurit Shnabel, Samer Halabi, and Masi Noor, "Overcoming Competitive Victimhood and Facilitating Forgiveness through Re-categorization into a Common Victim or Perpetrator Identity," *Journal of Experimental Social Psychology* 49 (April 2003): 867–77, https://www.researchgate.net/publication/260133236_Overcoming_competitive_victimhood_and_facilitating_forgiveness_through_re-categorization_into_a_common_victim_or_perpetrator_identity.

107 「我在人生中的基本兩難是……」| Somak Ghoshal, "Jhumpa Lahiri: The Lives of Others," Livemint, January 25, 2014, http://www.livemint.com/Leisure/zWhN5FKCyq3Mci96bD7nWO/Jhumpa-Lahiri--The-lives-of-others.html.

107 「深刻的關愛與歸屬感……」| Brené Brown, "Want to Be Happy? Stop Trying to Be Perfect," CNN, November 1, 2010, http://www.cnn.com/2010/LIVING/11/01/give.up.perfection/index.html.

107 「組成群體……的傾向……」| E. O. Wilson, "Biologist E. O. Wilson on Why Humans, Like Ants, Needs a Tribe, *Newsweek*, April 2, 2012, http://www.newsweek.com/biologist-eo-wilson-why-humans-ants-need-tribe-64005.

108 「我們的嗜血天性……」| Wilson, "Biologist E. O. Wilson," *Newsweek*.

108 「……不但形塑了地緣政治疆界……」| James Waller, *Becoming Evil* (New York: Oxford University Press, 2002), xiv.

108 「人或許與生俱來就是會……變得神經緊繃」| Robert Sapolsky, "Peace among Primates," in *The Compassionate Instinct*, eds. Dacher Keltner, Jason Marsh, Jeremy Adam Smith (New York: Norton, 2010), 34.

109 「人在很久以前就想好要替自我至上的觀念築起圍籬，它只是某種屁話。」| Michael Harriot, "When the Irish Weren't White," *The Root*, March 17, 2017, http://www.theroot.com/when-the-irish-weren-t-white-1793358754.

109 他卻擁有超過六百名男性、女性和兒童黑奴 | Karen Grigsby Bates, "Life at Jefferson's Monticello, as His Slaves Saw It," *Weekend Edition Sunday*, National Public Radio, March 11, 2012, http://www.npr.org/2012/03/11/148305319/life-at-jeffersons-monticello-as-his-slaves-saw-it.

109 傑佛遜也曾說過，自由的黑人是「社會的害蟲……」| Paul Finkelman, "The Monster of Monticello," editorial, *New York Times*, November 30, 2012. http://www.nytimes.com/2012/12/01/opinion/the-real-thomas-jefferson.html.

110 學者傑拉尼・柯布（Jelani Cobb）在片中說：「假如你去看黑人……的各種奮鬥史 | *13th*, directed by Ava DuVernay (Sherman Oaks, CA: Kandoo Films, 2016), Netflix.

110 計算出，美國在二〇一六年有九百一十七個白人至上團體 | "Hate Groups Increase for Second

Consecutive Year as Trump Electrifies Radical Right," Southern Poverty Law Center, February 15, 2017, https://www.splcenter.org/news/2017/02/15/hate-groups-increase-second-consecutive-year-trump-electrifies-radical-right.

110 反穆斯林仇恨團體的數目幾乎是翻了三倍｜"Hate Map," Southern Poverty Law Center, accessed November 9, 2017, https://www.splcenter.org/hate-map.

110 「白人至上團體所發動的攻擊……」｜Jana Winter, "FBI and DHS Warned of Growing Threat from White Supremacists Months Ago," *Foreign Policy*, August 14, 2017, http://foreignpolicy.com/2017/08/14/fbi-and-dhs-warned-of-growing-threat-from-white-supremacists-months-ago/.

110 其他的研究則顯示，在二〇〇八到二〇一六年間……｜Winter, "FBI and DHS Warned."

112 「我們得……捍衛白人的生存……」｜"14 Words," Anti-Defamation League, https://www.adl.org/education/references/hate-symbols/14-words.

112 他唱的部分歌詞如下｜"Centurion — 14 Words," on YouTube, https://www.youtube.com/watch?v=DH3CFrpOeAY.

115 在二〇一〇年的人口普查中，梅庫恩……有92%是白人｜QuickFacts: Mequon, Wisconsin, United States Census Bureau, accessed November 9, 2017, https://www.census.gov/quickfacts/fact/table/mequoncitywisconsin/PST045216.

115 二〇一六年，川普……拿下了57%的選票｜"Wisconsin Presidential Race Results: Donald J. Trump Wins," *New York Times*, August 1, 2017, https://www.nytimes.com/elections/results/wisconsin-president-clinton-trump.

115 二〇一二年時，米特．羅姆尼（Mitt Romney）表現得更好｜"Wisconsin Presidential Race Results."

116 記者丹．高瑞姆（Dan Korem）在一九九四年所出版的研究顯示｜Dan Korem, *Suburban Gangs: The Affluent Rebels* (Richardson, TX: International Focus Press, 1994), http://www.ifpinc.com/books/suburban-gangs/.

117 彼特．席米（Pete Simi）……發現，右翼仇恨團體的成員在社經背景上的範圍……｜"Why They Join," *Intelligence Report*, February 25, 2014, https://www.splcenter.org/fighting-hate/intelligence-report/2014/why-they-join.

117 另一項研究發現，使白人真正激發出公然種族主義的關鍵｜Jack Glaser et al., "Studying

Hate Crime with the Internet," *Journal of Social Issues* 58, no. 1 (2002): 177–93. https://gspp.berkeley.edu/assets/uploads/research/pdf/GlaserDixit Green2002.pdf.

119 如樂評羅勃・克里斯特高（Robert Christgau）所說：「它也是種次文化……」｜Robert Christgau, "All the Young Punks," review of *Please Kill Me* by Legs McNeil and Gillian McCain, New York Times, July 28, 1996, http://www.nytimes.com/1996/07/28/books/all-the-young-punks.html.

119 李伊・布雷克・齊爾德斯（Leee Black Childers）曾形容龐克……｜Christgau, "All the Young Punks."

120 雖然光頭不全然是種族主義｜Jennifer Abbots, "True 'Skinheads' Are Not the Racist Thugs of Media Fame," letter to the editor, *New York Times*, April 19, 1994, http://www.nytimes.com/1994/04/19/opinion/l-true-skinheads-are-not-the-racist-thugs-of-media-fame-829412.html?mcubz=1.

120 但我上了維基百科去查｜"Skrewdriver," Wikipedia, accessed November 9, 2017, https://en.wikipedia.org/wiki/Skrewdriver.

120 在YouTube上發現Skrewdriver有一首歌叫〈白人力量〉（*White Power*）｜Skrewdriver, "White Power," video posted to YouTube on August 17, 2014, https://www.youtube.com/watch?v=z6Tyv2PqzlI.

121 彼特・席米……解釋說大部分的白人至上份子｜"Why They Join," *Intelligence Report*.

122 事實上，有研究顯示，成員本身多是先選擇了……｜Rebecca Littman and Elizabeth Levy Paluck, "The Cycle of Violence: Understanding Individual Participation in Collective Violence," *Advances in Political Psychology* 36, suppl. 1 (2015), https://static1.squarespace.com/static/5186d08fe4b065e39b45b91e/t/54f12c27 e4b05fe3d5dd183c/1425091623300/Littman_Paluck_PP.pdf.

122 法國社會學家古斯塔夫・勒龐（Gustave Le Bon）｜Robert Zaretsky, "Donald Trump and the Myth of Mobocracy," *Atlantic*, July 27, 2016, https://www.theatlantic.com/international/archive/2016/07/trump-le-bon-mob/493118/.

122 二〇〇二年時，社會學家齊亞德・蒙森（Ziad Munson）出版了對擁護生命行動人士的研究｜Ziad W. Munson, *The Making of Pro-Life Activists* (Chicago: University of Chicago Press, 2009), 6.

122 前聯邦檢察官暨國會調查員肯・貝倫（Ken Ballen）｜Ken Ballen, *Terrorists in Love* (New

York: Free Press, 2011).

123 「群體過程就像是個人過程，是動態……」｜Waller, *Becoming Evil*, 39.

124 一九五四年，社會心理學家穆扎費．謝里夫（Muzafer Sherif）邀請了……｜Muzafer Sherif, *The Robbers Cave Experiment: Intergroup Conflict and Cooperation* (Middletown, CT: Wesleyan University Press, 1988).

125 二〇〇七年，凱瑟琳．金斯勒（Katherine Kinzler）和哈佛的同事做了截然不同的研究｜Katherine D. Kinzler and Elizabeth S. Spelke, "Do Infants Show Social Preferences for People Differing in Race?," *Cognition*. 119, no. 1 (April 2011):1–9, https://www.ncbi.nlm.nih.gov/pmc/articles/PMC3081609/.

126 「人類在榮譽守則上會從一而終……」｜E. O. Wilson, *On Human Nature* (Cambridge: Harvard University Press, 2004), 163.

126 傑伊．凡巴韋（Jay Van Bavel）所做的研究｜Jay J. Van Bavel and William A. Cunningham, "Self-Categorization with a Novel Mixed-Race Group Moderates Automatic Social and Racial Biases," *Personality and Social Psychology Bulletin* 35, no. 3 (March 2009): 321–35, http://journals.sagepub.com/doi/abs/10.1177/0146167208327743.

127 二〇〇一年時，心理學家蕾貝卡．畢格勒（Rebecca Bigler）和威斯康辛大學麥迪遜分校的同事｜Brian Mattmiller, "Professor Finds That in Shirts, as well as Skin, Color Matters," November 23, 1998, University of Wisconsin, Madison News, http://news.wisc.edu/professor-finds-that-in-shirts-as-well-as-skin-color-matters/.

127 一九七三年時，社會心理學家亨利．泰弗爾（Henri Tajfel）做了「最小群體」研究｜Michael Billig and Henri Tajfel, "Social Categorization and Similarity in Intergroup Behaviour," *European Journal of Social Psychology* 3, no. 1 (January/March 1973), http://onlinelibrary.wiley.com/doi/10.1002/ejsp.2420030103/full.

128 布萊恩．史蒂文森（Bryan Stevenson）……說：「奴役並沒有在一八六五年結束，而是演化了。」｜Stav Ziv, "What It Means to Be Black in America: 'Slavery Didn't End in 1865. It Evolved,' " *Newsweek*, July 29, 2017, http://www.newsweek.com/racism-america-slavery-lynching-brooklyn-museum-eji-643474.

128 布萊恩．史蒂文森（Bryan Stevenson）……「我們固然通過了民權法……」｜Matthew Green, "Bryan Stevenson: On Teaching America's Long History of Racial Injustice," KQED News, March 9, 2017, https://ww2.kqed.org/lowdown/2017/03/09/bryan-stevenson-on-why-we-cant-forget-americas-troubled-racial-history/.

128 「我們或許有天生的偏見會偏愛某些群體⋯⋯」｜Paul Bloom, *Just Babies: The Origins of Good and Evil*, (New York: Crown, 2013), 114.

129 安琪拉在電話中告訴我⋯⋯｜Angela King and Tony McAleer, phone conversation with author, August 19, 2006.

130 「假如去看ISIS⋯⋯招募小朋友的技巧」｜Annie Armstrong, "Ex-Neo Nazis Explain What's Driving the Alt-Right," *Vice*, February 17, 2017, https://www.vice.com/en_uk/article/bmpn7q/ex-neo-nazis-explain-whats-driving-the-alt-right.

131 「現代群體在心理上就相當於⋯⋯」｜Wilson, "Biologist E. O. Wilson," *Newsweek*.

131 「人性或許會去擁抱導致侵犯的動機⋯⋯」｜Gareth Cook, "History and the Decline of Human Violence," *Scientific American*, October 4, 2011, https://www.scientificamerican.com/article/history-and-the-decline-of-human-violence/.

131 「人有交戰的本事⋯⋯」｜Brandon Keim, "Human Nature May Not Be So Warlike After All," *Wired*, July 18, 2013, https://www.wired.com/2013/07/to-war-is-human-perhaps-not/.

131 心理學家馬丁．舒梅茨（Martin Schmelz）和賽巴斯丁．格林奈森（Sebastian Grüneisen）訓練了⋯⋯｜Michael Price, "True Altruism Seen in Chimpanzees, Giving Clues to Evolution of Human Cooperation," *Science*, June 19, 2017, http://www.sciencemag.org/news/2017/06/true-altruism-seen-chimpanzees-giving-clues-evolution-human-cooperation.

132 「唯一發現的物種差異是⋯⋯」｜Felix Warneken et al., "Spontaneous Altruism by Chimpanzees and Young Children," *PLoS Biology* 5, no. 7: e184, https://doi.org/10.1371/journal.pbio.0050184, http://journals.plos.org/plosbiology/article ?id=10.1371/journal.pbio.0050184.

132 心理學家法蘭斯．德瓦爾（Frans de Waal）⋯⋯「八成就跟哺乳類和鳥類一樣古老⋯⋯」｜Frans de Waal, "Putting the Altruism Back into Altruism: The Evolution of Empathy," *Annual Review of Psychology* 59 (2008): 279–300, https://www.ncbi.nlm.nih.gov/pubmed/17550343.

135 「各位白人，是時候去⋯⋯」｜Michael Skolnik, "White People, We Know Those Angry, White Men Carrying Tiki-Torches. We Must Not Be Silent!" *Medium*, August 13, 2017, https://medium.com/@OfficialMichaelSkolnik/white-people-we-know-those-angry-white-men-carrying-tiki-torches-5ff218cc663b.

135 克里斯汀．皮喬里尼（Christian Picciolini）⋯⋯「我無法否認的事實在於⋯⋯」｜Christina

Couch, "Recovering from Hate," *Nova*, PBS, Jul 29, 2015, http://www.pbs.org/wgbh/nova/next/body/hatred/.

136 安琪拉・金恩……「……卻以和善與同情心來對我。」|King and McAleer, phone conversation with author.

136 湯尼回憶起當時：「愛起來又覺得安全了……」|King and McAleer, phone conversation with author.

136 艾德瓦多・波尼拉－席爾瓦（Eduardo Bonilla-Silva）等社會學家卻主張……|Adia Harvey Wingfield, "Color-Blindness Is Counterproductive," *Atlantic*, September 13, 2015, https://www.theatlantic.com/politics/archive/2015/09/color-blindness-is-counterproductive/405037/.

137 如大法官哈利・布雷克蒙（Harry Blackmun）在一九七八年……的最高法院裁決中所寫|"Blackmun's Opinions Reflect His Evolution Over the 24 Court Years," *New York Times*, March 5, 1999, http://www.nytimes.com/1999/03/05/us/blackmun-s-opinions-reflect-his-evolution-over-the-24-court-years.html.

137 謝里夫卻又改變了情勢的走向|Sherif, *The Robbers Cave Experiment*.

第4章

140 「假如你愛和平，那就要恨不正義」|John Michael Talbot and Steve Rabey, *The Lessons of Saint Francis: How to Bring Simplicity and Spirituality into Your Daily Life* (New York: Plume, 1998), 220.

141 「當今的主要問題並不是戴兜帽的人」|John Blake, "The New Threat: 'Racism without Racists,' " CNN, November 27, 2014, http://www.cnn.com/2014/11/26/us/ferguson-racism-or-racial-bias/index.html.

142 「種族主義卻是來自系統或體制」|Eduardo Bonilla-Silva, *Racism without Racists: Color-Blind Racism and the Persistence of Racial Inequality in America* (New York: Rowman & Littlefield, 2013), 8.

145 希拉蕊曾告訴CNN的法理德・札卡瑞亞（Fareed Zakaria）|William Saletan, "Implicit Bias Is Real. Don't Be So Defensive," *Slate*, October 5, 2016, http://www.slate.com/articles/news_and_politics/politics/2016/10/implicit_bias_is_real_don_t_be_so_defensive_mike_pence.html.

145 NBC的萊斯特・霍爾特（Lester Holt）曾問她說|Saletan, "Implicit Bias Is Real," *Slate*.

145 「暗示每個人基本上都是種族主義份子並帶有成見，包括警方在內」｜Saletan, "Implicit Bias Is Real," *Slate*.

145 「這種一找到機會就對執法人員大肆貶抑真是夠了」｜Saletan, "Implicit Bias Is Real," *Slate*.

145 「隱性偏見有太多的相關研究」｜Saletan, "Implicit Bias Is Real" *Slate*.

146 「黑人和白人所接收的敘事和印象都一樣」｜Theodore R. Johnson, "Black-on-Black Racism: The Hazards of Implicit Bias," *Atlantic*, December 26, 2014, https://www.theatlantic.com/politics/archive/2014/12/black-on-black-racism-the-hazards-of-implicit-bias/384028/.

148 一九四二年的民調印證了這點｜Mildred A. Schwartz, *Trends in While Attitudes Toward Negroes*, report no. 119 (Chicago: National Opinion Research Center, 1967), http://www.norc.org/PDFs/publications/NORCRpt_119.pdf.

149 庫波塔對我說明了刻板印象是如何……｜Jennifer Kubota, interview with author, September 20, 2016.

150 無意識「是依照頻率來形成聯想」｜"Opening the Question of Race to the Question of Belonging," *On Being with Krista Tippett*, June 25, 2015, https://onbeing.org/programs/john-a-powell-opening-the-question-of-race-to-the-question-of-belonging/7695/.

151 伊莉莎白・菲爾普斯（Elizabeth Phelps）和研究團隊所做的重要研究｜Elizabeth Phelps et al., "Performance on Indirect Measures of Race Evaluation Predicts Amygdala Activation," *Journal of Cognitive Neuroscience* 12, no. 5 (September 2000), 729–38, http://www.mitpressjournals.org/doi/abs/10.1162/089892900562552.

152 名為《平等的科學》(*The Science of Equality*)，約翰・鮑爾……｜Rachel D. Godsil et al., "Addressing Implicit Bias, Racial Anxiety, and Stereotype Threat in Education and Health Care, *Science of Equality* 1 (November 2014), Perception Institute, https://perception.org/wp-content/uploads/2014/11/Science-of-Equality.pdf.

152 表明胸痛的黑人病患獲得推介的機率比白人病患要低了40%｜Brian D. Smedley, Adrienne Y. Stith, and Alan R. Nelson, *Unequal Treatment: Confronting Racial and Ethnic Disparities in Health Care* (Washington, DC: National Academies Press, 2003), https://www.nap.edu/read/12875/chapter/1.

152 研究便揭露了白人醫生對黑人病患平均花的時間較少｜Fariss Samarrai, "Study Links Disparities in Pain Management to Racial Bias," UVA Today, April 04, 2016, https://news.

virginia.edu/content/study-links-disparities-pain-management-racial-bias.

152 黑人病患「……是系統性的治療不足」| Kelly M. Hoffman et al., "Racial Bias in Pain Assessment and Treatment Recommendations, and False Beliefs about Biological Differences between Blacks and Whites," *Proceedings of the National Academy of Sciences* 113, no. 16 (2016), 4296–4301, http://www.pnas.org/content/113/16/4296.abstract.

153 檢查了……止痛藥處方……有非比尋常的六千萬筆 | Astha Singhal, Yu-Yu Tien, Renee Y. Hsia, "Racial-Ethnic Disparities in Opioid Prescriptions at Emergency Department Visits for Conditions Commonly Associated with Prescription Drug Abuse," *PLoS One* 11, no. 8, https://doi.org/10.1371/journal.pone.0159224.

153 「被告的外表是偏向刻板印象中的黑人……」| Jennifer L. Eberhardt et al., "Looking Deathworthy: Perceived Stereotypicality of Black Defendants Predicts Capital-Sentencing Outcomes," Cornell Law Faculty Publications, paper 41 (2006), http://scholarship.law.cornell.edu/cgi/viewcontent.cgi?article=1040&context=lsrp_papers.

153 「平均而言，警察對黑人居民說話不如對白人居民來得尊重」| Rob Voigt et al., "Language from Police Body Camera Footage Shows Racial Disparities in Officer Respect," *Proceedings of the National Academy of Sciences* 114, no. 25 (2017), 6521–26, http://www.pnas.org/content/114/25/6521.

153 研究人員發現，老師十之八九對黑人學生投以較少的注意力 | Rachel D. Godsil et al., *The Science of Equality*.

154 「在大學裡，教授比較少回應有色人種學生的發問……」| Lisette Partelow, "The Ubiquitous Nature of Implicit Bias," *U.S. News & World Report*, October 19, 2016, https://www.usnews.com/opinion/knowledge-bank/articles/2016-10-19/dangerous-to-deny-implicit-bias-and-its-consequences-for-people-of-color.

154 在其中一項研究中，研究人員……寄出自己所寫的履歷 | Marianne Bertrand and Sendhil Mullainathan, "Are Emily and Greg More Employable Than Lakisha and Jamal? A Field Experiment on Labor Market Discrimination," *American Economic Review* 94, no. 4 (September 2004), http://www.uh.edu/~adkugler/Bertrand&Mullainathan.pdf.

154 二〇一六年，身為非裔美國人的高中生艾迪亞・布朗（Adia Brown）| Cindy Long, "The Far-Reaching Effects of Implicit Bias in the Classroom," *NEA Today*, January 26, 2016, http://neatoday.org/2016/01/26/implicit-bias-in-the-classroom/?_ga=2.252136265.1788395455.1508250573-797414129.1508250573.

154 身為非裔美國人的婦產科醫生｜Tamika Cross Kristina Rodulfo, "Black Women Fight Stereotypes With #WhatADoctorLooksLike," *Elle*, October 17, 2016, http://www.elle.com/culture/news/a40064/black-women-doctors-whatadoctorlookslike-hashtag/.

155 它被「複製在日常的微小行為中……」｜Rachel D. Godsil et al., *The Science of Equality*, 26.

156 美國心理協會（American Psychological Society）的雜誌｜Jill D. Kester, "A Revolution in Social Psychology," *APS Observer Online* 14, no. 6 (July/August 2001), http://www.psychologicalscience.org/observer/0701/family.html.

156 「內隱關聯測驗不單是對態度的抽象測量」｜Malcolm Gladwell, *Blink: The Power of Thinking Without Thinking* (Boston: Back Bay, 2007), 85.

157 「研究人員都認可的觀念是，隱性偏見是個問題」｜Issie Lapowsky, "In the VP Debate, Mike Pence Got Implicit Bias Pretty Wrong," *Wired*, October 7, 2016, https://www.wired.com/2016/10/vp-debate-mike-pence-got-implicit-bias-pretty-wrong/.

157 「打破成見習慣的介入」｜Patricia G. Devine et al., "Long-Term Reduction in Implicit Race Bias: A prejudice Habit-Breaking Intervention," *Journal of Experimental Social Psychology*, 48, no. 6 (November 2012): 1267–78, https://www.ncbi.nlm.nih.gov/pmc/articles/PMC3603687/.

159 根據美國人口普查局的資料，紐約市是……｜Jed Kolko, "America's Most Diverse Neighborhoods and Metros," *Forbes*, November 13, 2012, https://www.forbes.com/sites/trulia/2012/11/13/finding-diversity-in-america/#ab843734b89e.

159 我的郵遞區號則隸屬於最多元的區域｜"Brooklyn, NY 11217 ZIP Code Profile," NY HomeTownLocator, accessed November 9, 2017, http://newyork.hometownlocator.com/zip-codes/data,zipcode,11217.cfm.

161 白人家戶的全國資產淨值平均比黑人家戶的淨值高了十萬零七百美元｜Thomas Shapiro, "Commentary: Close the Racial Wealth Gap," CNN, June 10, 2009, http://www.cnn.com/2009/LIVING/06/10/shapiro.wealth/index.html?iref=nextin.

161 二〇一六年，社會學家愛爾麗．羅塞爾．霍克希爾德（Arlie Russell Hochschild）出版了《自家國土上的陌生人》（*Strangers in Their Own Land*）｜Arlie Russell Hochschild, *Strangers in Their Own Land: Anger and Mourning on the American Right* (New York: New Press, 2016), 135–37.

163 如作家塔－奈希西．科茨（Ta-Nehisi Coates）所觀察｜Ta-Nehisi Coates, "The First White

President," *Atlantic*, October 2017, https://www.theatlantic.com/magazine/archive/2017/10/the-first-white-president-ta-nehisi-coates/537909/.

166 針對這點主要的偽善，塔－奈希西・科茨點出了…… | Coates, "The First White President."

167 「我認為我們在美國並不自由。」 | Bryan Stevenson, interview by Judy Woodruff, *PBS NewsHour*, PBS, April 13, 2017, https://www.pbs.org/newshour/brief/212727/bryan-stevenson.

167 「人會有隱性的種族偏見……」 | john a. powell, email to author, July 6, 2017.

168 「……就不可能反映出成見，那就是不老實，甚至是明目張膽地跟證據唱反調。」 | Mahzarin R. Banaji, Brian A. Nosek, and Anthony G. Greenwald, "No Place for Nostalgia in Science: A response to Arkes and Tetlock," commentary, August 9, 2004, http://www.fas.harvard.edu/~mrbworks/articles/2004_Banaji_PI.pdf.

168 「文化的拇指紋」 | "The 'Thumbprint of the Culture': Implicit Bias and Police Shootings," transcript of interview by Shankar Vedantam, *Hidden Brain*, National Public Radio, June 5, 2017, http://www.npr.org/templates/transcript/transcript.php?storyId=531578107.

168 「我們會在本身的意識沒有察覺下行動……」 | "The 'Thumbprint of the Culture,' " National Public Radio.

169 心理學家丹尼爾・尤肯（Daniel Yudkin）和傑伊・凡巴韋 | Daniel A. Yudkin, Tobias Rothmund, Mathias Twardawski, Natasha Thalla, and Jay J. Van Bavel, "Reflexive Intergroup Bias in Third-Party Punishment," *Journal of Experimental Psychology* 145, no. 11 (2016): 1448–59, https://www.researchgate.net/publication/303401393_Reflexive_Intergroup_Bias_in_Third-Party_Punishment.

170 在另一場實驗中，普林斯頓大學的心理學家蘇珊・費斯克（Susan Fiske）…… | Mary E. Wheeler and Susan Fiske, "Controlling Racial Prejudice: Social-Cognitive Goals Affect Amygdala and Stereotype Activation," *Psychological Science* 16, no. 1 (January 2005):56-63, https://www.ncbi.nlm.nih.gov/pubmed/15660852.

170 而且還記得在研究中，伊莉莎白・菲爾普斯…… | Phelps et al., "Performance on Indirect Measures of Race Evaluation," *Journal of Cognitive Neuroscience*.

170 但我還要舉出一項研究，顯示出大有可為的跡象 | Jackob N. Keynan et al., "Limbic Activity Modulation Guided by Functional Magnetic Resonance Imaging– Inspired Electroencephalography Improves Implicit Emotion Regulation," *Biological Psychiatry 80*, no. 6 (September 15, 2016): 490–96, http://www.biologicalpsychiatry journal.com/article/S0006-

3223(16)00003-2/fulltext.

171 雅典娜．史代克（Athena Staik）所稱的「軟布線」（soft-wired）｜Athena Staik, "The Neuroscience of Changing Toxic Thinking Patterns (1 of 2)," *Neuroscience & Relationships with Dr. Athena Staik*, Psych Central, https://blogs.psychcentral.com/relationships/2011/08/the-neuroscience-of-changing-toxic-thinking-or-behavior-patterns/.

171 尤肯和凡巴韋表示｜Yudkin et al., "Reflexive Intergroup Bias," *Journal of Experimental Psychology*.

173 在統計上，白人高中輟學生的平均淨值比黑人大學畢業生還高｜Matt Bruenig, "White High School Dropouts Have More Wealth Than Black and Hispanic College Graduates," Policyshop, Demos, September 23, 2014, http://www.demos.org/blog/9/23/14/white-high-school-dropouts-have-more-wealth-black-and-hispanic-college-graduates.

174 認為自己是看到饒舌歌詞的受試者則把歌曲評為……｜Carrie B. Fried, "Who's Afraid of Rap: Differential Reactions to Music Lyrics," *Journal of Applied Social Psychology* 24, no. 4 (1999): 705–21, http://endrapontrial.org/wp-content/uploads/2015/08/Fried-1999.pdf.

175 「種族是觀念，而非事實。」｜Nell Irvin Painter, *The History of White People* (New York: Norton, 2011), ix.

第5章

176 「原諒不是要遺忘」｜"On Revolutionary Love" "Quotes from Valarie," ValarieKaur.com, http://valariekaur.com/about/quotes-from-valarie/.

176 一九九四年，為期百日當中｜Samantha Power, "Bystanders to Genocide," *Atlantic*, September 2001, https://www.theatlantic.com/magazine/archive/2001/09/bystanders-to-genocide/304571/.

176 套用研究集體屠殺的學者丹尼爾．葛德哈根（Daniel Goldhagen）的話……「自願的劊子手」｜Daniel Jonah Goldhagen, *Hitler's Willing Executioners: Ordinary Germans and the Holocaust* (New York: Vintage, 1997).

178 「盧安達人對牛隻的執迷可追溯到歷史上」｜Lillian Nakayima, "Rwandans and Their Attachment to Cows," *New Times*, June 20, 2009, http://www.newtimes.co.rw/section/read/78971.

181 「假如不幸看到了……」｜Donald G. Dutton, *The Psychology of Genocide, Massacres, and*

Extreme Violence: Why "Normal" People Come to Commit Atrocities (Westport, CT: Praeger Security International, 2007): 102, http://www.al-edu.com/wp-content/uploads/2014/05/Dutton-The-Psychology-of-Genocide-Massacres-and-Extreme-Violence.pdf.

181 「地獄即他人」｜Jean-Paul Sartre, *No Exit* (New York: Samuel French, 1958).

181 「地獄就是你自己」｜George Seldes, *The Great Thoughts, Revised and Updated: From Abelard to Zola, from Ancient Greece to Contemporary America, the Ideas That Have Shaped the History of the World* (New York: Random House, 2011).

181 美國倫理學家內爾・諾丁斯（Nel Noddings）警告說：「邪惡……」｜Mark Larrimore, ed., "Nel Noddings, *Women and Evil,*" *The Problem of Evil: A Reader* (Malden, MA: Blackwell, 2001), 383–84.

182 獲得印證的不到五十例……他們所占的比例極低｜"Rwanda: A Brief History of the Country," Outreach Programme on the Rwanda Genocide and the United Nations, http://www.un.org/en/preventgenocide/rwanda/education/rwandagenocide.shtml.

182 對於納粹殘暴對待猶太人，主動反抗的人……｜Daniel Rothbart and Jessica Cooley, "Hutus Aiding Tutsis during the Rwandan Genocide: Motives, Meanings and Morals," *Genocide Studies and Prevention* 10, no. 2 (2016), http://scholarcommons.usf.edu/cgi/viewcontent.cgi?article=1398&context=gsp.

184 「無法適切地把胡圖人和圖西人稱為有所區別的族群」｜Philip Gourevitch "After the Genocide," *New Yorker*, December 18, 1995, http://www.newyorker.com/magazine/1995/12/18/after-the-genocide.

184 聯合國對集體屠殺的報告｜"Rwanda: A Brief History of the Country," Outreach Programme on the Rwanda Genocide and the United Nations.

185 「盧安達的胡圖人就斷斷續續在殘殺圖西人」｜Gourevitch, "After the Genocide," *New Yorker*.

186 「每個胡圖人都該知道，所有圖西人……」｜Anna M. Wittmann, *Talking Conflict: The Loaded Language of Genocide, Political Violence, Terrorism, and Warfare* (Santa Barbara, CA: ABC-CLIO, 2016), 185.

187 並「就地把他們圍起來……」｜William A. Donohue, "The Identity Trap: The Language of Genocide," *Journal of Language and Social Psychology* 31, no. 13 (2012), https://dokumen.tips/documents/the-identity-trap-the-language-of-genocide.html.

191 對於艾希曼的平庸，鄂蘭寫道…… | Hannah Arendt, *Eichmann in Jerusalem: A Report on the Banality of Evil* (New York: Penguin, 2006).

191 「無力思考，這一點令人費解，卻貨真價實」 | Hannah Arendt, "Thinking and Moral Considerations," *Social Research* 38, no. 3 (Autumn 1971), 417.

192 「從首次遇到誇張的不正義以來」 | Elizabeth Minnich, *The Evil of Banality: On The Life and Death Importance of Thinking* (New York: Rowman & Littlefield, 2016), 10.

193 「對受害者的行為在之前會……」 | Dutton, *The Psychology of Genocide*, 109

193 如研究集體屠殺的學者詹姆斯・沃勒所說 | Waller, *Becoming Evil*, 20.

193 克羅埃西亞的作家史拉玟卡・德古麗琪（Slavenka Drakulic）觀察了…… | Slavenka Drakulic, *They Would Never Hurt a Fly: War Criminals on Trial in The Hague* (London: Abacus, 2004), 168.

194 「常常是數以千計的大批白人……」 | *Lynching in America: Confronting the Legacy of Racial Terror*, 3rd ed., Equal Justice Initiative, https://lynchinginamerica.eji.org/report/.

194 社會學家史都華・托奈（Stewart Tolnay）和貝克（E. M. Beck）……報導說 | Mark Berman "Even More Black People Were Lynched in the U.S. Than Previously Thought, Study Finds," *Washington Post*, February 10, 2015, https://www.washingtonpost.com/news/post-nation/wp/2015/02/10/even-more-black-people-were-lynched-in-the-u-s-than-previously-thought-study-finds/?utm_term=.02c7e84061cb.

195 「標示著從十五伏特（微擊）……到」 | Saul McLeod, "The Milgram Experiment," SimplyPsychology, 2007, https://www.simplypsychology.org/milgram.html.

196 但在二〇一七年的波蘭，有一群研究人員基本上就是複製了…… | "Conducting the Milgram Experiment in Poland, Psychologists Show People Still Obey," *Science Daily*, March 14, 2017, https://www.sciencedaily.com/releases/2017/03/170314081558.htm.

196 在一九五〇年代，阿希做了劃時代的實驗 | Solomon Asch, *Social Psychology* (New York: Prentice Hall, 1952).

196 精神科醫生格雷戈里・柏恩斯（Gregory Berns）和艾默理大學（Emory University）的團隊複製了阿希的研究 | Gregory S. Berns et al., "Neurobiological Correlates of Social Conformity and Independence during Mental Rotation," *Biological Psychiatry* 58 (2005):245–53, http://www.ccnl.emory.edu/greg/Berns% 20Conformity% 20final% 20printed.pdf.

197 克里斯欽・柯蘭道爾（Christian Crandall）和艾美・艾許曼（Amy Eshelman）研究了一百零五種……｜C. S. Crandall, A. Eshleman, and L. O'Brien, "Social Norms and the Expression and Suppression of Prejudice: The Struggle for Internalization," *Journal of Personality and Social Psychology* 82, no. 3 (March 2002):359–78, https://www.ncbi.nlm.nih.gov/pubmed/11902622.

198 胡圖族和圖西族的學生卻拒絕聽從｜Geoffrey Macnab, "Back to Hell," *Guardian*, March 15, 2005, https://www.theguardian.com/film/2005/mar/15/rwanda.

198 胡圖族女性約瑟芬・杜薩米納瑪（Josephine Dusaminama）把十三個圖西人藏在家裡｜Achille Tenkiang, "Rwandan Stories of Resistance: Josephine Dusaminama," Goldin Institute, https://www.goldininstitute.org/news/24-goldin-news/616-rwandan-stories-of-resistance-josephine-dusaminama.

198 「我準備好要與他們同死」｜Gregory Warner, "Remembering Rwandans Who Followed Their Conscience," NPR, April 8, 2014, https://www.npr.org/sections/parallels/2014/04/08/300508669/remembering-rwandans-who-followed-their-conscience.

198 社會心理學家奧瑞里亞・莫克（Aurelia Mok）和麥可・莫里斯（Michael Morris）舉出了強力的研究證據｜Aurelia Mok and Michael W. Morris, "Asian-Americans' Creative Styles in Asian and American Situations: Assimilative and Contrastive Responses as a Function of Bicultural Identity Integration," *Management and Organization Review* 6 (2010): 371–90.

199 人類學家珍妮・貝奈特（Jennie Burnet）建議｜Elizabeth Svoboda, "In a Genocide, Who Are the Morally Upright?" *Sapiens*, February 23, 2017, https://www.sapiens.org/culture/rwandan-genocide-rescuers/.

200 「非人化並不是談論方式」｜Smith, *Less Than Human*, 13.

200 盧安達的孤兒有九萬五千人｜"Rwanda: Ten Years after the Genocide," UNICEF, September 4, 2012, https://www.unicef.org/infobycountry/rwanda_genocide.html.

204 「期待黑人和第三世界的民眾……」｜Audre Lorde, "Our Difference Is Our Strength," in *Identity Politics in the Women's Movement*, ed. Barbara Ryan (New York: NYU Press, 2001), 315.

206 「恨是一概而論，愛是別無分號。」｜Robin Morgan, *The Word of a Woman: Feminist Dispatches* (New York: Norton, 1994).

207 「容易莫過於譴責壞份子……」｜Louise Richardson, *What Terrorists Want: Understanding*

the Enemy, Containing the Threat (London: John Murray, 2006), 1.

208 政府所設立的ingando | Hilary Matfess and Foreign Policy In Focus, "Are Rwanda's Post-Genocide Youth Programs Paving the Way for Future Unrest?" *Nation*, January 24, 2014, https://www.thenation.com/article/are-rwandas-post-genocide-youth-programs-paving-way-future-unrest/.

208 胡圖族受刑人出獄後 | Chi Mgbako, "Ingando Solidarity Camps: Reconciliation and Political Indoctrination in Post-Genocide Rwanda," *Harvard Human Rights Journal* 18 (2005), http://www.leitnercenter.org/files/Publications/Mgbako.pdf.

208 「大家同餐共食……」 | Mgbako, "Ingando Solidarity Camps."

209 「是國家的危險之舉……」 | Mgbako, "Ingando Solidarity Camps."

209 如《紐約時報》所報導……某大學教授…… | Josh Kron, "For Rwandan Students, Ethnic Tensions Lurk," *New York Times*, May 16, 2010, http://www.nytimes.com/2010/05/17/world/africa/17rwanda.html.

第6章

211 「……邪惡的連鎖反應……」 | Martin Luther King, *Strength to Love* (New York: Fortress, 2010), 47.

211 而且各州是採用人頭稅 | "The Struggle for Voting Rights," from *Free at Last: The U.S. Civil Rights Movement*, Learn NC, UNC School of Education, http://www.learnnc.org/lp/editions/nchist-postwar/6031.

212 假如你的父親或祖父在一八六七年之前就能投票 | "1899 North Carolina Literacy Test Requirement," The Object of History, National Museum of American History, http://objectofhistory.org/objects/extendedtour/votingmachine/?order=5.

212 在一九二二年時，三K黨的成員據報飛過了堪薩斯州托皮卡（Topeka）的上空 | Philip Bump, "The Long History of Black Voter Suppression in American Politics," *Washington Post*, November 2, 2016.

212 舉例來說，在一九八〇年代，共和黨全國委員會設立了…… | Mariah Blake, "The Ballot Cops," *Atlantic*, October 2012, https://www.theatlantic.com/magazine/archive/2012/10/the-ballot-cops/309085/.

213 該黨在一九八二年因違反《投票權法》而遭到提告｜"GOP Memo Admits Plan Could 'Keep Black Vote Down,' " *Los Angeles Times*, October 25, 1986, http://articles.latimes.com/1986-10-25/news/mn-7435_1_republican-national-committee.

213 二〇一三年……阿拉巴馬州的謝爾比郡（Shelby County）提告要廢除……｜Dana Liebelson, "The Supreme Court Gutted the Voting Rights Act. What Happened Next in These 8 States Will Not Shock You," *Mother Jones*, April 8, 2014, http://www.motherjones.com/politics/2014/04/republican-voting-rights-supreme-court-id/.

213 阿拉巴馬州通過了嚴格的規定，所有的選民都要出示身分證明｜Ari Berman, "Alabama, Birthplace of the Voting Rights Act, Is Once Again Gutting Voting Rights," *Nation*, October 1, 2015, https://www.thenation.com/article/alabama-birthplace-of-voting-rights-act-once-again-gutting-voting-rights/.

213 嘗試對葛瑞絲・貝爾・哈迪森褫奪公權｜Ari Berman, "North Carolina Republicans Tried to Disenfranchise a 100-Year-Old African-American Woman," *Nation*, October 27, 2016, https://www.thenation.com/article/north-carolina-republicans-tried-to-disenfranchise-a-100-year-old-african-american-woman/.

214「很遺憾，我到了一百歲還必須經歷這樣的折磨」｜Sarah Larimer, "100-Year-Old Grace Bell Hardison Collects Her 'I Voted' Sticker," *Washington Post*, November 8, 2016, https://www.washingtonpost.com/politics/2016/live-updates/general-election/real-time-updates-on-the-2016-election-voting-and-race-results/100-year-old-grace-bell-hardison-collects-her-i-voted-sticker/?utm_term=.18c0938da9ae.

215 登記為選民的拉丁裔有18％舉報說｜Adrian D. Pantoja, "Latino Voters Continue to Face Barriers at Polling Places," *Huffington Post*, October 25, 2016, https://www.huffingtonpost.com/latino-decisions/latino-voters-continue-to_b_12638110.html.

215「我們的分析式心智……鮮少顧及全觀的看法。」｜Valerie Hudson, Bonnie Ballif-Spanvill, Mary Caprioli, and Chad Emmett, *Sex & World Peace* (New York: Columbia University Press, 2014), 1.

216 一九九六年，藥物奧施康定（OxyContin）首度｜Christopher Bowe "Fixing Pharma's Incentives Problem in the Wake of the U.S. Opioid Crisis," *Harvard Business Review*, June 13, 2016, https://hbr.org/2016/06/fixing-pharmas-incentives-problem-in-the-wake-of-the-u-s-opioid-crisis.

216 二〇一五年，用藥過量是意外死亡的頭號死因｜"Opioid Addiction: 2016 Facts & Figures," American Society of Addiction Medicine, https://www.asam.org/docs/default-source/

advocacy/opioid-addiction-disease-facts-figures.pdf.

216 在猶他州，州內的白人比例將近全國的150%｜"Quick Facts: Utah," United States Census Bureau, July 1, 2016, accessed November 9, 2017, https://www.census.gov/quickfacts/UT.

216 藥師每天開出的類鴉片處方達七千兩百份｜Julie Turkewitz, " 'The Pills Are Everywhere': How the Opioid Crisis Claims Its Youngest Victims," *New York Times*, September 20, 2017, https://www.nytimes.com/2017/09/20/us/opioid-deaths-children.html.

216 在有三百九十二個人口的西維吉尼亞州克米特（Kermit），有一家藥局……｜"How the DEA's Efforts to Crack Down on the Opioid Epidemic Were Derailed," *60 Minutes*, October 13, 2017, https://www.cbsnews.com/news/how-the-dea-efforts-to-crack-down-on-the-opioid-epidemic-were-derailed/.

217 開藥過量也受到了製藥公司積極宣揚類鴉片的神效所助長｜Celine Gounder, "Who Is Responsible for the Pain-Pill Epidemic?" *New Yorker*, November 8, 2013, https://www.newyorker.com/business/currency/who-is-responsible-for-the-pain-pill-epidemic.

217 由於類鴉片普遍比……要來得便宜｜Katie Thomas and Charles Ornstein, "Amid Opioid Crisis, Insurers Restrict Pricey, Less Addictive Painkillers," *New York Times*, September 17, 2017, https://www.nytimes.com/2017/09/17/health/opioid-painkillers-insurance-companies.html?_r=0.

217 三十七州的檢察總長｜Dennis Hoey, "Maine's Janet Mills, 36 Other Attorneys General Urge Incentives for Opioid Alternatives," *Portland Press Herald*, September 18, 2017, http://www.pressherald.com/2017/09/18/mills-36-other-attorneys-general-urge-incentives-for-opioid-alternatives/.

217 醫療補助（Medicaid）和醫療保險（Medicare）不經意激勵了……｜Karen Dandurant, "Removing the Incentive for Doctors to Prescribe Opioids," Fosters.com, November 13, 2016, http://www.fosters.com/news/20161113/removing-incentive-for-doctors-to-prescribe-opioids.

217 美國政府還是沒有積極列管類鴉片藥物｜"How the DEA's Efforts," *60 Minutes*.

217 全國經濟研究所（National Bureau of Economic Research）在二〇一七年的研究發現｜Olga Khazan, "How Job Loss Can Lead to Drug Use," *Atlantic*, July 19, 2017, https://www.theatlantic.com/health/archive/2017/07/how-job-loss-can-lead-to-drug-use/534087/.

217 「我確實認為，它跟壯年勞工的勞動力參與率下降有關」｜Jeanna Smialek, "Yellen Says

Opioid Use Is Tied to Declining Labor Participation," Bloomberg, July 13, 2017, https://www.bloomberg.com/news/articles/2017-07-13/yellen-says-opioid-use-is-tied-to-declining-labor-participation.

218 特別是，類鴉片危害最烈的郡⋯⋯｜Victor Tan Chen, "All Hollowed Out," *Atlantic*, January 16, 2016, https://www.theatlantic.com/business/archive/2016/01/white-working-class-poverty/424341/.

218 所有種族和族群的預期壽命普遍都有所提升｜Sabrina Tavernise, "White Americans Are Dying Younger as Drug and Alcohol Abuse Rises," *New York Times*, April 20, 2016, https://www.nytimes.com/2016/04/20/health/life-expectancy-decline-mortality.html?_r=0188.

218 像北美自由貿易協定這樣的政策｜Lori Wallach, "NAFTA at 20: One Million U.S. Jobs Lost, Higher Income Inequality," *Huffington Post*, [not dated], accessed November 9, 2017, https://www.huffingtonpost.com/lori-wallach/nafta-at-20-one-million-u_b_4550207.html.

219 「唔，假如是他們說了算⋯⋯」｜Chris Janson, "White Trash," https://www.lyrics.com/lyric/32221386.

219 《國家評論》(*National Review*)的凱文·威廉森(Kevin Williamson)｜D. Williamson, "Chaos in the Family, Chaos in the State," *National Review*, March 28, 2016, http://www.nationalreview.com/article/432876/donald-trump-white-working-class-dysfunction-real-opportunity-needed-not-trump.

219 原來在羅伯斯山洞前，謝里夫就做過兩場實驗｜Gina Perry, "The View from the Boys," *Psychologist* 27 (November 2014), 834–37, https://the psychologist.bps.org.uk/volume-27/edition-11/view-boys.

222 「可是從二〇〇〇年起⋯⋯法官免除了數百個⋯⋯」｜Nikole Hannah-Jones, "Segregation Now," ProPublica, April 16, 2014, https://www.propublica.org/article/segregation-now-full-text.

222 每十個黑人與拉丁裔學生中就有超過一個是｜Valerie Strauss, "School Segregation Sharply Increasing, Studies Show," *Washington Post*, September 22, 2012, https://www.washingtonpost.com/blogs/answer-sheet/post/school-segregation-sharply-increasing-studies-show/2012/09/22/5b34111a-04c6-11e2-91e7-2962c74e7738_blog.html?utm_term=.cda16f89b09.

222 這些學校大部分都不在南方｜Hannah-Jones, "Segregation Now," ProPublica.

223 康乃狄克州格林威治（Greenwich）的富有學區｜Alana Semuels, "Good School, Rich School; Bad School, Poor School," *Atlantic*, August 25, 2016, https://www.theatlantic.com/business/archive/2016/08/property-taxes-and-unequal-schools/497333/.

223 就全國而言，「……黑人與白人學生的成就差距……」｜Hannah-Jones, "Segregation Now," ProPublica.

223 教育學者強納森．柯索（Jonathan Kozol）報告說｜Marge Scherer, "On Savage Inequalities: A Conversation with Jonathan Kozol," *Educational Leadership* 50, no. 4 (December 1992/January 1993), http://www.ascd.org/publications/educational-leadership/dec92/vol50/num04/On-Savage-Inequalities@-A-Conversation-with-Jonathan-Kozol.aspx.

224 有一項研究發現，社區的族群多元會……｜Kathleen Miles, "Ethnic Diversity Increases Home Value and Lowers Crime in Southern California, Study Says," *Huffington Post*, June 7, 2012, updated June 08, 2012, https://www.huffingtonpost.com/2012/06/07/ethnic-diversity-home-value_n_1579123.html.

224 在美國最大的城市裡，犯罪率「……減少」。在郊區所發現的事也一樣｜Richard Florida, "Why Crime Is Down in America's Cities," *Atlantic*, July 2, 2011, https://www.theatlantic.com/national/archive/2011/07/why-crime-is-down-in-americas-cities/240781/.

224 加上全國各地的民調資料都顯示｜Carol Graham and Sergio Pinto, "Unhappiness in America: Desperation in White Towns, Resilience and Diversity in the Cities," Brookings, September 29, 2016, https://www.brookings.edu/research/unhappiness-in-america-desperation-in-white-towns-resilience-and-diversity-in-the-cities/.

224 「當法院下令的校車接送在一九七六年展開時」｜Sharon Lerner, "Segregation Nation," *American Prospect*, June 9, 2011, http://prospect.org/article/segregation-nation.

225 涵蓋了奧馬哈一些最貴的住宅｜Rhea R. Borja, "NAACP Suit Challenges Breakup of Omaha Schools," *Education Week*, May 23, 2006, http://www.edweek.org/ew/articles/2006/05/24/38omaha.h25.html.

226 「假如我理解正確的話，你是在告訴我」｜Lerner, "Segregation Nation," *American Prospect*.

226 這有個很棒的例子，那就是納希德．阿拓爾．澤爾（Nahed Artoul Zehr）的工作｜Nahed Artoul Zehr, interview with author, June 29, 2017.

229 「假如那些用詞使你激憤」｜Jonah Engel Bromwich, "Air Force General Addresses Racial Slurs on Campus: 'You Should Be Outraged,' " *New York Times*, September 29, 2017, https://

www.nytimes.com/2017/09/29/us/air-force-academy-racial-slurs.html?_r=0.

229 白人的空軍人員比有色人種的空軍人員晉升得頻繁｜Stephen Losey, "Race and the Air Force: The Truth about How Minorities Get Promoted," *Air Force Times*, March 1, 2016, https://www.airforcetimes.com/news/your-air-force/2016/03/01/race-and-the-air-force-the-truth-about-how-minorities-get-promoted/.

229 父權制就嵌入在軍方科層的本質裡｜Michael Ortiz, "Whether or Not Women Are Allowed in Combat, the Military Serves the Patriarchy," Truthout, February 25, 2013, http://www.truth-out.org/opinion/item/14519-whether-or-not-women-are-allowed-in-combat-the-military-serves-the-patriarchy.

230 但在二〇一六年時，美國軍方的性騷擾案｜Reuters, "Sexual Assault Reports in U.S. Military Reach Record High: Pentagon," NBC News, May 1, 2017, https://www.nbcnews.com/news/us-news/sexual-assault-reports-u-s-military-reach-record-high-pentagon-n753566.

230 而且統計顯示，退伍軍人要為全國各地21％的家暴負責｜Stacy Bannerman, "High Risk of Military Domestic Violence on the Home Front," editorial, SFGate, updated April 7, 2014, http://www.sfgate.com/opinion/article/High-risk-of-military-domestic-violence-on-the-5377562.php.

230 創傷後壓力症候群的案件數是如何隨著……而增加｜Smith, *Less Than Human*, 233.

231 「幹 掉 一 成」｜Linda Feldmann, "Glenn Beck Leaving Fox: His 10 Most Controversial Statements (So Far)," *Christian Science Monitor*, April 7, 2011, https://www.csmonitor.com/USA/Elections/2011/0407/Glenn-Beck-leaving-Fox-his-10-most-controversial-statements-so-far/Beck-Suggests-Obama-Admin.-Might-Kill-10-Percent-Of-Population-Is-More-Corrupt-Than-Nixon.

231 「九 一 一 翻 版」｜Travis M. Andrews, "Glenn Beck — Yes, That Glenn Beck — Tells New Yorker, 'Obama Made Me a Better Man,' " *Washington Post*, November 8, 2016, https://www.washingtonpost.com/news/morning-mix/wp/2016/11/08/in-shocking-reversal-glenn-beck-tells-new-yorker-obama-made-me-a-better-man/?utm_term=.09ee805c152c.

232 「有線電視網得以產出以較少數、較同質的觀眾為目標的內容」｜Jeffrey M. Berry and Sarah Sobieraj, *The Outrage Industry: Political Opinion Media and the New Incivility* (New York: Oxford, 2014), 17.

232 「對貝克來說，正派是新鮮的調色盤。」｜Nicholas Schmidle, "Glenn Beck Tries Out Decency," *New Yorker*, November 14, 2016, https://www.newyorker.com/magazine/2016/11/14/glenn-

beck-tries-out-decency.

232 「我們在政治上不會站在一起」 | Marc Fisher, "Glenn Beck Wants to Heal the America He Divided — One Hug at a Time," *Washington Post*, March 14, 2017, https://www.washingtonpost.com/lifestyle/style/glenn-beck-wants-to-heal-the-america-he-divided--one-hug-at-a-time/2017/03/14/70067648-f970-11e6-be05-1a3817ac21a5_story.html?utm_term=.2605c95900ee.

233 「問題是我們學到了什麼」 | Glenn Beck (@glennbeck), "The question is, what did we learn and how can we heal the divide and do no more damage," January 22, 2017, 5:55 p.m., https://twitter.com/glennbeck/status/823348323402862592 ?ref_src=twsrc% 5Etfw.

233 全國公共廣播電台和公共電視台仍持續名列…… | Amy Mitchell, Jeffrey Gottfried, Jocelyn Kiley, and Katerina Eva Matsa, "Political Polarization & Media Habits," Pew Research Center, October 21, 2014, http://www.journalism.org/2014/10/21/about-the-study-2/.

234 其中包括貼文和鏈結要來自…… | Jeff Jarvis, "A Call for Cooperation Against Fake News," *Medium*, November 18, 2016, https://medium.com/whither-news/a-call-for-cooperation-against-fake-news-d7d94bb6e0d4.

234 「狗哨政治的故事始於……」 | Ian Haney López, *Dog Whistle Politics: How Coded Racial Appeals Have Reinvented Racism and Wrecked the Middle Class* (New York: Oxford, 2014), 13–14.

235 黨內的領導階層有不少人、或許是過半都…… | Haney López, 18.

235 漢尼・羅培茲寫道……「比較『靜默』的暴力形式」 | Haney López, 24.

236 「福利女王」有「八十個名字、三十個地址」 | Haney López, 58.

236 「民權領袖推展得太快」 | Haney López, 59.

236 「超級掠食者」，說「我們必須把他們管得服服貼貼的」 | Anne Gearan and Abby Phillip, "Clinton Regrets 1996 Remark on 'Super-Predators' after Encounter with Activist," *Washington Post*, February 25, 2016, https://www.washingtonpost.com/news/post-politics/wp/2016/02/25/clinton-heckled-by-black-lives-matter-activist/?utm_term=.01173ad4a9da.

237 在一九八九年的訪問中，他說：「……受過良好教育的……」 | AJ Vicens and Natalie Schreyer, "The Trump Files: Watch Donald Say He Would Have Done Better as a Black Man," *Mother Jones*, June 20, 2016, http://www.motherjones.com/politics/2016/06/donald-trump-

black-man-advantage/.

237 白人男性的預期壽命中位數比黑人男性多了八·二年｜Janell Ross, "Trump Once Had a Dream: He Would Start Over Again as 'an Educated Black.' About That... ," *Washington Post*, June 21, 2016, https://www.washingtonpost.com/news/the-fix/wp/2016/06/21/trump-once-had-a-dream-he-would-start-over-again-as-an-educated-black-about-that/?utm_term=.ff246d9eb407.

237 「黑人和西語人士因為白人受到偏好而敗下陣來」｜Scott Clement, "Discrimination against Whites Was a Core Concern of Trump's Base," *Washington Post*, August 2, 2017, https://www.washingtonpost.com/news/the-fix/wp/2017/08/02/discrimination-against-whites-was-a-core-concern-of-trumps-base/?utm_term=.c8a67ef60cce.

239 「把隱而不顯變成顯而不隱」｜"Theory and Definition of Terms," Building Movement Project, accessed November 9, 2017, http://www.buildingmovement.org/our_tools/detail/theory_and_definition_of_terms.

結語

241 「我們要如何拿罪行向人問責」｜Melvin McLeod, "There's No Place to Go but Up," *Shambhala Sun*, January 1998, https://www.lionsroar.com/theres-no-place-to-go-but-up/.

241 「醜惡、刺耳的話語」｜George Orwell, *1984* (New York: Signet, 1961).

242 二〇一三年，學者暨歐巴馬政府的前官員凱斯·桑思汀（Cass Sunstein）｜Tim Murphy, "Former Obama Official Compares Glenn Beck's Attacks to Orwell's 'Two Minutes Hate,' " *Mother Jones*, March 21, 2013, http://www.motherjones.com/politics/2013/03/cass-sunstein-glenn-beck-two-minutes-hates/.

242 二〇一六年，另類右翼刊物《布萊巴特》（*Breitbart*）｜Daniel J. Flynn, "2016 Gave Us 262,800 'Two Minutes Hates.' Some Lasted Longer Than Others," *Breitbart*, December 30, 2016, http://www.breitbart.com/big-government/2016/12/30/5837287/.

242 同一時間，川普總統的推特動態｜Natelegé Whaley, " '1984' Book: Here Are 4 Eerie Similarities to Trump's America," Mic, January 25, 2017 https://mic.com/articles/166589/1984-book-here-are-4-eerie-similarities-to-trump-s-america#.VdU1Gu06m.

242 在反思歐威爾書裡的教訓時，喬治亞州有個學生｜Sarah Sansbury, "Ending Our Own 'Two Minutes' Hate,' " *Teaching Tolerance*, September 8, 2011, https://www.tolerance.org/magazine/ending-our-own-two-minutes-hate.

243 在奧蘭多的槍擊案後，歐巴馬總統 | Halimah Abdullah and Erik Ortiz, "President Obama: Nation and Orlando 'Shaken by an Evil, Hateful Act,' " NBC News, June 16, 2016, https://www.nbcnews.com/storyline/orlando-nightclub-massacre/president-obama-traveling-orlando-stand-solidarity-after-shooting-n593551.

243 川普總統也把拉斯維加斯的槍擊案稱為…… | Kevin Liptak, "Trump on Las Vegas Massacre: 'An Act of Pure Evil,' " CNN, updated October 2, 2017, http://www.cnn.com/2017/10/02/politics/donald-trump-las-vegas-shooting-remarks/index.html.

243 「不守真理」 | John 8:44, *The Holy Bible: King James Version* (Dallas: Brown Books, 2004).

243 「解開自己身上的影子」 | Stephen A. Hoeller, *The Gnostic Jung and the Seven Sermons to the Dead* (Wheaton, IL: Quest Books, 1982), 108.

243 如日本佛教大聖日蓮所寫 | "Good and Evil," Soka Gakkai International, http://www.sgi.org/about-us/buddhism-in-daily-life/good-and-evil.html.

245 「真正的改變是要有系統性並涵蓋自我」 | Anand Giridharadas, "Democracy Is Not a Supermarket," *Medium*, October 31, 2017, https://medium.com/@AnandWrites/why-real-change-escapes-many-change-makers-and-why-it-doesnt-have-to-8e48332042a8.

245 「人人都想著要改變世界」 | Wendy Toliver, *Little Giant Encyclopedia of Inspirational Quotes* (New York: Sterling, 2004), 60.

245 「愛的相反不是恨」 | Elie Wiesel, interview with *U.S. News & World Report*, October 27, 1986.

248 「要記得，假如你要對抗恨意」 | John Fugelsang (@JohnFugelsang), "Remember, if you're gonna fight hate, don't whine if a little gets on you- just wash it off before it sticks," Twitter, September 28, 2017, 10:21 a.m., https://twitter.com/JohnFugelsang/status/913408338259570690.

249 「孩子們，早。水怎麼樣啊？」 | Jenna Krajeski, "This Is Water," *New Yorker*, September 19, 2008, https://www.newyorker.com/books/page-turner/this-is-water.

人生顧問 0369

逆轉恨意——洞察仇恨的源頭，讓善意與惡念開始對話

作　者—莎莉・康恩（Sally Kohn）
譯　者—戴至中
主　編—沈維君
企　劃—金多誠
封面暨內頁設計—陳恩安
內頁排版—立全電腦印前排版有限公司

總 編 輯—曾文娟
董 事 長—趙政岷
出 版 者—時報文化出版企業股份有限公司
一〇八〇一九台北市和平西路三段二四〇號七樓
發行專線—（〇二）二三〇六六八四二
讀者服務專線—〇八〇〇二三一七〇五
（〇二）二三〇四七一〇三
讀者服務傳真—（〇二）二三〇四六八五八
郵撥—一九三四四七二四時報文化出版公司
信箱—一〇八九九臺北華江橋郵局第九九信箱
時報悅讀網—http://www.readingtimes.com.tw
電子郵件信箱—ctliving@readingtimes.com.tw
時報出版臉書—https://www.facebook.com/readingtimes.fans
法律顧問—理律法律事務所　陳長文律師、李念祖律師
印　刷—綋億印刷有限公司
初版一刷—二〇一九年七月十九日
初版三刷—二〇二一年五月十一日
定　價—新台幣三六〇元
（缺頁或破損的書，請寄回更換）

時報文化出版公司成立於一九七五年，
一九九九年股票上櫃公開發行，二〇〇八年脫離中時集團非屬旺中，
以「尊重智慧與創意的文化事業」為信念。

逆轉恨意：洞察仇恨的源頭，讓善意與惡念開始對話 / 莎莉．康恩(Sally Kohn)著；戴至中譯. -- 初版. -- 臺北市 : 時報文化, 2019.07
面；　公分. -- (人生顧問；369)
譯自：The opposite of hate : a field guide to repairing our humanity

ISBN 978-957-13-7859-6(平裝)

1.憎恨

176.5　　108010194

978-957-13-7859-6（平裝）
Printed in Taiwan